KB061030

황금삼족오

초원과 사막의 나라

1

나남
nanam

나남창작선 169

황금삼족오 ❶ 초원과 사막의 나라

2022년 2월 25일 발행
2022년 2월 25일   1쇄

지은이   김풍길
발행자   趙相浩
발행처   (주) 나남
전화   (031) 955-4601 (代)
FAX   (031) 955-4555
등록   제 1-71호 (1979.5.12)
홈페이지   http://www.nanam.net
전자우편   post@nanam.net

ISBN   978-89-300-0669-9
ISBN   978-89-300-0668-2 (전5권)

책값은 뒤표지에 있습니다.

나남창작선 169

대하역사소설 양만춘

황금삼족오

초원과 사막의 나라

1

김풍길 지음

나남
nanam

7세기 초 동아시아 형세도(607년)

서역 가는 길: 장안에서 돈황까지

| ──○── 양만춘의 여행 경로 | ⋯⋯ 사막지역 | ↙↙ 늪지대 | 卐 절 |

서역 가는 길: 돈황에서 사마르칸트까지

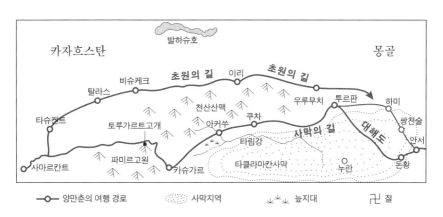

| ──○── 양만춘의 여행 경로 | ⋯⋯ 사막지역 | ↙↙ 늪지대 | 卐 절 |

몽골지도

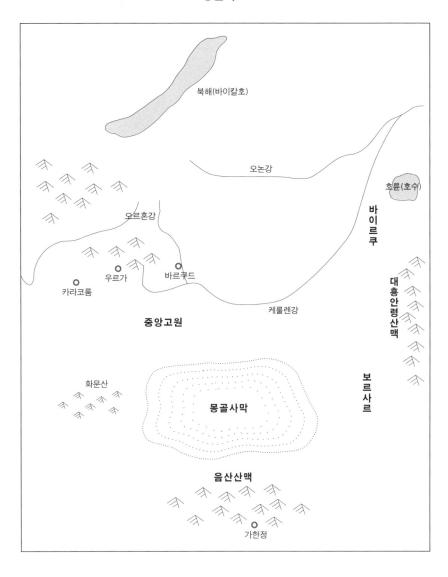

북해(바이칼호)

오논강

흐룬(호수)

오르혼강

바이르쿠

우르가

바르쿠드

카라코룸

대흥안령산맥

케룰렌강

중앙고원

화문산

보르사르

몽골사막

음산산맥

가한정

머리말

우리 역사상 유일한 제국(帝國) 고구려(高句麗)는 너무나 자랑스럽고 귀에 익은 이름이지만 그 역사의 많은 부분이 아직도 어둠 속에 묻혀 있습니다.

민족의 명운을 걸고 싸운 고구려와 수당(隋唐)의 70년 전쟁을 살펴보더라도 당시 세계 최강 당태종 원정군을 88일 혈전(血戰) 끝에 물리친 안시성 성주 양만춘(楊萬春)의 이름은 아예 천 년 동안 잊혔습니다. 살수대첩의 영웅 을지문덕조차 《삼국사기》 열전을 아무리 뒤져보아도 그분이 어떤 삶을 살았는지는 물론 태어나고 죽은 해도 찾을 수 없군요.

이러한 우리 역사기록의 공백(空白)과, 남아있는 전쟁 기록이라곤 적국인 중국인이 쓴 일방적인 기록뿐일지라도 그들이 애써 감춘 패전사실을 밝혀내고, 그 기록 이면(裏面)에 숨겨진 우리의 승리를 제대로 복원한다면 아쉬운 대로 전쟁의 전모(全貌)를 짐작할 수 있습니다.

우리의 역사를 되돌아보면 민족이 큰 위기를 맞이할 때마다 거의 절망적 상황에서도 자기 몸을 불사르며 외적을 무찔러 나라와

7

민족을 구한 영웅이 불사조(不死鳥) 같이 나타났습니다.

자기 민족의 역사를 잊고서야 어찌 세계에 우뚝 설 수 있으리오. 민족의 자유와 독립을 지키려 몸부림쳤던 수당과 70년 전쟁 때, 살수와 안시성에서 거둔 빛나는 승리는 우리 가슴속에 살아 숨 쉬는 자존심이요, 젊은 피를 뜨겁게 달구는 영광의 노래입니다. 아무리 잃어버린 옛 땅 무너진 성에서 일어났고 역사기록조차 인멸(湮滅)되어 그 자취를 찾기 어렵다 해도, 이제껏 우리 손으로 제대로 쓴 문학작품이나 전사(戰史) 연구서 한 권 찾을 수 없다면 얼마나 안타까운 일입니까. 중국인이 이른바 동북공정(東北工程)이란 역사도적질로 뻔뻔스럽게 고구려를 자기네 지방사(地方史)에 편입시키고, 만리장성 동쪽 끝을 산해관(山海關, 북경 근처)에서 호산(虎山, 압록강 어귀, 고구려 박작성)으로 둔갑시키고 있는 지금 이 순간까지도.

이제 무딘 붓이나마 들어 소설로라도 불세출(不世出)의 영웅 양만춘을 주인공으로 위대한 조상의 발자취를 더듬어 보려 합니다.

소설을 완성하고 제목을 정하는 데도 곡절이 있었습니다. 처음에는 4권과 5권을 묶어 '안시성 싸움'이나 '잊혀진 영웅 양만춘'으로 하고 1, 2, 3권을 양만춘 외전(外傳)으로 엮으려 했으나 다섯 권 대하소설(大河小說)로 출간하게 되니 마땅한 제목이 떠오르지 않았습니다. 마침 어느 고구려 영광을 무척 사랑하는 분께서 황금 삼족오(黃金三足烏)가 어떠냐고 하시더군요.

삼족오란 해님의 심부름꾼으로 하늘의 신령한 뜻을 세상에 알려

주는 신조(神鳥)이니 그 상징적 의미가 무척 마음에 들었으나, 너무 알려지지 않은 개념이라 독자들에게 낯설고 엉뚱하지 않을까 싶어 망설여졌습니다. 그러나 다시 생각하니 이분이야말로 하늘의 뜻을 받들어 외적으로부터 민족을 구한 구국영웅(救國英雄)일 뿐 아니라, 지금 우리나라가 직면하고 있는 상황 역시 그 당시 못지않게 뛰어난 지도자를 기다리는 때이고 이 소설을 쓴 목적과도 부합되어 제목으로 정했습니다.

아무쪼록 이 부족한 책이 젊은이들에게 고구려의 영광을 알게 하고 민족의 자부심을 갖는 데 조금이라도 도움이 되길 바랍니다.

2022년 정월
김 풍 길

황금삼족오 1
초원과 사막의 나라

차례

황금삼족오 2
살수는 흐르고 있는가

푸른 강물 길이길이 흘러라

하늘 아래 첫째 마을

봄이 오면 꽃 피고

우리의 외침으로 벌판을 메우라

요하는 흐르고

우뚝 솟은 성벽이여

아득히 뻗은 가시밭길

바다물결 높이 뛰놀고

강은 주검으로 흐르지 못하네

요동땅 가지 말라

　고구려 군사 범 같으니

천하는 가마솥같이 들끓는구나

등장인물 소개

양만춘 주인공. 수당의 고구려 침략 때 나라를 지킨 영웅. 국경 마을 무려라성에서 태어나 조의선인 훈련을 받고 싸울아비로 성장함.

을지문덕 살수에서 수양제의 별동군 30만을 전멸시킨 전쟁영웅이자 변함없는 양만춘의 후원자.

영양태왕 수나라와 싸울 때 고구려를 통치한 위대한 태왕. 주변 여러 나라와 외교에서 뛰어난 솜씨를 보임.

담징 고구려 승려. 서역 쿠차에서 그림을 배우고 돌아오다 양만춘을 만남. 훗날 왜에서 법륭사 금당벽화를 그린 천재 화가.

자스미 소그디아의 펜지켄트 공주. 양만춘의 고니로 서로 사랑함.

나친 실위 부족 장수. 목숨을 구해 준 은혜를 갚으려 양만춘의 곁에서 그림자처럼 수행한 충직한 사나이.

야율고오 거란인으로 양만춘과 무려라성에서 같이 자란 죽마고우.

무념 선사 양만춘이 조의선인 훈련을 받을 때 스승.

샤드 시빌 친수파인 돌궐 야미 카간의 아들. 양만춘과 의형제를 맺고 훗날 카간으로 등극하고도 변함없이 우정을 나눈 위대한 지도자.

바투 형제	돌궐의 충성스러운 장수들. 형 부케 바투와 동생 오치루 바투는 보르사르 부족 토벌 때 양만춘의 부하로 인연을 맺음.
카를룩	자스미의 소그드 상단 대상 두목. 서돌궐의 용맹한 장군 출신으로 양만춘의 능력을 높이 평가하고 후계자로 삼으려 함.
진무	수나라에 망한 진나라 귀족 출신으로 장안의 청방지부장. 여동생을 구해 준 양만춘의 인품에 반해 의형제를 맺음.
야래	진무의 의로 맺은 여동생으로 장안의 이름난 기녀.
위징	산동 출신으로 큰 뜻을 품은 영걸. 훗날 당태종의 분노를 무릅쓰고도 직언을 거듭한 충신.
수양제	허황한 야심을 품은 수나라 황제.
바얀 초르	소그드 상인의 아들. 훗날 소그드 상단 대상 두목이 됨.
체리크	양만춘이 타클라마칸 사막을 가로질러 갈 때의 대상 길잡이.
쿠차 현자	고구려와 인연이 깊은 고승.
카시우스	로마군 백인대장 출신 노예.

먼동이 트니

大興安嶺

이웃나라 중국은 한(漢)나라 멸망 후 300년간 계속되던 분열과 혼란이 막을 내리고, 수(隋)나라로 통일했으나 우리는 고구려, 신라, 백제로 나뉘어 서로 다투고 있었다. 수문제(隋文帝)는 먼저 교묘한 정치공작으로 북방 초원의 나라 돌궐을 동서로 분열시키고, 뒤이어 통일제국의 막강한 힘으로 호시탐탐 고구려를 노렸다.

영양태왕(嬰陽太王, 재위 590~618년)은 한 치 앞도 내다보기 어려운 태풍전야(颱風前夜)에 왕위에 올랐다. 수문제의 침략 전쟁(598년)이 실패한 후 한동안 평화가 깃드는가 싶었다. 그러나 야심만만한 수양제(隋煬帝)가 황위에 올라 고구려를 원정하겠다고 협박함에 따라 두 나라 사이의 긴장이 나날이 높아갔다. 영양태왕은 이에 맞서 동돌궐(東突厥)과 동맹을 맺으려 사절단을 파견했다(607년, 영양태왕 18년).

이처럼 역사의 거센 물굽이가 질풍노도(疾風怒濤)처럼 밀어닥치는 격동의 세기에는 불세출의 영웅이 나타나 괴로운 삶에 허덕이는 백성을 구하기 마련이다.

싸울아비의 길

먼동이 트고 있었다. 하늘은 어둠을 머금은 쪽빛이었으나 동쪽 지평선엔 새벽을 알리는 밝은 녹색 불씨를 연보라 구름이 감싸더니, 이윽고 구름 밑바닥이 황금빛으로 불타올랐다.

멀리 요하 상류 시라무렌〔西遼河〕물줄기가 은빛 뱀같이 모습을 드러내고, 우뚝 솟은 산봉우리들은 새벽안개에 싸여 이따금 나타났다가 사라지곤 했으나, 서쪽으로 아득히 펼쳐진 몽골고원 하늘에는 구름 한 점 보이지 않았다.

여기는 숲의 나라 고구려와 초원의 나라 돌궐의 경계선인 대흥안령(大興安嶺) 고갯마루. 이 고개만 넘으면 돌궐(突厥, 투르크) 땅. 낯선 나라로 들어가기 때문일까. 양만춘(楊萬春, 350쪽 참조)의 가슴은 몹시 설레었다.

북녘 땅 봄은 달리는 말〔馬〕보다 느리게 오는지, 열흘 전 요동성에서 푸른 버들과 노란 개나리꽃을 보았건만, 이곳엔 눈이 녹지 않아 봄 그림자도 찾아볼 수 없었다.

"고개 너머에서 싸움이 벌어졌어요. 털가죽을 두른 기병대가 매섭게 공격을 퍼붓는데 포위당한 건 돌궐 군 같습니다."

정찰병 목도루가 헐떡이며 달려왔다. 깜짝 놀란 양만춘은 고갯마루로 뛰어올라 시라무렌 지류(支流) 협곡을 내려다보았다. 어둠에 잠긴 강 언덕에는 검은 갑옷 기병대가 털가죽 옷 기병대에 겹겹이 에워싸여 바람 앞 촛불처럼 위태로워 보였다.

"야율고오, 을지 대인을 빨리 모셔 오게. 목도루는 싸움터에 다가가 좀더 살펴보고."

조의두 대형(皂衣頭 大兄, 제5위 관직, 종3품) 을지문덕(乙支文德)이 여느 때처럼 침착한 얼굴로 말에서 내리자, 양만춘은 왼쪽 무릎을 꿇고 고개를 숙였다.

"고개 아래 강가에서 오구즈(鐵勒) 군이 돌궐 군을 공격합니다. 정찰병을 보냈는데 마침 돌아오는군요. 목도루, 을지 대인께 보고드리게."

"돌궐 군은 동부 지역을 다스리는 샤드(設)•의 군사인데, 푸른 이리 깃발과 대장 옷차림으로 보아 샤드가 직접 지휘하는 것 같습니다."

"뭐라고? 동부군 대장이라면 샤드 시빌(始畢, Sibir), 야미 카간(啓民可汗, 재위 600~609년)의 큰아드님이 아닌가!"

을지문덕이 싸움터를 내려다보더니 어두운 표정을 지었다.

"지금 우리는 수나라 침략을 막기 위해 돌궐(354쪽 참조)과 동맹을 맺으러 가는 길이고, 시빌은 수나라를 미워하는 좋은 친구다. 그런데 얼마 되지 않는 우리 군사로 1천 명이 넘는 오구즈 군을 물리칠 수 있을까?"

을지문덕은 9년 전에 수문제가 침략했을 때 강이식(姜以式) 원수 선봉군을 지휘한 용감한 전쟁영웅이지만, 신중한 성격이었다.

• 샤드는 돌궐의 최고위 관직. 카간의 아들이나 왕족들 중에서 임명됨.

승리하기 어려운 상황이어서 부하장수를 둘러보았으나, 호위대장 강 누초(고구려 중급 지휘관)와 백인대장은 그의 눈길을 피했다.

을지문덕은 빙그레 미소 짓는 햇병아리 니루• 양만춘과 눈이 마주쳤다.

"좋은 생각이 있나 보구나. 서슴지 말고 말해 보라."

양만춘은 해를 등지고 싸워 적군을 크게 무찔렀다던 옛 전쟁 이야기가 머리에 떠올랐다. '지금 이곳 상황이 그때와 같지 않을까?' 주위의 무거운 침묵을 깨고 조심스럽게 입을 열었다.

"오구즈 군 지휘부가 바로 고개 아래 있습니다. 적 지휘부를 과감하게 기습하면 어렵지 않게 적군을 깨뜨릴 수 있을 겁니다."

"여봐, 적은 우리 열 배가 넘어!"

강 누초는 하룻강아지 범 무서운 줄 모른다는 듯 눈을 부라리며 차갑게 쏘아붙였다. 을지문덕은 강 누초의 질책에도 주눅 들지 않고 고개를 치켜세운 어린 니루를 내려다보며 물었다.

"과감한 기습공격이라니, 어떻게?"

"햇빛을 이용하면 어떨까요?"

을지문덕은 알아들었다. 대무신태왕(大武神太王, 재위 18~44년)께서 부여 정벌 때 햇빛의 도움으로 크게 승리했던 전사(戰史)를.

'곧 해가 솟을 텐데 꾸물거릴 시간이 없군. 기습공격을 성공하

• 니루란 말갈어(만주어)로 말갈족이 사냥할 때 10명을 단위로 니루를 구성하고 여러 니루가 협동해 짐승을 몰아 잡았음. 이 책에는 25인을 거느리는 하급 군지휘관을 니루라 하고, 5인 니루 중 선임(先任) 니루를 백인대장으로 표시했음.

려면 필승의 신념을 지녀야 하는데, 모두 겁을 집어먹고 있다. 저 아이 얼굴에는 이길 수 있다는 확신이 빛나지만, 지휘관으로 삼기엔 어리고 실전(實戰) 경험도 없다. 위험이 너무 크구나. 그러나 좋은 기회를 놓칠 수 없지 않은가?'

을지문덕은 망설이다가 문득 추모태왕[東明聖王] 주몽(朱蒙)께서 저 아이처럼 어린 나이에 나라를 세우셨다는 생각이 떠오르자 결단을 내렸다.

"승패는 하늘에 맡기자. 양 니루 머릿속에 이미 공격계획이 서 있는 듯하니 지휘관으로 삼겠다."

을지문덕은 모든 지휘관을 둘러보며 엄숙하게 선언했다.

"오늘 전투는 양만춘의 명령을 따르라!"

양만춘은 백 명이 넘는 사람의 생사(生死)가 자기 손에 맡겨진 것을 깨닫자 두려움으로 눈앞이 캄캄해졌다. 그러나 화살은 이미 시위를 떠나버린 것을 어찌하랴.

그는 하늘을 우러러보며 두 손 모아 빌었다.

'하늘이시여, 내일도 밝은 해를 볼 수 있게 도와주소서!'

어떻게 해야 기습에 성공할지 궁리하면서 싸움터를 내려다보는 그의 눈은 얼음처럼 차갑게 가라앉았다.

이제 해가 솟아올라 대흥안령 산봉우리 동쪽 비탈은 아침 햇살에 장밋빛으로 물들었으나, 고개 너머 서쪽 협곡은 어둠이 걷히지 않아 새벽안개에 묻혀 있었다.

"제1대 25명은 선봉대다. 적이 눈치 채지 못하게 저기 보이는 솔밭까지 말을 끌고 가자. 제 2대와 제 3대는 삼각대형으로 좌우 80보씩 떨어져 뒤따르라. 말에는 재갈을 물려 소리 내지 않도록."

양만춘은 오구즈 본진(本陣)을 가리키며 지시했다.

"우리는 햇빛을 등지고 기습한다. 해가 등 뒤로 솟아 적의 정면으로 쏟아지는 순간 제 1대가 먼저 돌격하겠다. 제 2대, 제 3대도 쐐기진(삼각형의 공격대형)으로 좌우 80보 간격을 유지하며 제 1대를 뒤따라 숨 쉴 틈도 주지 말고 적에게 돌진해 쓸어버려라! 오늘 전투의 승패는 오로지 신속 과감한 공격에 달려 있다. 모두 갑옷을 벗고 활도 내려놓아라. 무장은 장창(長槍), 대형은 밀집대형(密集隊形)으로."

제 4대와 제 5대는 예비군이 되어 강 누초의 지휘 아래 을지문덕을 호위하다가 적의 뒷덜미를 치기로 했다.

강을 방패삼아 필사적으로 저항하던 돌궐 군이 하나둘 화살을 맞고 쓰러지자 오구즈 군 선봉대가 강을 건너 돌진하기 시작했다. 오구즈 본진에서도 검은담비 털모자에 표범 가죽옷을 걸친 우람한 덩치의 적장이 돌궐 군의 숨통을 끊으려고 본진 기병대를 공격대형으로 정렬시켰다. 돌궐 군은 이제 절망적인 위기를 맞았다.

해가 고개 너머로 머리를 내밀어 이글이글 타오르는 햇살이 오구즈 본진으로 쏟아졌다.

"우리 목표는 검은 모자를 쓴 적장. 매가 꿩을 낚아채듯 작살내자. 말을 타라, 돌격!"

제 1대 기수가 붉은 깃발을 쳐들자마자 고구려 기병들은 솔밭을 벗어나 해를 등지고 산사태처럼 쏟아져 내려갔다. "우라!" 우렁찬 함성과 말발굽 소리가 아침 공기를 뒤흔들었다.

눈부신 햇살 속에서 별안간 튀어나온 기병대. 적장 바이얀이 함성에 놀라 뒤돌아보자 기병대 선두에 끊어질 듯 활시위를 팽팽하게 잡아당긴 젊은이의 모습이 보였다.

'사방 백 리 안에 적이 없다고 들었는데 도대체 저것은….'

깜짝 놀란 바이얀이 미처 방어자세를 갖추기도 전에 맑고 날카로운 시위 소리가 울리며 이마에 화살을 맞고 말에서 떨어졌다.

양만춘은 적장이 쓰러지자 활을 안장에 매달고 칼을 뽑아 휘두르며 적 본진을 송곳같이 뚫고 들어갔다. 뒤따르던 야율고오가 적장의 목을 베어 창끝에 꽂아 높이 쳐들자 신이 난 고구려 군은 일제히 긴 창을 치켜들어 폭풍처럼 휘몰아쳤다. 뒤따라 제2대, 제3대도 쏜살같이 오구즈 본진을 짓밟았다.

적군은 쏟아져 내리는 아침 햇살에 눈이 부셔 고구려 군 모습조차 제대로 보지 못한 채 우왕좌왕하다가 하나둘 창에 찔려 쓰러졌다. 아직도 오구즈 본진 병사가 고구려 군보다 훨씬 많았으나, 지휘관을 잃자 순식간에 무너졌다.

오구즈 선봉 기병대는 이미 강을 건너 돌궐 방어진을 돌파했다. 호랑이 같은 용사 나친이 공격 선두에 서서 앞을 가로막는 돌궐 군 병사를 꺼꾸러뜨리다가 토오크●를 휘두르며 목이 터져라 부하의

● 돌궐 최고 지휘관의 지휘권을 나타내는 아홉 마리 말 꼬리를 매단 깃발.

용기를 북돋우는 시빌을 보자 곧바로 돌진했다.

나친이 말을 채찍질해 다가가 창을 들어 시빌의 가슴팍을 힘껏 찔렀다. 시빌은 급히 방패를 들어 막았지만, 말 위에서 내려찍는 그의 힘에 눌려 방패를 놓치고 땅바닥에 쓰러졌다.

나친은 재빨리 말에서 뛰어내려 목을 베려다가 등 뒤에서 들려오는 날카로운 화살소리에 놀라 얼굴을 돌렸다. 황급히 방패로 화살을 막았으나, 연이어 날아온 두 번째 화살을 피하지 못하고 왼팔에 맞았다.

양만춘이 질풍같이 말을 몰면서 세 번째 화살을 겨누자, 나친은 아쉬운 듯 땅바닥에 쓰러진 시빌을 흘깃 쳐다보더니 번개같이 말에 뛰어올라 달아났다.

"적 기병대를 추격하라!"

양만춘은 야율고오에게 명령을 내리고 시빌에게 다가갔다.

"샤드, 다치지 않았습니까?"

"고맙소, 젊은이. 그런데 당신은 누구시오?"

"고구려 싸울아비〔武士〕 양만춘입니다. 싸움이 급하니 나중에 다시 뵙겠습니다."

양만춘은 말에 뛰어올라 적군을 추격했다.

"뵈클리(고구려)라니. 어떻게 이곳에 뵈클리 기병대가 … ."

샤드 시빌은 이제까지 고구려를 거란족의 지배권을 둘러싸고 서로 다투는 경쟁자로 여겨왔다.

'투르크(돌궐) 동부 지역 지배자인 나, 시빌이 하필이면 적이라고 생각했던 나라 소년에게 생명의 빛을 지다니.'

22

시빌은 멀어져 가는 그의 뒷모습을 쳐다보다가 말에 올랐다.

'어린 용사가 얼마나 늠름한가. 그 활 쏘는 솜씨는!'

유난히 빛나던 검은 눈동자가 그의 머릿속 깊이 새겨졌다.

고구려 군 예비대인 제 4대와 제 5대까지 공격에 가담해 맹렬히 몰아붙이니 혼란에 빠져 갈팡질팡하던 오구즈 군은 어지럽게 흩어져 달아났다. 고구려 기병대는 도망치는 적을 내버려둔 채, 아직도 돌궐 군을 공격하던 오구즈 군 등 뒤로 짓쳐 들어갔다. 절망에 빠졌던 돌궐 군도 바람의 방향이 바뀐 걸 눈치 채고 용기백배해 소리쳤다.

"적장이 죽었다. 바이얀의 목이 창대에 꿰였다!"

우두머리가 죽었음을 알게 된 오구즈 군은 두려움에 휩싸였다. 이제 전세(戰勢)가 바뀌어 강 서쪽으로 물러가 패잔병을 수습하던 나친의 선봉기병대조차 반격할 생각을 버리고 도망치기 시작했다. 고구려와 돌궐의 연합군이 10여 리를 뒤쫓아 갔을 때 남서쪽 지평선에서 한 떼의 기병대가 흙먼지를 일으키며 달려오는 게 보였다.

"추격을 멈추어라."

샤드 시빌은 뒤따르는 호위대장에게 명령했다.

"마타르, 적인지 아군인지 살펴보라. 모두 방어대형을 취하고."

긴장된 순간이 흘러갔다.

"샤드, 우리 편입니다. 푸른 이리 깃발이군요."

호위대장 마타르가 기쁨에 넘쳐 외쳤다. 이윽고 동부군 기병대

3천 명이 이쉬바라 타르칸(군단 사령관)을 선두로 달려왔다.

"소식을 듣고 즉시 달려왔습니다. 다행히 늦지 않았군요."

"뵈클리(고구려)군 도움으로 적을 물리쳤네."

샤드 시빌은 품위 있게 생긴 중년 사나이였다. 돌궐인은 작달막한 키, 넓은 가슴, 유난히 큰 머리통에다가 잿빛 눈을 가진 험상궂은 족속이라고 들었는데, 이 사나이는 키가 늘씬하고 우뚝 솟은 콧마루에 서늘한 검은 눈을 가져 멋있게 생긴 종마(種馬)를 보는 듯한 느낌을 주었다.

"야미 카간 큰아들 시빌. 동부 지역을 다스리는 샤드올시다."

시빌은 왕자처럼 당당한 을지문덕을 대하자 존경하는 마음이 생겨 허리를 숙였다.

"고구려 조의두 대형 을지문덕입니다. 귀국(貴國)에 사신으로 가던 중 작은 도움이나마 드리게 되어 기쁩니다."

"오늘의 은혜 잊지 않겠습니다. 그런데 내 목숨을 구해 준 저 젊은이를 손님으로 모시고 싶군요."

"그러시지요. 샤드의 모처럼 부탁을 어찌 거절하겠습니까?"

을지문덕은 양만춘에게 시빌의 말을 전하며 격려했다.

"너는 샤드 손님으로 돌궐에 머물게 되었다. 모름지기 젊은이는 가슴속에 큰 꿈을 품어야 하고, 지도자가 되려면 넓은 세계를 둘러보아 우물 안 개구리를 벗어나야지."

양만춘은 눈앞이 캄캄해지고, 을지문덕의 목소리가 저 멀리서 들리는 소리처럼 웅웅거렸다. 지난 10월 동맹(東盟) 축제에서 만나 사랑을 속삭이다가, 몸조심하고 잘 다녀오라며 손을 흔들던 귀여운 미르녀의 모습이 떠올랐다.

'귀국하면 청혼(請婚) 하려 했는데 언제 돌아갈지 알 수 없는 신세가 되었구나. 싸울아비란 제 뜻대로 살 수 없는 삶인가?'

을지문덕은 인재를 발굴해 큰 재목으로 키우려고 조의선인(皂衣仙人)● 훈련생 중에서 뛰어난 소년을 뽑아 사절단에 포함시켰다. 그러나 풀이 죽은 얼굴을 보니 가련한 생각이 들었다.

'낯선 땅에 홀로 남겨지는 게 어린 소년에게 엄청난 충격일 테지. 이번 일은 전혀 예상하지 못한 일. 감당하기 벅차겠지만 이 또한 저 아이에게 주어진 운명이 아니겠는가.'

다음 날 아침, 을지문덕은 승리를 축하하고 상을 내렸다.

"모두 용감하게 싸웠다. 가장 큰 공을 세운 니루 양만춘을 백인대장으로 승진시키고, 야율고오를 제1대 니루로 임명한다. 두 사람은 오늘부터 돌궐에 머물고, 제1대도 함께 남는다."

그는 멍하니 서 있는 어린 백인대장 어깨를 가만히 토닥거렸다.

"너는 어려운 싸움에서 큰 승리를 거두었고, 이제 외국에 파견된 고구려 군 대장이다. 싸울아비로서 부끄럽지 않게 행동하라.

● 검은 옷을 입은 무예수련인. 《고려도경》(高麗圖經) 에 "재가화상(在家和尙) 으로 검은 띠를 허리에 동여매고, 전쟁이 있으면 스스로 단결, 단체를 만들어 전쟁터에 나갔다"란 기록으로 미루어 보아, 신라의 화랑도와 비슷한 고구려 국선도(國仙道) 의 무리로 생각되나 자세한 기록은 없음.

제 1대도 긍지를 지니고 최선을 다하다 무사히 귀국하기 바란다."

을지문덕은 허리에 차고 있던 장검을 풀었다.

"백인대장 양만춘은 받으라. 이 칼은 지휘검(指揮劍)이다."

양만춘은 쓰라린 마음을 애써 떨쳐버렸다. 싸울아비는 나라의 부름에 따라야 한다. 한쪽 무릎을 꿇고 두 손으로 칼을 받들었다.

"부족하오나 온몸을 바쳐 대인의 명령을 받들겠습니다."

을지문덕은 헤어질 때가 되자 울먹이는 소년의 모습이 안쓰러웠던지 조용히 달랬다.

"샤드 부탁을 거절할 수 없었네. 그러나 좋은 기회일지 몰라. 하늘은 때때로 사랑하는 자에게 견디기 힘든 시련을 주시지만, 그것이야말로 가슴에 품은 꿈을 이루게 하는 단금(鍛金)질이니까. 어차피 사나이 삶이란 강물 같지 않겠나? 숲에서 솟아난 샘물은 모래나 자갈 위를 잔잔히 흐르기도 하지만, 때론 바위에 가로막혀 돌아가야 하고, 좁은 계곡을 만나 급류를 타거나 폭포가 되어 곤두박질치기도 하지. 강물이 바다에 닿기까지 무슨 일이 생길지 그 누가 알겠는가. 어려움을 당할 때도 용기를 잃지 말고 주변을 잘 살피며 슬기롭게 행동하게."

대흥안령 서쪽

을지문덕 일행이 돌궐 군 유즈바쉬(백인대장)의 안내를 받으며 남쪽으로 떠나자, 샤드 시빌은 즉시 타르칸(사령관)과 붕바쉬(천인대장) 이상 지휘관을 모두 불러 군사회의를 열었다.

시빌이 심각한 얼굴로 말문을 열었다.

"우리를 공격한 자들은 오구즈 보르사르(白霽) 부족이다. 유목 부족이 반란을 일으키거나 습격하는 일은 종종 있었지만, 식량이나 가축을 노리는 게 보통이다. 이번 습격은 처음부터 끝까지 나를 노렸을 뿐 아니라, 내 순행(巡行) 길을 미리 알고서 1천 명이 넘는 병력으로 길목에 매복해 공격했다."

"이번 동부 영지(領地) 방문을 아는 사람은 얼마 안 됩니다. 생각하기도 싫지만 우리 안에 배반자가 있는 게 아닐까요?"

마타르가 조심스럽게 말했다.

"아마도 서투르크나 수나라 배구(裵矩)와 관계있는 놈이겠지."

시빌은 내부에 숨어 있는 적을 찾으라는 명령을 내렸다.

"보르사르 부족은 대체 어떤 놈들인가?"

"여기서 북쪽 6~7일 거리쯤 대흥안령에서 서쪽으로 흐르는 6개 강 사이 초원에 흩어져 사는데 오구즈 9개 부족 중 가장 동쪽에 있고 병력은 4천에 불과합니다. 겁도 없이 샤드를 습격했으니, 즉시 호된 벌을 내려야 나머지 오구즈 부족에도 위엄을 세울 수 있을 것입니다."

마타르의 말이 끝나자마자 모든 장수가 즉시 공격하자고 주장했으나, 침묵을 지키는 늙은 장수가 있어 시빌이 물었다.

"이쉬바라 타르칸, 그대 생각은 다른 모양이구려."

"원정하려면 우리에게 유리한 시기를 택하는 게 어떻겠습니까? 지금은 이른 봄이어서 초원에 말먹이가 될 풀이 부족하니 보르사르 부족을 공격하기가 쉽지 않을 듯합니다."

젊은 타르칸 카라가 반대했다.

"그 말씀도 옳긴 하나, 5월이 되면 그놈들은 여름 목초지로 뿔뿔이 흩어져 찾기가 쉽지 않을 겁니다. • 겨울 거주지에 모여 있는 지금 토벌해야 깡그리 소탕할 수 있습니다."

"여러분의 의견을 잘 들었소. 신중한 이쉬바라 타르칸 말씀대로 이른 봄 원정이 어려운 건 사실이지만, 적도 우리가 쳐들어오리라곤 생각지 못하고 있을 테니 기습이 되겠지요. 우리에게 어려움이 있다면 적의 사정도 마찬가지일 것이오. 카라 타르칸은 즉시 선발대 3백 명을 이끌고 출발하라. 5조로 나누어 사냥꾼 차림으로 은밀하게 나아가되 초원에서 북으로 이동하는 건 모조리 막으라. 우리 군의 움직임을 적이 눈치 채지 못하게 하는 게 가장 중요한 임무이다. 본대 2천 5백 명은 오늘 하루 푹 쉬다가 하루 거리를 두고 선발대를 뒤따르도록. 내가 직접 지휘하겠다. 이쉬바라 타르칸은 즉시 전령을 보내어 모든 예비병력을 소집하고, 특히 말 먹이와

• 당시 동양 3국은 모두 음력을 사용했으므로 이 책에 나오는 날짜는 음력임. 가끔 역사적 사실로 기록된 날짜의 기후가 상식적으로 납득하기 어려운 경우도 있으나 이는 그 당시 특이한 날씨 때문일 수도 있지만, 옛 달력이 오늘날에 비해 정확하지 않은 탓이 아닐까 싶다.

보르츠•를 충분히 수송하도록 힘쓰시오. "

군사회의가 끝나자 시빌이 양만춘을 찾아왔다.

"오늘 보르사르 부족을 정벌하기로 결정했네. 그대는 내 손님이
니 원정에 참가할지 말지는 마음대로 하게. 어찌하겠나?"

시빌은 상냥하게 양만춘의 의견을 물었지만, 태어나서부터 명
령하는 데 익숙한 탓인지 목소리 어딘가에 그의 뜻을 따라주기 바
라는 강한 울림이 담겨 있었다.

지난번 오구즈 군을 기습했을 때는 을지 대인의 명령에 따라 나
라를 위해 싸웠지만, 이번 원정은 샤드 시빌 개인문제이지 고구려
와 상관없는 싸움이기에 망설여졌다. 양만춘은 대인이라면 이러
한 경우 어떻게 행동할지 생각해 보았다. 그리고 돌궐 군의 기병
전투를 살펴보는 것도 좋은 경험이 되리라 여겨졌다.

"샤드에게 도움이 된다면 기꺼이 원정에 참가하겠습니다. "

오랑캐 땅에는 봄이 와도 봄 같지 않다더니 4월이건만 이곳엔
꽃 한 송이 찾아보기 어려웠다. 응달엔 아직 눈이 녹지 않았고 매
서운 황토바람이 끊임없이 불어왔으나, 그래도 햇살은 한결 다사
롭고 시냇가 버들강아지가 통통하게 살찐 것으로 보아 봄이 멀지
않았다.

● 보르츠란 가을철에 잡은 가축의 고기를 그늘에서 말린 후 절구에 찧은 고기
가루로 비상식량임. 소 한 마리로 만든 보르츠가 소의 방광에 다 들어갈 정
도로 부피가 작지만 열 명의 병사가 열흘 먹을 양식이 됨.

까만 돌산과 누른 모래언덕을 지나고 끝없이 펼쳐진 초원과 두 개 작은 강을 건너 닷새 후 웅그라강에 다다랐다. 와디(마른 시내)가까운 언덕에 키가 훌쩍 큰 나무가 홀로 서 있었다.

　"멋있게 생긴 나무로군요."

　"메마른 땅에 자라는 하일라스(느릅나무의 일종)지. 겉모습은 멋있지만 저 나무 곁에는 풀 한 포기 자라지 못하네."

　웅그라강은 대흥안령 산줄기에서 흘러내려 서쪽으로 향하다가 고비사막으로 사라지는데, 강이라기보다 큰 개울 같았다. 상류엔 느릅나무와 버드나무가 우거졌으나 하류로 갈수록 초원, 그 너머 소금호수와 늪이 여기저기 흩어져 있고 갈대만 무성했다.

　강 건너 10여 리를 더 가서 양지바른 언덕에 보르사르 겨울 거주지(冬營地)가 있는데, 마을 주위를 튼튼한 목책(木柵)으로 둘렀다.

　돌궐 군은 강 언덕 숲에서 하루 동안 쉬면서 정찰대를 파견했다. 양만춘도 강 상류 산기슭 숲을 지나 적 후방 깊숙이 들어가 지형과 적의 동정(動靜)을 살피고 왔다.

　다음 날 새벽 양만춘이 웅그라강 변에 서서 보르사르 겨울 거주지 쪽을 바라보니 떠오르는 햇살에 황금빛으로 빛나는 까마귀 떼가 마을 위로 날아갔다.

　'무척 상서(祥瑞)로운 징조로군. 무슨 좋은 일이 있으려나.'

　시빌이 싱글벙글 웃고 있는 양만춘 곁에 다가와 웃음을 머금고 쳐다보았다.

　"보르사르 부족 병력이 3천을 훨씬 넘는다니 만만치 않은 격전이 될 게야. 그대가 총사령관이라면 어떻게 공격하겠나?"

"여기서 강을 건너 북으로 진격하면 적은 대홍안령 숲속으로 도망칠 테니, 완전히 소탕하기 어려울 겁니다. 우리 군을 보르사르 마을 동쪽 10리 밖에 있는 야트막한 언덕으로 이동시켜 거기서 마을을 공격하면, 산으로 퇴각 길이 막혀 강 하류 늪지대로 도망칠 수밖에 없습니다. 그러면 그물 속으로 몰아넣기 쉽지요."

"좋은 작전일세. 내 생각도 같다네."

시빌은 만족스러운 듯 너털웃음을 터뜨렸다.

"오후에 증원군(增援軍) 3천이 도착하네. 내일 마을 동쪽 언덕을 점령하고 모레 아침 공격할 생각이야. 그대를 타르칸(지휘관)에 임명하고 기병 5백을 맡기려 하는데 어디서 싸우고 싶은가?"

"샤드께서 내일이 아니라 지금 군사를 주신다면, 동쪽 숲을 멀리 돌아가 보르사르 마을 뒤 북쪽 산에 매복했다가, 양군이 서로 싸우는 틈을 타서 적 본거지인 마을을 빼앗겠습니다."

"너무 위험한 모험 같은데 괜찮을까?"

"적군이 충분히 대비하고 있다면 성공 가능성이 높지 않겠지만, 제가 정찰해 보았더니 방어가 허술하더군요. 위험이 큰 만큼 소득도 많지 않겠습니까?"

시빌이 고개를 끄덕였다.

"성공하면 결정적인 타격을 주겠군."

몽골 유목민은 경계심이 많고 눈이 밝아 먼 곳도 잘 보므로 낯선 사람이 나타나면 금방 알려질 뿐 아니라, 초원에 소문이 퍼지는 속도는 상상할 수 없이 빠르다. 아직 유목하는 계절이 아니었기에 그동안 돌궐 군이 발견되지 않았으나, 많은 병사가 강을 따라 마을 동쪽 언덕으로 이동하는 것까지 그들의 눈길을 피할 수 없었다.

양치기 눈에 띄게 되자 보르사르 수뇌부는 발칵 뒤집어졌다. 한달 후 풀이 무성할 때 돌궐 군이 나타나리라고 믿었던 마을 사람은 충격과 혼란에 빠졌다. 보르사르 겨울 거주지는 적의 침입을 막기 위해 마을 주위에 깊은 구덩이를 파고, 파낸 흙으로 튼튼하게 흙담(土壘)을 쌓은 위에 촘촘하게 나무 울타리를 성벽처럼 세웠다. 마을을 둘러싼 목책 사방에 출입구를 만들고 다리를 놓았는데, 그 옆에 높은 망루(望樓)를 세우고 곳곳에 가시나무와 장애물을 쌓아놓았다.

부족장은 가까운 오구즈 부족에 구원을 요청하여 구원군과 함께 싸우자고 주장했으나, 부족회의는 언제 도착할지 알 수 없는 구원군을 기다리기보다 멀리서 오느라 지쳐 있을 돌궐 군과 바로 결전(決戰)을 벌이는 게 유리하다고 결정했다.

양만춘은 돌궐 군 주력부대보다 하루 먼저 출발해 어둠을 뚫고 멀리 강 동쪽 숲을 돌아 적 후방 깊숙이 침투하였다. 다음 날 정찰에 나섰다가 믿기 어려운 행운을 발견했다. 산등성이에서 내려다보이는 마을 광장에는 내일의 결전을 위해 화톳불을 피워놓은 채 술 잔치가 한창 벌어졌고, 목책을 지키는 경비병조차 모닥불을 사이에 두고 서로 술잔을 나누고 있었다.

'전략적 요지인 마을 뒷산을 아무도 지키지 않다니.'

기습이란 상대방 빈틈을 노려야 성공할 수 있다. 보르사르 겨울 거주지를 내려다보면서 내일 작전이 성공하리란 확신이 들었다. 야율고오 지휘 아래 미유와 달가, 구루의 3개 조가 미리 목책 안으로 숨어들어가 있다가 목도루의 까마귀 우는 소리를 신호로 북쪽 목책 문을 지키는 적병을 습격해 문을 열기로 했다.

먼동이 트려는지 별빛은 희미해지고 새벽안개가 숲 언덕에서 피어올라 목책 주위로 끊임없이 흘러내렸다.

새벽녘에 목책을 넘어 마을 안으로 들어가려던 돌궐 병사 한 명을 잠복하던 미유가 잡아왔다. 이것은 병사 한 사람 탈영(脫營) 문제가 아니라 기습작전이 적에게 알려지게 될 심각한 사태였다.

"미유, 곧 싸움이 벌어질 테니 그놈 입을 틀어막고 묶어두게."

양만춘은 시빌이 가장 믿을 수 있다고 귀띔했던 유즈바쉬(백인대장) 바투 형제를 불러와 작전개시 명령이 떨어질 때까지는 어떤 돌궐 병사도 수풀 속 숨어 있는 곳에서 벗어나지 않도록 경계를 철저히 해달라고 부탁했다.

잔뜩 굳은 양만춘의 얼굴을 보고서 두 사람은 무슨 일이 생겼음을 눈치 채고 심각한 표정을 지었으나, 아무 말도 묻지 않고 맹세했다.

"이리는 한 번 달리면 사냥감을 잡고, 사내가 말하면 반드시 지킵니다. 우리 형제는 타르칸 명령을 어김없이 받들겠습니다."

해가 떠오르자 돌궐 군이 마을 동쪽 언덕에서 진격했다. 5천이 넘는 기병대는 독수리가 날개를 활짝 편 대형으로 북소리에 맞춰 천천히 마을로 다가갔다. 이에 질세라, 보르사르 군도 기병대 3천과 동맹군인 쿠리칸〔骨利干〕부족 기병 5백을 총동원해 동쪽 목책문을 나와서 학이 날개를 펴듯 진을 펼쳤다.

날카로운 나팔소리가 울려 퍼지면서 보르사르 기병대가 일제히 함성을 지르며 돌궐 군을 향해 돌진했다. 돌궐 군을 향해 쏘는 화살이 새까맣게 하늘을 뒤덮었고, 돌격하는 병사들이 뽑아 든 무기와 방패가 아침햇살을 받아 번쩍거렸다. 그러나 돌궐 장창(長槍) 기병대는 숨을 죽인 채 꿈적도 하지 않았다.

샤드 시빌은 보르사르 기병대가 5백 보 거리까지 접근하자, 비로소 검을 뽑아들어 돌격명령을 내렸다.

"둥 둥 둥" 느리게 울리던 돌궐 군 북소리가 "둥땅 둥땅 둥둥둥" 온 힘을 다해 달음박질하는 심장의 고동(鼓動) 소리처럼 우렁차게 울려 퍼졌다. 힘찬 북소리에 맞추어 늑대의 울부짖음 같은 무시무시한 함성을 지르면서 돌궐 창기병(槍騎兵)들이 일제히 긴 창을 수평으로 겨누며 돌진했고, 궁기병(弓騎兵)도 보르사르 군에게 화살을 퍼붓고는 칼을 뽑아 휘두르며 그 뒤를 따랐다.

양쪽 기병은 순식간에 뒤엉켜 백병전에 들어갔다. 창과 칼이 부딪치는 소리가 천둥치듯 울리고, 자욱하게 피어 오른 먼지 속에 적과 아군을 가리기 힘든 혼전 속으로 빠져들었다.

남쪽에서 실위(室韋) 족• 나친의 깃발이 보였다. 나친 기병대가

• 대흥안령 동쪽 북만주에 살던 민족. 실위족은 훗날 몽골인의 선조가 됨.

돌궐 군 뒤로 돌아가 뒷덜미를 치려다가, 숨어 기다리던 돌궐 기병대와 부딪쳤다. 병력 수가 적은 나친 군은 재빨리 호수와 늪지대로 물러나서 3배가 넘는 돌궐 군과 당당히 맞겨루었다. 선두에서 긴 창을 휘두르며 용감히 싸우는 나친의 활약이 유난히 돋보였다. 나친은 늪과 진흙탕을 교묘하게 이용해 방어하다가, 소수의 돌격대로 돌궐 군 옆구리를 찔러 위험에 빠진 주력군을 후퇴시켰다. 지형도 잘 모르면서 나친 군 배후로 돌아가 포위하려다 오히려 늪지대 수렁에 빠져 허우적거리는 돌궐 군 꼴을 보고 있자니, 흡사 교활한 여우가 우둔한 사냥개를 골탕 먹이는 것 같아 웃음이 나왔다.

전투가 치열해지자 보르사르 군 예비병력까지 싸움터로 출동해 마을을 지키던 경비병이 줄어들었다. 드디어 기다리던 때가 왔다. 양만춘이 손짓하자 목도루가 까마귀 우는 소리를 3번 냈다.

3개 매복조가 북문과 망루를 지키던 적병을 소리 없이 처치하고 목책 문을 활짝 열었다. 양만춘이 쏜 우는 화살〔嚆矢〕 소리 신호에 따라 북쪽 산언덕에 숨어 있던 돌궐 기병대 5백은 바투 형제를 선두로 성난 파도같이 마을 안으로 쏟아져 들어갔다.

"불을 질러라. 불길이 크게 일도록 횃불을 던지라!"

마을 안 여기저기 쌓아놓은 건초더미와 뒷산 숲에서 일제히 불길이 치솟고 검은 연기가 하늘을 뒤덮었다.

"항복하면 살려준다. 무기를 버리고 땅에 엎드려라."

"서 있는 놈은 모조리 목을 베라!"

검은 옷을 걸친 늙은 샤먼(巫堂)이 오른손에 향나무 지팡이를 움켜쥐고 다른 손에 요령을 흔들면서 마을 회의장 입구를 가로막고 서 있었다. 늙은이는 분노한 얼굴로 지팡이를 치켜들어 하늘을 가리키며 쉴 새 없이 주문(呪文)을 외웠다. 마을을 휩쓸던 기병들이 회의소 앞에 이르자 샤먼의 저주가 두려웠음인지 주춤거렸다. 병사를 지휘하던 양만춘이 샤먼을 향해 활시위를 당기고 외쳤다.

"무엇들 하는가? 모조리 불살라 버려라!"

마을은 삽시간에 불길에 휩싸였다. 동쪽 목책 문에 모여 눈앞에 벌어진 싸움에만 신경을 쓰고 있던 보르사르인은 뜻밖의 기습에 얼이 빠져 변변한 저항도 못 한 채 항복했고, 몇몇 젊은이만 급히 말을 잡아타고 서쪽 문으로 달아났다.

용감하게 싸우던 보르사르 군은 자기네 근거지인 마을과 뒷산에서 검은 연기가 치솟자, 맥이 풀려 싸울 마음이 나지 않았다. 팽팽하던 힘의 균형이 순식간에 무너졌다.

동맹군인 쿠리칸 기병대가 먼저 달아나자 사기(土氣)가 오른 돌궐 군이 지르는 승리의 함성소리가 하늘을 찔렀다. 싸울 뜻을 잃고 도망치는 군대는 겁에 질린 사냥감에 불과했다. 탈출할 곳은 서쪽 소금호수와 늪지대, 그 너머 사막뿐이었다. 아직 이른 봄이어서 갈대와 풀이 우거지지 않아 추격군의 눈을 피해 숨을 곳도 없었다.

잇따른 승리는 향기로운 술(毒酒)처럼 어린 양만춘을 취하게 했다. 고개를 치켜들고 거드름 피우며 정복한 마을을 둘러보았다.

광장 모퉁이 모란꽃같이 화사한 젊은 여인이 두려움에 떠는 소녀를 껴안고 달래다가 양만춘을 애타는 눈길로 올려다보았다. 그 옆에는 잘생긴 젊은이가 꿇어앉아 소녀를 안타깝게 쳐다보며 한숨을 쉬었다. 포로와 전리품을 모으던 병사들이 젊은 사내와 노인, 부녀자를 따로 나누자, 젊은이는 여인의 눈짓에 따라 반항의 몸짓을 멈추고 끌려가면서 핏발 선 눈으로 그를 노려보았다.

불에 타 잿더미가 된 회의장 어귀에는 고향 마을처럼 긴 장대 위에 나무로 만든 새를 올려놓은 낯익은 솟대●가 서 있었다.

문득 늙은 스승님의 꾸짖는 음성이 들려오는 듯했다.

"패배에는 반드시 원인이 있었지만, 승리란 하늘이 준 행운 덕분이더구나. 항상 겸손한 마음을 잃지 말거라."

돌이켜보니 대흥안령 골짜기 싸움도 그랬지만 이번에도 행운이 따랐다. 미유가 탈영병을 잡지 못했더라면, 포로가 된 것은 저 젊은이가 아니라 자신일 수도 있지 않은가. 그리고 아무리 싸움터였다 해도 무기도 지니지 않은 늙은 샤먼을 꼭 죽여야만 했던가?

수탉같이 우쭐거리며 잘난 체한 게 부끄러웠고, 이제까지 당연하다고 믿었던 짓에 의문이 들면서 머리에 찬물을 뒤집어 쓴 듯 정신이 번쩍 들었다. 양만춘은 솟대를 바라보며 오늘의 승리를 하늘에 감사하고 자신의 못난 행동에 대해 용서를 빌었다.

발아래를 내려다보니 불타 버린 잿더미 바위틈에 하얀 민들레

● 옛날 여러 동이(東夷) 민족들이 하늘에 제사를 드리던 제단. 두 개의 나무 기둥을 세우고, 그 위에 가로로 걸친 대들보 위에 나무로 새긴 오리나 기러기를 올려놓아 신성한 땅임을 나타냈다.

한 송이가 피어 있었다.

'타오르던 불길도 한 송이 작은 꽃을 상하게 하지 못했던가?'

고향의 봄을 생각하자 가슴이 따뜻해졌다.

용사 나친

승리를 축하하는 잔치가 벌어졌다. 샤드 시빌은 적은 희생으로 결정적 승리를 얻은 데 만족해 마을 곳곳에 화톳불을 피우고, 살찐 소와 양을 잡아 고기를 굽고 쿠미즈[馬乳酒]● 주머니를 있는 대로 열게 했다. 화톳불 주위에 병사들이 둘러앉아 신이 나서 웃고 떠들며 무용담(武勇談)을 뽐내었다.

"오늘의 승리는 병사들이 용감하게 싸웠기 때문이니, 공을 세운 자에게 흡족하게 상을 내리겠소!"

시빌의 말을 듣자 병사들은 일제히 방패에 창과 칼을 두드리며 우레 같은 환호성을 질렀다. 그는 양만춘의 어깨를 얼싸 안았다.

"승리의 주인공은 타르칸 야앙[楊]일세. 오늘 빼앗은 것 중 원하는 게 있으면 말하게. 무엇이든지 주겠네."

"감사합니다, 샤드. 포로 나친을 저에게 주십시오."

"핫하하. 좋은 말[馬], 아름다운 여인도 많은데 하필 위험하기 짝이 없는 적장을 원하는가?"

● 누룩을 넣은 큰 소가죽 주머니에 말젖을 넣어 4~5일간 발효시켜 만든 술. 알코올 도수가 낮으나 영양분이 풍부함.

"그의 사내다움에 마음이 끌렸습니다. 친구로 삼으렵니다."

'나친은 내 목숨을 빼앗을 뻔했던 놈이거늘. 저 젊은이는 적에 대한 어설픈 동정심이 후회의 씨앗이 되는 줄 모르는 것일까?'

시빌은 망설이다가 미소를 짓고 허락했다.

"그렇게 하게나. 은혜를 베푸는 것이 좋은 일이라는 건 누구나 알지만 실제로 베풀기는 쉽지 않지."

양만춘이 시빌의 관대함에 감사하면서 신이 난 걸음으로 나가자 깊은 생각에 잠겼다.

'어린 소년이지만 얼마나 그릇이 큰가! 저 젊은이를 꼭 내 사람으로 만들어야겠구나. 그렇게 못한다면 차라리 ….'

광장을 지나 마을 구석 짐승 우리로 들어섰다. 교수형을 기다리던 적장 다섯 명은 죽음의 공포로 일그러진 얼굴이었으나, 나친은 태연하게 눈을 감고 앉아 있었다. 양만춘은 나친에게 다가가 쇠사슬을 풀고 부축해 일으켰다.

"친구여, 상처를 씻고 치료해야겠소."

나친은 놀란 얼굴로 횃불이 타는 듯한 눈을 들어 쳐다보았다.

"패배한 자에겐 오직 죽음이 있을 뿐. 젊은이는 어찌하여 호의를 베푸는 것이오?"

"대흥안령에서 오늘 전투까지 당신이 싸우는 것을 눈여겨봤소. 뛰어난 지휘나 무예에도 감탄했지만, 패배해 달아날 때조차 한 명의 부하라도 더 살리려 애쓰던 모습에 마음이 뜨거워졌소. 나는 그대 같은 용사를 처형하는 것을 차마 그대로 지켜볼 수 없었소."

양만춘은 진심을 담아 겸손하게 대답했다.

"나에게 바라는 게 무엇이오?"

"그대 마음이오. 내가 샤드에게 목숨을 구하는 조건으로 내걸었던 건 친구로 삼고 싶다는 것뿐이었소. 그러니 샤드의 적이 되지 않겠다고 맹세하면, 지금 바로 자유로운 몸이 될 수 있소."

나친은 부리부리한 고리눈을 들어 한참동안 양만춘을 뚫어지게 쳐다보다가 이윽고 굵은 눈물방울을 하염없이 떨어뜨리더니 무릎을 꿇었다.

"이 순간부터 저는 주인님 종입니다. 오늘 새로 생명을 주셨으니 사는 날까지 이 몸을 다 바쳐 모시겠습니다."

"아니오. 당신은 내 친구요."

"은혜를 갚는 날이 온다면, 그때 친구로 삼아주십시오. 은혜를 잊지 않아야 사람다운 사람이라 들었습니다. 개도 주인을 위해 기꺼이 목숨을 바치거늘 개만도 못해서야 되겠습니까?"

황소같이 우람한 덩치의 나친이 무릎을 꿇고 엎드려 두 손으로 그의 발을 붙잡고 맹세했다.

"높고 높은 하늘이시여, 실위족 아들 나친은 뵈클리 양만춘을 주인으로 섬기겠습니다. 주인님께 옳지 않은 마음을 품는다면, 제 몸뿐 아니라 넋까지 멸(滅) 하소서!"

양만춘은 나친의 손을 잡아 일으키며 엄숙하게 화답했다.

"하늘이시여, 굽어 살피소서. 나친을 벗으로 삼겠습니다. 잘못이 생기면 서로 알려 주어 바로잡게 하시며, 제가 옳지 않은 짓을 강요한다면 그때는 오늘의 맹세가 풀려 나친을 자유롭게 하소서.

하늘이시여! 우리를 어여삐 여기시어 우정이 오래오래 가도록 도 와주시고, 우리 만남이 좋은 열매를 맺게 축복해 주소서."

양만춘이 흐뭇한 마음으로 돌아오자 바투 형제가 천막 문 앞에 서 기다리다가 멋진 유르트(천막)로 안내했다.

"타르칸 야앙, 샤드께서 이곳을 당신에게 주셨소."

양만춘은 감사하며 바투 형제에게 같이 들어가자고 권했으나, 점잖은 부케 바투가 사양하며 넌지시 귀띔했다.

"샤드께서 오늘 싸움에서 당신의 공이 가장 크다고 하시면서, 초원의 법에 따라 포로 중 가장 아리따운 아가씨를 주셨으니 즐거 운 밤이 되길 바라오."

익살꾼인 동생 오치루 바투가 히죽히죽 웃으며 놀렸다.

"미녀 롱얀은 숫처녀라 하니 앙탈이 심할 게요. 샤드께선 타르 칸이 어린 살쾡이에게 할퀴어 상처라도 입을세라 조심하라고 하셨 다오. 하긴 투르크 전사(戰士)에겐 정복한 부족의 계집을 품다가 할퀸 상처야말로 자랑스러운 훈장이지만."

오치루는 느물느물 웃더니 자기 뺨에 깊이 새겨진 손톱자국을 소중한 듯 어루만졌다.

유르트 안에 들어서니 늘씬한 야생 망아지처럼 예쁜 소녀가 두 려움이 가득 찬 눈으로 올려다보았다. 낮에 광장에서 본 자매 중 어린 소녀였다. 자그마한 몸집과 얼굴, 올롱하게 치켜뜬 검고 큰 눈을 보고 있자니 미르녀 얼굴이 떠올랐다.

"아가씨, 두려워하지 마요. 나는 고국에 돌아가면 결혼하기로 약속한 여인이 있다오. 내 여인을 아끼듯 고이 보살피다가, 때가 오면 보내주겠소."

소녀는 믿기지 않는 듯 혹시 잘못 들은 게 아닌가 싶어 한참이나 양만춘을 뚫어지게 쳐다보다가 기쁨의 외마디 소리를 지르더니 달려와서 그의 발에 입을 맞추고 울음을 터뜨렸다.

안다 시빌

샤드 시빌의 승리는 봄바람을 타고 삽시간에 몽골 고원에 퍼졌다. 보르사르 부족이 하루 만에 돌궐 원정군에 전멸당하고, 마을이 깡그리 불타버렸다는 소식은 오구즈 부족에게 큰 두려움을 주었다. 구원군을 보내려던 동부 몽골 오구즈 부족들이 부족장 회의를 열었다. 묵토르 같은 젊은 용사들은 돌궐 군에 맞서 싸우자고 주장했지만, 여러 부족장과 원로들은 평화를 선택했다.

오구즈 부족 연합군과 싸우려 준비하던 돌궐 군 진지에 평화사절단이 찾아왔다. '오구즈의 늙은여우' 바르쿠드 부족장은 외아들 옹고드가 약혼한 보르사르 부족장 딸 롱얀을 만나러 갔다가 포로로 잡혔기에 애가 탔다. 늙은여우는 사절단을 대표해 입을 열었다.

"보르사르 부족이 타브가치(중국인)•의 부추김을 받아 샤드께

• 북위(北魏)부터 수당(隋唐) 때까지 중국을 통치했던 황제와 핵심 지배층은 북쪽 초원 민족의 하나인 선비(鮮卑, 타브가치)족 출신이었기에 그 당시 돌궐인은 중국을 '타브가치'라 불렀음.

큰 죄를 저질렀소. 샤드의 응징은 정당했고 그들은 잘못에 마땅한 대가를 치렀소. 우리는 보르사르의 비겁한 행동을 부끄럽게 여기는 바이오."

시빌은 안도의 한숨을 내쉬었다. 지금 야미 카간﹝啓民可汗﹞이 수나라에 가 있어 돌궐 군을 모두 동원할 태세가 되어있지 않아 오구즈 연합군과 싸운다면 승리를 장담할 수 없기 때문이었다.

"나도 전쟁보다 평화를 원하오."

늙은여우는 시빌의 표정을 살피면서 조심스럽게 말했다.

"우리 오구즈는 몽골고원의 지배자가 투르크임을 인정하고, 카루카강 남쪽 옛 보르사르 땅을 샤드가 다스리는 데 이의가 없소. 투르크와 오구즈의 평화를 위해 우리는 해마다 야미 카간에게 공물﹝貢物﹞을 바치겠으며, 초원의 법에 따라 포로에 대해 합당한 몸값을 지불하려 하오."

늙은여우 바르쿠드 부족장은 선물로 가져온 가축과 매년 바칠 공물의 수량을 적은 비단을 소매 속에서 꺼내어 시빌에게 내밀었다. 시빌은 공물의 수량을 살펴보고 눈을 지그시 감았다. '초원의 검은이리'로 알려진 바이르쿠 부족장은 퉁방울 같은 눈을 치뜨고 시빌을 노려보았다.

"원래 모두 같은 뿌리의 투르크족. 우리의 평화는 탱그리﹝하늘﹞께서도 원하시오. 나는 여러분 요청을 기꺼이 받아들이고 해마다 바치기로 정한 공물의 양을 반으로 깎아주겠소. 또한 싸움터에서 사로잡은 포로도 신분과 지위를 따지지 않고 '초원의 법'에 정한 몸값만 받고 자유를 주겠소."

감격한 늙은여우의 감사 인사가 끝나기도 전에 부족장들이 달려와 시빌을 껴안았다. '초원의 검은이리'도 관대함이 용맹보다 더 무서운 무기임을 눈앞에서 보고 퉁방울 같은 눈이 더 커졌다.

돌궐과 오구즈인의 '탱그리에게 평화를 맹세하는 축제'가 끝나자 시빌이 심복인 마타르를 불렀다.

"샤드, 화(禍)가 변해 복이 되었군요. 이번 원정의 승리와 동부 몽골 평정으로 투르크 모든 부족장과 백성이 샤드를 우러러볼 것입니다. 훗날 카간에 오르는 데 어떤 장애물도 없어졌습니다."

"마타르, 이런 때일수록 방심하지 말게. 나라 안에 숨어 있는 적은 여전히 그들의 뜻을 포기하지 않을 테고, 아직도 무시할 수 없는 힘을 가지고 있다네."

말을 나누다가 시빌이 무엇인가 깊은 생각에 빠져들었다. 마타르는 이런 때 그의 침묵을 깨는 건 어리석은 짓임을 잘 알기에 조용히 기다렸다.

"마타르, 뵈클리(고구려) 젊은이와 안다(의형제)를 맺을까 하는데 자네 생각은 어떤가?"

"네에? 그 소년 무사 말씀입니까? 아무리 큰 공을 세웠다지만 뵈클리 사람, 샤드는 미래의 카간이십니다. 안다로서는 좀 … ."

마타르는 뛰어난 인재를 보면 어떻게든지 자기 사람을 만들지 않고는 못 배기는 시빌의 성격을 잘 알고 있었지만, 안다로 삼는 건 지나치다 싶어 눈살을 찌푸렸다.

"나도 그 때문에 고민했네. 자네라면 외국인이라고 하여 그런

보배를 자기 사람으로 만들지 않겠는가?"

"놓치기 아까운 사나이긴 합니다만 …."

"그동안 눈여겨보았다네. 곧게 솟은 소나무같이 진실한 사나인데다 그릇이 큰 인물이야. 더구나 그 젊은이를 만나고부터 모든 게 잘 풀리고 있지 않은가. 탱그리께서 보내주신 복덩이가 틀림없네. 세상에서 좋은 사람 만나는 것보다 더 큰 복이 어디 있겠는가?"

샤드 시빌은 양만춘과 제사장, 이쉬바라 타르칸과 호위대장 마타르를 이끌고 산에 올랐다.

"내 생명을 구해준 뵈클리 영웅과 오늘 안다의 맹세를 하려 하니 두 장군은 증인이 되어 주시오."

쭈스(執失) 부족 제사장 베길이 제단을 쌓더니 흰 말을 잡아 하늘에 제사지내고, 해가 뜨는 동쪽을 향해 아홉 번 경건하게 절한 다음 은잔에 백마의 피를 가득 담아 시빌에게 건네주었다. 시빌이 반쯤 마신 후 나머지를 양만춘에게 주었다.

두 사람이 동쪽 하늘을 향해 아홉 번 절하자 제사장은 그들 머리 위에 손을 얹고 하늘을 우러러 보며 '안다'가 되었음을 맹세하는 글을 읽었다.

"높고 위대한 뭉흐 탱그리(영원한 푸른 하늘)시여! 투르크 시빌과 뵈클리 양만춘이 안다로 맺어졌습니다. 두 사람은 기쁨과 슬픔을 같이 나누고 어려운 일이 생기면 서로 도우며 생사고락을 함께하기로 맹세합니다. 마음을 활짝 열어 숨기거나 시기하지 않고 미워하거나 배반하지 않으며, 자기보다 안다를, 제 기쁨보다 안다의 기쁨을 먼저 생각하고, 안다에게 적이면 나의 적으로, 안다 친구는 내 친구로 삼겠습니다. 높고 위대한 뭉흐 탱그리시여. 이 맹세를 저버리는 자가 있다면, 오늘 마신 신성한 백마의 피가 독으로 변해 멸망시키고 흙탕물같이 더럽게 만드소서!"

제사장이 맹세하는 글을 끝까지 읽자, 두 사람은 무릎을 꿇고 마주보았다. 그리고는 세 번 절하고 굳게 포옹한 후 허리에 차고 있던 단검을 풀어 교환했다.

"이제 안다가 되었네. 우리끼리만 있을 때는 나를 튈리스〔咄吉世, 시빌의 어린아이 때 이름〕라 불러주게."

초원 푸르게 빛나고

五月祝祭

몽골고원 겨울은 유난히 길어 3월이 되어도 꽃 한 송이 찾아볼 수 없다. 몽골의 봄은 고비사막에서 끊임없이 흙바람이 불어와 눈앞도 잘 보이지 않고, 눈보라가 몰아치다 햇살이 비치는가 하면 어느덧 차가운 빗줄기가 쏟아지는 변덕스러운 날씨가 계속된다.

지난해 묵은 풀이 자취를 감추고 새 풀이 돋아나려면 한참 기다려야 하니, 유목민이 가슴을 졸이는 계절이기도 하다. 그러나 탱그리가 축복하는 5월이 오면 드넓은 초원에 온갖 꽃이 오색찬란한 빛의 향연을 베푼다. 종달새가 바람을 타고 하늘 높이 솟구쳤다가 땅으로 곤두박질치면서 삶의 기쁨을 노래한다.

온 누리가 녹색으로 빛나고 양떼와 말의 무리는 초록 바다에서 나날이 살찌고 풍성한 젖을 선사한다. 집 근처에 길손이라도 지나가면 서로 자기 집 우유와 쿠미즈를 권하느라 부산스럽다.

돌궐인에게 이때가 가장 행복한 나날이고 겨우내 기다렸던 축제의 계절. 기나긴 겨울과 괴로운 봄철을 거치면서 움츠렸던 몸과 마음을 활짝 펴고, 춤과 노래로 기쁨을 폭발시키는 때이다.

아름다운 에시

칸발리크[可汗庭, 카간이 거주하는 곳]에서 남동쪽 40여 리 황하 강변 샤드 시빌의 호르트에는 보르사르 부족에 대한 승리를 기리는 축하연 준비가 한창이었다.

야트막한 언덕에 세워진 호르트는 흰 펠트를 둘러친 크고 호화로운 천막이었다. 벽면엔 여러 전투에서 승리해 얻은 적의 무기와 노획물, 사냥에서 잡은 호랑이 털가죽, 큰뿔사슴과 멋진 뿔을 가진 아르칼(산양)의 머리 같은 희귀한 동물의 박제가 걸려 있었다. 호르트 뒤 주방엔 통구이용 소와 양은 물론 어제께 사냥한 멧돼지와 사슴 같은 짐승과 도요새와 꿩 같은 새를 맛있게 요리하느라 젊은 여인들이 눈코 뜰 새 없이 바쁘게 움직였다.

샤드 호위병이 매끄럽게 윤기가 흐르는 붉은 암말을 끌고 왔다. 세상에 이렇게 멋진 말이 있었던가! 말은 위엄 있는 자태로 무희(舞姬)가 춤을 추듯 우아하게 한 걸음 한 걸음 다가왔다. 갸름한 머리, 대를 쪼개어 세운 듯한 귀, 보석처럼 광채를 내뿜는 둥근 눈, 탄탄한 가슴과 짤록한 허리에 하얀 버선이라도 신긴 듯 날씬한 네 다리.

시빌은 넋을 잃고 쳐다보는 양만춘을 보고 빙그레 웃었다.

"에시(돌궐말로 귀부인이란 뜻)가 그렇게 마음에 드는가?"

양만춘은 시빌의 말뜻도 알아듣지 못한 채 고개만 끄떡이면서 자기도 모르게 에시에게 다가가서 눈을 맞추었다. 그리고는 손을 내밀어 부드럽게 갈기를 쓰다듬다가 기다란 턱을 어루만졌다. 에시는 처음에는 푸르르 하며 뒤로 물러서다가 쓰다듬는 손길이 기분 좋은 듯 "푸르르, 푸르르" 가벼운 콧소리를 냈다.

"낯가림을 많이 하는 에시가 오늘 웬일이지? 처음 만나는데도 자기 주인이 될 줄 아는가 보군."

양만춘은 깜짝 놀라 시빌을 돌아보았다.

"안다가 되던 날 집에 돌아가면 선물을 주겠다고 하지 않았던가? 그게 바로 에시라네. 더구나 오늘이 안다의 열여덟 번째 생일이니 생일선물도 되는 셈이군."

돌궐 사람에게 말이란 둘도 없는 친구고 가족이나 다름없는 존재. 아무리 결의형제를 맺었다지만 에시 같은 명마(名馬)를 주다니. 시빌의 호의가 가슴 벅차게 고마웠다.

"감사합니다, 튈리스. 이렇게 좋은 선물을…."

"안다가 처음으로 어릴 때 내 이름을 부르는군. 그렇게 에시가 좋은가 마안추니(萬春)."

시빌은 너털웃음을 터뜨리며 어색한 발음으로 양만춘의 이름을 불렀다.

"목숨을 구해준 것에 비하면 작은 선물이지. 가장 아끼던 말이니 많이 사랑해 주게나."

양만춘은 기쁨으로 몸을 떨며 에시의 콧잔등을 쓸어 주었다. 에시는 기분 좋은 듯 눈을 지그시 감고 '푸르르르' 몇 번 콧소리를 내더니, 몸을 활짝 펴 보이며 '나 미인이지?'라고 뽐내는 자세를 취했다. 그러다 어린애가 응석이라도 부리듯 꼬리를 엉덩이 위로 높이 쳐들었다가 채찍처럼 아래로 내리치더니 그의 얼굴을 핥았다.

"놀라운데. 말이란 영리한 동물이어서 주인이 어떤 사람인지 잘 안다고 하네만, 안다가 반한 만큼 에시도 마음을 주는군."

양만춘은 화살같이 뻗은 등을 토닥거리며 어루만지다가 훌쩍 말 위에 올라탔다. 에시는 주인의 마음속 생각을 그대로 느끼는 듯, 그의 몸짓에 따라 춤추듯 우아하게 걸었다.

"추, 추!"라면서 두 무릎으로 에시의 양쪽 배를 가볍게 누르자, 훌쩍 뛰어오르더니 넓은 초원을 바람같이 달렸다.

말과 사람이 하나가 되어 날개라도 돋친 듯 빠르게 달리자 에시의 붉은 갈기가 힘차게 바람에 휘날리고 검은 꼬리는 깃발처럼 흔들렸다. 시냇물을 훌쩍 뛰어넘고 멀리 떨어진 언덕까지 단숨에 달려갔다가 화살같이 되돌아왔다.

양만춘이 말에서 내려 땀을 닦아주자 에시는 양쪽 콧구멍으로 '푸우' 하고 거친 숨을 두어 번 내쉬었다. 그것만으로 피곤이 풀렸는지 헐떡이기는커녕 숨소리도 내지 않았다.

"정말 대단하군요. 우리나라에도 대무신태왕 때 거루(駏驦)라는 전설적인 명마가 있었다는데 에시가 바로 그런가 봅니다."

양만춘이 입을 다물지 못하고 거듭 감탄하자, 시빌은 자식의 칭찬을 들은 아버지처럼 어깨를 으쓱거리며 흐뭇하게 웃었다.

"암, 명마이고말고. 아비는 알타이산맥 기슭에 살던 거대한 야생마였지. 밤의 어두움처럼 새카맣던 그 말은 맹수라 할까, 용이랄까? 아무튼 대단한 놈이었어. 좋은 체격, 강한 힘, 결코 인간에 길들여지지 않는 거친 기질을 타고난 녀석으로 빠르고 지칠 줄 모르는 자신의 발에 큰 자부심을 가졌었지. 자신을 속박하는 그 무엇에도 꺾이지 않는 기백과 무섭게 드러내는 이빨, 사자 머리털같이 휘날리는 검은 갈기 때문에 별명이 '카간'(황제)이었다네.

카간은 세 살 되던 해 야생마 사냥꾼에게 사로잡혔지. 경험 많은 조련사들이 그놈을 길들이려고 아무리 노력해도 허사였어. 카간은 사람이 다가가면 발로 차고 입으로 물어 가까이 오는 것을 막았다네.

한번은 투르크 최고 야생마 조련사가 채찍을 들고 그 앞에 서자 그놈은 격분한 듯 핏발 선 눈을 부릅뜨고 식식거리며 앞발을 치켜올리더니 뒷발로 껑충 일어섰네. 그리고는 연기라도 뿜을 듯 콧구멍으로 뜨거운 김을 내쉬며 머리를 내젓고 몸뚱이를 흔들었지. 조련사가 올라타자 이빨을 드러내 호랑이처럼 포효하고 온몸을 비틀며 하늘로 뛰어올라 등에서 떨어뜨려 버렸네. 누구도 카간을 탈 수 없어 길들이기를 포기하고 종마로서 씨를 받을 수밖에 없었는데, 그놈은 암컷을 고르는 데도 무척 까다로워 새끼도 몇 마리밖에 얻지 못했지."

카간은 자유를 사랑하여 폭풍우가 몰아치는 날이나 눈보라가 쏟아지는 밤에도 마구간보다 벌판에서 지내기를 더 좋아했다. 그놈이 성숙해 몸 높이가 무려 여덟 자 아홉 치나 자라고 일곱 살 되던 해, 높은 울타리를 뛰어넘어 초원을 가로지르고 넓은 늪을 건너 알타이산 소나무 숲으로 사라져 버렸다.

카간은 이제 전설 속의 말이 되었다.

"가끔 알타이산맥에서 야생마 사냥꾼이 검은 마왕처럼 당당한 모습을 멀리서 본다더군."

그 괴물은 사람을 보면 길고 날카로운 울음으로 야생마 떼에게 위험을 알리고, 험한 길, 덤불길, 늪의 깊고 얕음을 가리지 않고 검은 갈기를 바람에 나부끼며 한 걸음에 두 길이나 뛰어 달아났다.

"에시는 카간 혈통 중 막둥이라네. 그 피를 이어받은 말은 자부심이 대단해 스스로 선택한 주인이 아니면 등에 태우지 않지. 이제 에시가 세 살이 되어 주인을 찾아 줄 때가 되었기에 안다에게 주기로 마음먹었지만 탈 수 있을지 걱정했는데 안심이 되는군."

시빌은 까다로운 딸을 시집보내는 아버지처럼 아쉬움과 다행스러움이 섞인 표정으로 양만춘을 쳐다보았다.

한낮 맑은 하늘 아래 낯선 여인이 귀여운 소녀 두 명을 데리고 호르트 앞 실개천을 건너는 게 보였다.

"안다는 복도 많구먼. 하루 동안 에시〔貴婦人〕를 둘이나 만나다니. 저 여인을 잘 살펴보게나. 소그드(Sogd, 357쪽 참조) 얼음공주 자스미라네."

숨이 막힐 듯 요염한 여인은 황금빛 머리칼을 꽃봉오리같이 틀어 올려 붉은 비단 끈으로 묶고, 몸에 착 달라붙는 하얀 낙타털 저고리 아래 우산처럼 부풀어 오른 붉은 바지를 황금 허리띠로 졸라매어 풍만한 가슴과 짤록한 허리를 자랑스럽게 드러내며, 한 올 잡티도 없는 거대한 검은 아슈바(숫말) 위에 걸터앉아 있었다.

고구려 귀부인처럼 옆 타기(안장에 앉아 한쪽으로 두 다리를 가지런히 내리는 자세)가 아니라, 오른손에 채찍을 거머쥐고 사내처럼 두 다리를 쩍 벌리고 말을 탄 자세가 너무나 당당했다.

"암컷이 수컷 넋을 뽑아 미치게 만들려면 적어도 서른은 넘어야지"라고 시빌이 입버릇처럼 말했지만, 무르익은 몸매가 눈부시게 아름다웠다.

눈보다 새하얀 피부에 콧날은 우뚝 솟았고 메추리알같이 큰 녹색 눈, 선명한 붉은 입술, 얼음공주란 별명에 걸맞게 찬바람 이는 얼굴이 옛이야기 속 선녀처럼 보이고, 여인으로 둔갑한 요사스러운 여우 같기도 했다. 자스미 공주를 보는 순간 웬일인지 고향의 미르녀 모습이 떠올랐다. 어디도 그녀와 닮은 점이 없거늘.

"어려운 걸음을 하셨군요. 공주님에게 페르시아식 옷차림이 너무 잘 어울립니다."

"여인을 치켜세우시는 말솜씨 여전하시군요. 샤드께서 큰 승리를 거두셨는데 당연히 축하인사를 드려야지요. 그런데 에시 곁에 서 있는 젊은이는 못 보던 얼굴이네요."

양만춘은 자스미의 노래하는 듯한 목소리에 가슴이 울렁거려 고개를 돌렸다. 눈썹을 살짝 찌푸리며 턱을 치켜들고 흘겨보는 얼음 같은 눈길은 말 한마디 걸기 어렵게 쌀쌀맞았다.

"안다, 이리 와서 자스미 공주님께 인사드리게나."

"네에? 이 어린 소년이 그렇게 소문이 자자한 영웅이라고요?"

여인은 깜짝 놀라 눈을 크게 뜨고 숨결이 귀를 간질일 만큼 다가

와서 뚫어지게 쳐다보다가, 신기한 장난감을 본 어린아이처럼 곰 살맞게 요모조모 뜯어보았다. 우아하게 휘어진 눈썹 아래 별빛을 머금은 눈이 반짝이고, 꽃잎 같은 입술은 살짝 부풀어 올랐다.

여인의 눈길이 얼굴에 머물자 숨이 막혀 눈을 아래로 내리깔고 깊게 숨을 들이켜며 마음을 진정시키려 애써 보았지만, 그녀가 뿜어내는 짙은 몸 향내가 무슨 마력이라도 지닌 듯 넋을 뽑았다.

"영웅께서는 투르크 사람이 아닌 것 같은데 어디서 오셨나요?"

여인의 예리한 눈썰미에 깜짝 놀랐으나 가슴을 펴고 대답했다.

"고구려에서 왔습니다."

"아, 해 뜨는 동쪽 숲의 나라, 무지개의 고향이라는 뵈클리?"

자스미는 돌궐인이 아닌 걸 알자 친밀한 마음이 들었다. 가슴속까지 꿰뚫어 볼 듯한 녹색 눈이 부드러워지며 방긋 웃었다.

"반가워요. 나는 서쪽 끝에 있는 나라, 꿀과 젖이 흐르는 사마르칸트에서 온 자스미랍니다."

여인이 미소를 지으니 모든 게 변했다. 봄바람 불 듯 웃음이 퍼지면서 낯설어 보였던 차가운 얼굴이 아침 햇살에 피어나는 붉은 장미송이처럼 빛나고, 꽃보다 그윽한 향내가 마음을 설레게 했다. 양만춘이 자스미의 미소와 향기에 취하여 멍하니 서 있자 시빌은 어깨를 툭 치면서 말했다.

"안다가 공주님 아름다움에 얼이 빠졌나 봅니다."

그는 얼굴을 붉히며 말을 더듬었다.

"아, 아닙니다. 햇빛 때문에 어지러워서요 …."

양만춘은 그녀 눈 속으로 빨려 들어가는 듯하여 눈을 감았다.

공주는 사내가 안절부절못하는 모습을 재미있다는 듯 지그시 지켜보다가, 두 시녀에게 상자를 가져오게 했다.

"샤드님, 승리를 축하하며 소그드 상단이 선물을 바칩니다."

"공주님, 감사하게 받겠습니다."

시빌은 정중하게 답례하더니 짓궂게 퉁겼다.

"승리의 주인공은 여기 서 있는 젊은이인데, 나 혼자만 선물을 받으려니 쑥스럽군요. 안다 같은 영웅을 만나면 소그드 여인은 어떻게 대접하지요?"

"전쟁에서 큰 공을 세운 용사에게 아름다운 소녀가 꽃으로 만든 관을 머리에 씌우고, 붉은 비단 숄을 어깨에 둘러주는 풍속이 있답니다. 오늘은 미처 준비를 못했으니 이것으로 대신하지요."

공주는 장난꾸러기처럼 한쪽 눈을 찡긋 감았다 뜨더니 슬슬(瑟瑟, 에메랄드)이 박힌 꽃가지 모양의 비녀를 뽑아 양만춘의 머리에 꽂아주었다.

"소그드 여인이 멋쟁이 영웅의 승리를 축하합니다."

"안다, 여인에게 선물을 받았으면 답례가 있어야지."

양만춘은 내놓을 마땅한 것이 없어 쩔쩔매다가 품속에서 《시경》(詩經)을 꺼내 주면서 얼굴을 붉히고 더듬거렸다.

"서쪽 하늘가에서 온 선녀께 변변치 않은 답례품을 바칩니다."

"싸움만 잘하는 줄 알았더니 여자에게 아첨할 줄도 아는군요."

공주는 호들갑스럽게 감탄하며 깔깔 웃다가 그가 어깨에 메고 있는 가죽 주머니에 무엇이 들어있는지 물었다. 그녀는 양만춘의 활을 찬찬히 살펴보고 이 활이 그 유명한 뵈클리의 맥궁(貊弓)이냐고 물었다. 크기가 작아서 가지고 다니기 무척 편하겠다면서 공주가 이와 같은 활을 만드는 법을 가르쳐달라고 하자 양만춘은 얼떨결에 승낙했다.

양만춘이 멀어져 가는 공주의 뒷모습을 넋을 잃고 바라보자 시빌이 짓궂게 놀렸다.

"안다는 여자에게 관심이 없는 줄 알았더니 그게 아니었구먼."

"아닙니다. 서역(西域) 여인을 처음 보니 신기해서요."

얼굴을 붉히며 변명하자 시빌이 정색했다.

"안다, 사랑에 빠지는 것은 흉이 아니라네. 공주도 안다를 무척 좋아하더군. 저 여인이 그처럼 밝게 미소 짓고 말을 많이 하는 건 아주 드문 일이거든. 더구나 호감을 갖고 있지 않다면 머리에 꽂고 있던 비녀를 어찌 처음 보는 사내에게 줄 수 있겠나."

자스미 공주는 사마르칸트 왕가의 여인으로, 그 조상은 산양의 뿔을 가진 영웅 알렉산더 대왕까지 거슬러 올라가는 유서 깊은 소그디아 가문(家門)이었다.

서돌궐 야브구〔葉護, 카간 다음의 지위〕이스테미〔室點密〕의 막내 쿠출로크가 펜지켄트성을 정복하고 그녀를 아내로 삼은 것은 불과 14살 때였다. 가장 사이가 좋던 오빠가 그 전쟁에서 죽었기 때문에 돌궐인에게는 시집가지 않겠다고 떼를 썼지만, 가문을 지키기 위해 결혼할 수밖에 없었고, 그때부터 웃음을 잃은 얼음공주가 되었다. 쿠출로크는 온갖 방법으로 여인의 마음을 돌이키려고 애를

썼으나 성공하지 못한 채 지난해 오구즈와 싸움에서 전사했다.

돌궐 풍속은 남편이 죽으면 남아있는 형제가 그 부인을 아내로 취하지만, 쿠출로크는 돌궐이 동서로 분열될 때 동돌궐로 귀순했기에 이곳에는 형제가 없고 자식도 낳지 않아 지금 쿠출로크 가문은 대(代)가 끊어질 형편이었다.

"안다여! 우리 아시나 부족에는 이렇게 불이 꺼지게 된 집안에 대를 잇게 하는 신성한 법이 있다네. 먼 옛날 아시나 부족 어떤 가문에 남편이 죽고 그 형제도 없는 젊은 과부가 탱그리에게 가문을 이을 자식을 달라고 빌었지. 어느 날 한밤중 방안에 햇빛이 가득 비치더니 아름다운 청년이 나타나 여인과 동침했다네. 열 달이 지나 배가 보름달같이 부풀어 오르니 부족민이 이를 알고 몰려갔지. 사람이 모여들자 젊은이는 커다란 고니(白鳥)로 변해 하늘로 날아가면서, 여인에게 큰 활을 주고 아기 이름을 '메르겐'이라 부르게 했다네. 그 아이가 자라면서 활을 잘 쏘는 용사가 되었지. 그때부터 아시나 부족은 고니를 신성하게 여겨 결코 사냥하지 않는다네.

이 전설에 따라 오월 축제에서 아시나 부족 아닌 젊은이가 활쏘기 대회에서 우승하면 메르겐(名弓)이라는 칭호를 내리고, 가문의 대가 끊어질 위기에 처한 여인이 그 젊은이를 고니로 맞아들이면, 그 사이에 태어나는 아기는 탱그리께서 주신 선물이므로 토이(부족장 회의)의 승인을 받아 아시나 가문의 정당한 상속자로 인정받게 되지."

시빌은 미소를 띠고 양만춘의 어깨에 손을 얹었다.

"안다! 자스미 공주의 고니가 되지 않겠나?"

"샤드, 나는 결혼하기로 약속한 여인이 고국에 있답니다."

"그래서 보르사르의 꽃, 롱얀을 손대지 않았던 것이었구먼."

시빌은 고개를 끄떡이며 웃었다.

'이 얼마나 순수하고 정 깊은 사나이인가?'

시빌은 너무나 마음에 들어 꼭 자기 사람으로 묶어두고 싶었다.

"아직 총각이고 마음에 둔 여인이 있을 뿐이지 않은가? 더구나 결혼하라는 게 아니라, 단지 1년 동안만 고니가 되라는 것이네."

"샤드, 그런 짓이 옳은 건지 무척 혼란스럽군요."

양만춘은 자스미에게 마음이 끌렸으나 미르녀에게 몹쓸 짓을 하는 것 같아 주저했다.

"안다는 너무 생각이 많은 게 흠이야. 무엇을 그리 망설이는가? 내가 자격만 있다면 기꺼이 고니가 되고 싶을 만큼 공주는 아름답고 고귀한 여인이야. 그뿐 아니라 소그드 상단을 투르크에서 가장 부유한 상단으로 키웠네. 얼마나 많은 젊은 늑대가 그녀 재산과 아름다움을 노리고 그 주위를 어슬렁거리는지 아는가? 그런데도 그녀는 지금까지 허튼 말 한 마디, 곁눈질 한 번 하지 않았다네. 어떤가, 안다는 불이 꺼지게 된 아시나 왕족 쿠출로크 가문에 상속자를 잇게 하는 좋은 일을 하고, 나는 부유한 소그드 상단을 서투르크에 빼앗기지 않고 붙들어 맬 수 있으니 이익이 크다네. 내 말을 따르게. 오래지 않아 활쏘기 대회가 열리는데 안다의 활 솜씨라면 메르겐 되기가 그리 어렵지 않을 걸세."

승리의 잔치

저녁이 되자 샤드의 승리를 축하하러 찾아온 귀족들로 북새통을 이루었다. 소그드인 스추후시가 카간 사자(使者)로 선물을 가져왔다. 시빌은 허리를 굽혀 정중하게 인사하고 양만춘에게 소개했다.

"어릴 때부터 스승이셨고, 지금은 아버지의 정치고문인 스추후시 님이시네."

지혜롭게 생긴 늙은 소그드인은 따뜻한 눈길로 쳐다보았다.

"호오, 보기 드물게 눈이 빛나는 젊은이로군. 아무쪼록 퇼리스에게 힘을 보태어 주게나."

뒤이어 동생 치키와 실리●가 다가와서 형을 껴안았다.

"이 젊은이가 이번에 안다가 된 양만춘이야."

시빌이 동생에게 소개하자, 첫째 동생은 호탕하게 껄껄 웃더니 양만춘을 힘껏 껴안았다.

"치키라고 불러주게. 형님 목숨을 구해 주었다며? 형의 안다라면 내게도 안다이니 필요한 게 있으면 무엇이든지 부탁하게."

돌궐 남자는 육식을 하고 거친 삶을 살기 때문인지 온몸이 근육질이어서 살찐 사람은 드물다. 그런데 치키는 같은 어머니가 낳은 형제라고 믿기 어려울 만큼 시빌과 닮지 않았다.

유난히 큰 얼굴과 작은 키에 몸집이 비대한 치키는 돼지 같은 눈

● 후일 치키는 초르 카간(處羅可汗. 재위 619~620년), 실리는 실리 카간〔頡利可汗, 재위 620~630년〕이 됨.

을 가늘게 뜨고는 연신 너털웃음을 터뜨리면서 친밀감을 드러냈다. 하지만, 어딘지 꾸민 듯한 태도와 헛웃음이 마음을 편치 않게 했다. 그는 자기 뒤에 서 있는 키 크고 눈빛이 날카로운 사내를 소개했다.

"내 오른팔 타르쿠시라네. 수나라는 물론 서역까지 다녀와 아는 게 많지. 서로 잘 사귀어 보게."

양만춘이 정중하게 고개를 숙이고 인사하자 껑다리는 깔보는 듯한 얼굴로 이죽거렸다.

"우리 앞으로 친하게 지냅시다. 그런데 자스미 공주를 만났다면서요?"

양만춘은 가슴이 뜨끔했다. 그 당시 주위에는 다른 사람이 없었기 때문이었다.

'불과 몇 시간 전에 있었던 일을 저 사내가 어떻게 알고 있을까. 저 녀석도 공주 곁을 맴돈다는 늑대 중 한 마리인가?'

양만춘은 타르쿠시의 얇은 입술에 떠오른 미소가 왠지 거슬렸고, 이따위 사내에게 공주를 빼앗길 수 없다는 강렬한 승부욕이 치솟았다.

실리는 시빌처럼 키가 크고 얼굴이 갸름했다.

"나와 같은 나이라지. 언제 네 활 솜씨를 보여줘."

실리는 구김살 없이 자란 밝은 성격이었으나 어딘가 연약한 느낌을 주는 귀공자로 자존심이 세고 신경질이 있을 듯이 보였다.

"나이는 같아도 너보다 몇 달 먼저 태어났어. 사이좋게 지내면서 안다의 좋은 점을 본받도록 해라."

"염려 마, 형. 우리 친하게 사귈게."

실리는 시빌의 말에 선선히 고개를 끄덕였다.

초원 너머로 붉은 해가 떨어지자 달이 떠올랐다. 달빛은 희다 못해 요염하리만큼 푸르게 초원을 비추고 5월의 훈훈한 바람이 싱그러운 풀 향기를 싣고 왔다. 호르트 앞 넓은 잔디밭 호두나무 식탁에는 통구이 양을 비롯한 온갖 짐승과 새의 요리가 산같이 쌓였고, 뜰 네 모퉁이에 참나무 장작을 쌓아 올려 화톳불을 피웠다.

시빌이 손뼉을 치자 서역 쿠차(龜茲) 악단이 수러옌을 연주하기 시작했다. 퉁소와 생황, 태평소와 피리, 거문고와 비파소리가 어울려 화음을 내면서 흥겨운 가락이 울려 퍼졌다. 그러자 보석으로 꾸민 두건(頭巾)을 쓴 네 쌍의 무희가 황금빛 춤옷에 잠자리 날개같이 투명한 흰 비단을 두르고, 음악에 맞추어 춤을 추었다.

호선무(胡旋舞)였다. 좌로 돌고 우로 구르며 허리를 굽혔다 폈다 하면서, 새가 날듯 우아한 몸짓으로 뛰어오르고 회오리처럼 빙글빙글 돌며 격렬하고 정열적인 춤사위를 펼쳤다. 두건과 옷에 붙은 보석이 화톳불 빛에 별같이 반짝거렸고, 작은 북을 손으로 두드려 박자를 맞추며, 손가락을 퉁기고 발을 구르면서 요염하게 몸을 비틀 때마다 구경꾼들이 안타까운 한숨을 쉬었다.

꽃을 찾는 나비처럼 유난히 부드러운 몸매로 하늘하늘 춤추는 어린 무희 모습이 자꾸만 자스미 공주와 겹쳐 보였다. 가슴이 울렁이고 얼굴이 화끈거려 양만춘은 연회장을 빠져 나왔다.

숲에서 산접동새가 한시도 쉬지 않고 울었고, 자작나무 줄기가 새하얗게 빛나는 개울에는 하얀 달이 잠겨 있었다. 어느덧 달이 자스미 공주의 얼굴로 바뀌었다.

밤이 깊어 흥겨운 잔치판이 한고비 넘자 아시나 부족의 전통의 상을 입은 남자 가수가 조용한 북소리에 맞추어 낮고 굵은 목소리로 건국(建國)의 아버지 일릭 카간〔伊利可汗, 본명은 土門〕의 영웅적 이야기를 노래했다.

마지막으로 〈나의 조국〉을 부르기 시작하자 시빌이 술잔을 높이 들며 벌떡 일어섰고 뒤이어 모두 일어났다.

　알타이와 항가이 사이 기름진 처녀지여
　선조들이 묻혀 있는 우리의 영원한 숙명의 땅
　황금빛 태양 아래 넘실거리는 대지여
　은빛 달 아래서 영원한 땅
　아, 이곳이 아름다운 나의 조국●

밤이 깊어 달이 높이 솟았는데 수십 명 사내가 부르는 합창소리가 초원 위로 우렁차게 울려 퍼졌다.

───────

● 몽골 시인 나차그도르지〔Dashdorjiin Natsagdorj〕의 〈나의 조국〉.

칸발리크에서

야미 카간[啓民可汗]의 칸발리크[可汗庭]는 황하(黃河)의 북쪽 오르도스(황하 중류 내몽골 지역)의 야트막한 언덕 위에 자리 잡았는데, 정사각형 60만 평 땅을 목책으로 둘러싼 유목민의 도시였다.

칸발리크 안에는 카간의 화려한 호르트가 우뚝 섰고, 왕궁 남쪽 광장 주변에 시장거리가 있어 여러 나라 상인들의 상점과 대상(隊商)의 숙소들이 늘어서고 그 뒤에 주택가가 펼쳐졌다.

이곳은 유목민 도시답게 서로 다른 문화를 스스럼없이 끌어안는 자유롭고 활기찬 국제도시였다. 불교 사원, 조로아스터교와 마니교의 사원, 여러 민족이 믿는 토속(土俗) 종교 신전들이 제각기 독특한 분위기를 풍겼고 거리에는 고구려인, 소그드인, 토번인, 거란인, 중국인들도 보였다. 그러나 목책 안엔 외국인만 살 뿐, 이 땅의 주인 돌궐인은 목책 바깥 수십 리에 흩어진 유르트에서 살았다. 그들은 드넓은 초원의 자유로운 삶을 사랑하기도 했지만, 집집마다 여러 마리 말과 수백 수천의 양떼를 기르니 목책 안에서 살기 어려웠다.

칸발리크 동문으로 들어가 소그드인 거리를 지나니 길가의 고구려 상가에 '고구려 모피점'이란 깃발이 걸려 있었다. 가게 안에 진열된 커다란 호랑이 털가죽도 진귀한 물건이지만 윤기가 자르르 흐르는 담비 털가죽이 가장 귀한 상품이었다. 흑룡강 숲속 흰담비, 개마고원 검은담비, 송화강 숲에 사는 보랏빛 담비 털가죽이 서로 아름다움을 뽐냈다. 담비 털은 촉감도 좋았지만 매서운 추위를 막아주는 값비싼 옷감이라 왕이나 부호가 아니면 입을 수 없는 귀중품이었다.

고모두리라는 중년 상인이 고국에서 귀한 손님이 왔다면서 반갑게 맞이해 차를 대접했다. 담비 털가죽은 국내성이나 부여성에 모였다가 '담비의 길'을 거쳐 칸발리크로 운반되고, 여기서 중국은 물론 '초원의 길'을 따라 멀리 사마르칸트까지 팔려나갔다. 식사를 대접하려는 고모두리의 호의를 사양하고 영빈관(迎賓館)을 찾아나섰다.

"대장님, 아까부터 애꾸눈 사내가 우리 뒤를 따르고 있습니다."

구루가 양만춘에 다가와 소곤거렸다.

"돌궐 땅에 온 지 얼마 되지 않는데 누가 우리를 쫓겠나?"

구루를 나무라며 뒤돌아보았다. 서로 눈이 마주치자 애꾸가 매우 당황하며 서둘러 사람들 속으로 사라졌다. 양만춘은 뱀의 눈을 마주본 듯 섬뜩한 기분이 들었다.

을지문덕은 못 본 사이 몰라보게 변했다. 온화하던 모습은 웃음을 잃었고 여윈 얼굴과 부르튼 입술이 낯선 사람을 보는 듯했다.

"여기 와서 여러 달 지났건만 카간의 얼굴도 보지 못했네. 예상보다 친수파(親隋派, 시빌의 반대파) 세력이 만만치 않아 걱정일세."

그는 침울한 표정이다가 양만춘이 보르사르 부족을 정벌하고 시빌의 안다가 되었다고 이야기하자, 비로소 생기를 되찾았다.

'이 젊은이는 영웅의 운명을 타고났는가. 가는 데마다 바람을

몰고 다니는군!'

을지문덕은 영빈관 뒤뜰 정자 위에 술상을 차리고 마주앉았다.

"큰 공을 세웠으니 누초(耨肖, 고구려 중급 지휘관)로 임명하겠네."

을지문덕이 승진 축하를 하다가 문득 자리에서 일어서더니 옷자락을 여미고 허리를 숙였다. 뜻밖의 일에 깜짝 놀라 양만춘이 벌떡 일어났다.

"대인! 이게 무슨 일이옵니까?"

"하늘은 문을 닫아도 창문을 열어주시는군. 나라 운명이 걸렸는데 벼슬의 높고 낮음이나 장유유서(長幼有序)를 따져 무엇 하겠나. 내가 돌궐에 와서 못 다한 일을 자네가 대신 맡아주게."

을지문덕은 부하가 아닌 동료처럼 대우하며 술잔을 권했다.

"중국은 수나라로 통일됐건만 우리는 안타깝게도 세 나라로 분열되어 다투고 있어. 나라를 지키려면 힘 못지않게 외교가 필요하지. 이제 자네도 우리나라 형편을 알아야 하네."

단숨에 잔을 비우더니 말을 이어갔다.

"수나라 침략이 눈앞에 다가온 건 알고 있겠지? 전쟁에서 승리하려면 친구는 많아야 하고 적은 적을수록 좋지. 가장 두려운 건 동시에 두 나라와 맞서야 하는 양면전쟁(兩面戰爭)이라네. 우리와 국경을 맞댄 나라는 수나라와 돌궐 그리고 남쪽 신라야. 나라와 나라 사이에는 영원한 적도 우방도 없다네(359쪽 참조).

영양태왕께선 남쪽 국경 근심을 덜기 위해 왜(倭)와 우호관계를 맺고 백제와도 손잡아 신라를 견제하고 있지. 문제는 서쪽일세.

돌궐이 우리와 동맹을 맺거나 하다못해 중립이라도 지켜주면, 우리는 요동성 정면(正面) 요하 지역만 지키면 된다네. 그런데 돌궐이 수나라와 손잡으면 그것은 바로 재난(災難)이야. 우리는 양면에서 적을 맞이하고 전선은 북쪽 부여성까지 확대될 수밖에 없지. 어떤 일이 있어도 돌궐 기병이 수나라 군의 앞잡이가 되어 요동벌판을 휩쓰는 사태만은 막아야 하네. 그러니 돌궐을 우호국으로 만드는 건 10만 구원군을 얻는 것보다 더 중요하다네."

양만춘의 가슴속에 뜨거운 투지가 불타올랐다.

'무슨 짓을 해서라도 그런 재난을 막으리라!'

을지 대인이 그를 니루로 뽑아 돌궐로 데리고 오지 않았다면 한낱 평범한 싸울아비의 길을 걸었을 뿐일 테니, 이제 대인의 은혜에 보답할 차례였다.

을지문덕은 양만춘의 두 손을 굳게 잡았다.

"자네가 샤드 시빌과 안다를 맺게 된 것은 하늘의 도움이야. 시빌은 야미 카간의 큰아들인 데다 백성의 신망이 두터우므로 언젠가 카간이 될 인물일세. 또한 아버지와 달리 수나라 간섭을 싫어하는 강직한 성품이니 우리나라와 좋은 관계를 맺게 될 테지. 이제부터 다른 일은 신경 쓰지 말고 시빌에게 힘을 보태줄 일이라면 무엇이든 돕도록 하게. 그것이 자네에게 주는 새로운 임무일세!"

"진심이면 통하고 정심(正心)을 가지면 어떤 난관도 뚫는다더군요. 꼭 돌궐을 우리 편으로 만들겠습니다."

즐거운 축제

5월 축제는 탱그리에게 감사의 제사를 올리면서 시작되었다.

축제가 열리자 부족 고유의 옷차림으로 멋을 부린 수만 명 유목민이 칸발리크로 몰려들었다. 축제기간에는 큰 시장이 열리므로 고구려와 서역, 중국에서 상인들이 몰려와서 온갖 상품을 진열하고, 수천 수만 말 떼와 가축이 거래되었다.

밤에는 화톳불을 피워 낮처럼 밝힌 가운데 각 지방에서 모여온 가수가 낭만적인 서정시(抒情詩) 유롤이나 영웅의 이야기를 읊은 서사시 막타르를 겨루는 노래경연이 벌어졌다. 가수들은 고향 산과 물의 아름다움, 사랑과 그리움을 노래하고, 기쁨을 혹은 슬픈 마음을 노랫가락에 담아 물 흐르듯 쏟아놓았다.

노랫가락은 장중하게 때로는 낭랑하게 울려 퍼지다가 비단결같이 부드럽게 또는 낮은 저음 가락으로, 이따금 날카로운 가성(假聲)으로 높이 올라가더니, 극적인 순간 가수 한 명이 동시에 두 가지 소리를 내는 절묘한 흐미●의 창법으로 절정을 이루었다.

낮에 열리는 축제에서 말달리기와 씨름도 인기가 높았지만 5월 축제에서 단연 으뜸가는 건 활쏘기 대회였다.

카간의 궁정 동쪽 넓은 풀밭에 활쏘기 시합장이 만들어졌다.

● 마치 악기처럼 목에서 나오는 소리와 혀끝에서 나오는 멜로디를 동시에 발성해 두 소리로 노래하는 몽골의 독특한 창법(唱法). 흐미에 풀피리 등으로 다른 소리를 보태 한층 다양하고 풍부한 음을 낼 수도 있다.

동쪽을 향해 세운 황금빛 대형 마이한(앞이 트여 있는 천막)에 아시나 왕족들의 좌석이 배열되었고, 서쪽을 향해서 세리토리, 추오, 코오로, 호오루를 비롯한 여러 부족장의 마이한이 세워졌는데, 그 사이사이에 구경꾼이 구름같이 모여들어 이번에 누가 메르겐이 될 것인지 서로 내기를 거느라고 왁자지껄했다.

시빌이 아시나 부족의 화려한 전통복장을 갖추어 입고 단 위에 올라서자 장내는 물을 끼얹은 듯 조용해졌다.

"카간께서 부재중이어서 내가 활쏘기 대회를 주관하게 되었소. 오늘 메르겐에 뽑힌 자에게 명예와 더불어 큰 상이 있을 것이니, 모든 선수는 힘껏 싸우기 바라오."

개회식이 끝나자 각 부족에서 뽑힌 81명의 궁수(弓手)가 활터로 들어왔다. 모두 집게와 엄지손가락에 가죽 골무를 끼고, 왼팔은 활을 쏠 때 방해되지 않게 옷소매를 팔꿈치까지 가죽 줄로 칭칭 동여맸다. 북소리가 울리고 이름을 부르자 같은 부족에서 온 구경꾼들이 열띤 응원을 펼쳤다.

1차전은 백 보 밖에 표적을 세우고 표적의 동그란 붉은 점을 향해 여섯 번 활을 쏜다. 그다음에 경기자는 표적에 등을 돌리고 서 있다가 뒤로 돌아서며 재빨리 표적을 향해 여섯 번씩 화살을 날려야 한다. 만약 뒤돌아서면서 멈칫거리면 화살이 명중하더라도 무효가 되므로 뒤돌아쏘기는 숙달되지 않은 자에겐 무척 까다로운 기술이었다.

날은 맑았지만 때때로 바람이 부는 날씨였다. 궁수가 표적을 맞춰 심판 조수가 붉은 깃발을 쳐들면 우렁차게 북이 울리고 응원꾼 함성이 하늘을 찌르지만, 실패하면 땅이 꺼지게 한숨을 쉬었다.

북소리가 울리며 이름이 불리자 양만춘이 활을 들고 나갔다. 바람의 흐름이 또렷하게 피부에 느껴졌다. 먼저 쏜 화살이 표적을 꿰뚫기도 전에 두 번째 화살이 시위를 떠났고 세 번째 화살을 쏠 준비가 되었다. 연이어 화살이 날아가고 그때마다 붉은 점 한가운데를 명중하자, 처음엔 반응이 없던 구경꾼 속에 응원하는 사람이 하나둘 생겼다.

표적을 뒤에 두고 돌아서면서 활을 당길 무렵, 활에 이상이 있음을 느꼈다. 첫 번째 화살은 과녁의 중심을 간신히 맞추었지만, 두 번째는 활이 두 동강 나면서 화살은 표적을 벗어나 엉뚱한 곳으로 날아갔다. 모든 사람이 숨을 멈추었고 시빌도 낯빛이 변했다.

양만춘은 눈앞이 캄캄해져서 멍하게 서 있다가, 미유가 급히 가져온 새 활을 받아 들고 온 정신을 모아 한 발 한 발 쏘아나갔다. 미유의 활은 활시위가 약해 시위를 당기는 느낌이 달랐다. 그의 등은 땀에 젖었고 얼굴에도 땀방울이 솟았다. 다행히 나머지 화살은 과녁을 빗나가지 않아 간신히 1차 관문을 통과했다.

12명 궁수가 명궁으로 선발되자 예쁜 처녀들이 시빌이 하사한 쿠미즈 잔을 바치며 승리를 축하했으나 양만춘의 마음은 어두웠다. 손에 익숙한 활을 잃고 남의 활로서 2차, 3차 관문을 통과하기란 어려운 일이기 때문이었다.

양만춘이 어깨가 처져 마이한에 돌아오자 자스미 공주의 어린 시녀 예르데느가 화려하게 수놓은 가죽 주머니를 바쳤다. 주머니

속엔 몸통에 금으로 각종 무늬를 새겨 넣은 활이 들어 있었다.

"공주님께서 드리라고 하셨습니다. 마음에 드시는지요?"

몇 번 시위를 당겨 보니 이제까지 쓰던 것과 느낌이 거의 같은 좋은 활이었다. 며칠 전 공주가 심부름꾼을 보냈기에, 가지고 있던 활을 빌려주었던 생각이 났다. 문득 '무엇인가를 간절히 바라면 반드시 이루어진다'던 을지 대인의 말이 떠올랐다. 마음에 여유를 되찾고 웃으면서 말했다.

"내 말을 전해요. '반드시 메르겐이 되겠다' 하더라고."

"꼭 메르겐이 되셔야 해요. 공주님도 가슴 졸이시며 두 손 모아 기도하고 있어요."

시녀는 초롱초롱한 눈을 들어 그와 주위 사람에게 인사하고 어린 소녀답게 깡충깡충 까치걸음으로 달려갔다.

오후 시합은 말을 타고 달리며 표적을 맞추는 기마 속사(速射)였다. 1차 관문을 통과한 궁수가 말을 달리면서 100보 앞에 세워 둔 표적 6개를 쏘고, 두 번째는 그 표적을 뒤돌아보며 쏘는 방식이었다.

구경꾼의 열기는 오전보다도 더 열광적이었다. 궁수가 말을 달릴 때에는 숨소리조차 들리지 않다가 표적을 쏠 때마다 기쁨의 환성과 아쉬움의 탄식이 교차되었다. 마지막으로 양만춘이 에시를 타고 나타나자, 어떻게 기억했는지 그의 이름을 부르며 응원하는 소리가 여기저기서 터져 나왔다. 기마 속사는 실력도 중요하지만 활 쏘는 자와 말의 호흡이 맞아야 좋은 성적을 낼 수 있다. 에시는 영리한 말이어서 만난 지 열흘밖에 되지 않았는데도 기가 막히게 서로 호흡이 잘 맞았다. 그의 작은 몸짓 하나하나에도 에시는 입 안의 혀처럼 움직였고, 활을 들어 표적을 겨눌 때는 잔잔한 호수 위 큰 배처럼 조금도 흔들리지 않았다.

기마 속사의 두 번째 관문을 통과한 사람은 양만춘과 세리토리 부족 아타크였다. 두 사람이 말을 타고 장내를 한 바퀴 돌자 모두 일어나 발을 구르고 환호성을 터뜨리며 두 사람의 이름을 소리높 이 외쳤다.

메르겐을 뽑는 마지막 시합은 날아가는 새를 쏘는 경기였다. 시 합장에 한쪽 다리를 줄에 묶은 제토(야생토끼)가 보였고, 북쪽 언 덕에 흰옷 입은 수알치(검독수리 사냥꾼)가 서 있었다. 바람은 동쪽 에서 불어왔다. 두 사람은 제각기 유리한 사격지점을 찾았는데, 양만춘은 오후 햇빛에 긴 그림자를 드리운 느티나무 아래 자리 잡 았다.

정지하고 있는 표적과 달리 움직이는 과녁을 맞히기란 쉬운 일 이 아니다. 아마도 검독수리를 쏠 기회는 세 번밖에 없으리라. 검 독수리가 제토를 덮치려고 하늘에서 공격 자세를 취하거나, 빛과 같이 빠르게 내려와 제토를 덮치는 찰나, 그리고 제토를 움켜쥔 검독수리가 날아오르는 순간이다. 그런데 아타크는 자리 잡은 위 치로 보아 두 번째나 세 번째 기회를 노리는 것 같았다.

심판이 깃발을 흔들자 곧 장내는 물을 끼얹은 듯이 조용해졌다. 수알치가 검독수리 머리에 씌웠던 눈가리개를 벗기고 제토가 있는 방향을 가리키며 하늘로 날려 보냈다. 검독수리는 하늘 높이 치솟아 제토 위에서 빙글빙글 돌다가, 덮치려는 짧은 순간 움직임을 멈추었다. 시위를 팽팽하게 당긴 양만춘 눈에 검독수리가 선명하고 크게 부풀어 오른 듯 느낀 찰나 화살은 시위를 떠났다. 화살에 몸통을 꿰뚫린 검독수리는 돌멩이처럼 하늘에서 떨어져 내렸다.

경기장이 떠나갈 듯 승리자를 알리는 북소리가 미친 듯이 울려 퍼지고, 모든 군중이 일어나 열광하며 외쳤다.

"메르겐, 메르겐, 메르겐 야앙!"

아타크가 달려와 양만춘을 포옹하고 축하했다.

"대단하오, 메르겐 야앙. 백 보나 떨어져 하늘 높이 떠 있는 독수리를 쏘아 맞히다니."

양만춘도 아타크의 듬직한 어깨를 힘껏 껴안았다.

"아타크 형, 따뜻한 마음에 감사하오. 오늘 내가 운이 조금 더 좋았던 것 같소."

두 사람이 어깨동무를 한 채 다가가자, 시빌이 얼굴에 웃음을 가득 머금고 금 술잔 두 개에 손수 술을 따랐다.

"정말 복이 많군. 자기 활을 부러뜨리고도 다른 활로 우승하다니. 높고 위대하신 탱그리의 뜻으로 안다는 메르겐이 되었네."

"용사 아타크도 잘 싸웠네. 같이 술잔을 들게나."

두 사람이 쿠미즈를 마시자 시빌은 오른손으로 양만춘, 왼손으로 아타크의 손을 잡고 높이 쳐들었다.

"오늘의 기쁨을 함께 나누기 위해 술잔을 하사한다. 그대들은 투르크와 나에게 충성을 다하라. 우 만춘, 좌 아타크여!"

시합장의 모든 사람이 우렁찬 함성으로 두 사람을 축하했다.

양만춘이 승리의 기쁨을 안고 공주의 마이한에 들어서자 자스미는 남의 눈도 꺼리지 않고 춤추듯이 달려와 목에 매달렸다.

"동쪽 해 뜨는 곳에서 온 메르겐 님, 승리를 축하해요."

그녀는 기쁨에 가득 차 장미꽃으로 만든 화관을 양만춘의 머리에 씌우고 붉은 비단 하닥(긴 수건)을 목에 둘러 주며, 먼 옛날 소그드 영웅에게 바쳤던 승리의 노래를 불렀다.

자스미가 그를 껴안고서 뻐꾸기 같은 목소리로 속삭이었다.

"메르겐이 되어 너무 너무 기뻐요. 활이 부러졌을 때엔 눈앞이 캄캄하고 내 가슴이 무너져 내렸지요. 그제야 그대를 얼마나 간절히 원하고 있었는지 처음 깨달았다오. '메르겐 야앙'이란 함성이 얼마나 황홀한 노래로 들리던지요. 어린 시절 축제날 펜지켄트성의 모든 종이 한꺼번에 울릴 때처럼 가슴속 기쁨의 샘이 터져 넘쳐 흘렀다오. 내 사랑, 그대는 분명 탱그리께서 주신 귀한 선물. 사흘 후 꼭 저의 집에 오셔야 해요."

"형님, 부러진 활을 조사해 보니 누군가 손을 대었더군요."

야율고오가 심각한 얼굴로 말을 꺼냈다.

"이번 일은 꼭 밝혀내야 합니다. 내부 소행인지, 아니면 외부의 장난인지."

"그럼, 활이 저절로 부러진 것이 아니란 말인가? 활을 내 몸에서 뗀 적이 별로 없는데."

"공주님 부탁으로 활을 만들라며 내준 적이 있었지요. 아참, 오늘 아침 시합 진행자가 참가자 활을 모두 모아 간 적이 있군요. 그러나 짧은 시간이었고 보는 눈이 많았을 텐데 … ."

양만춘은 돼지 눈을 가늘게 뜨고 느물느물 웃던 시합 진행자 치키와 심판 타르쿠시의 얇은 입술이 떠오르자 분노가 끓어올랐다.

시빌은 이미 경고했었다.

"친수파 놈들은 내가 소그드 상단과 손잡는 걸 두려워하네. 안다가 자스미 공주의 고니가 되는 걸 방해할 테니 조심하게나."

'그렇다면 치키와 타르쿠시도 적과 한패였단 말인가?'

양만춘은 끊임없이 가슴을 죄어오는 검은 그림자에 몸서리치다가 문득 보르사르 싸움 뒤처리 때 시빌의 이해 못 할 행동이 떠올랐다. 양만춘은 보르사르 전투 때 탈영병이 백인대장 지루케의 심복임을 밝혀내고, 바투 형제와 함께 시빌을 찾아가서 지루케를 심문해 숨어 있는 반역자를 모조리 뿌리 뽑아버리자고 주장했다.

"흥분하지 말게. 안다는 젊은 탓인지 혈기가 너무 강해서 탈이야. 도둑은 앞에서 잡아야지 뒤로 잡을 수 없다네."

시빌은 양만춘을 달래더니 군법에 따라 탈영병을 처형하고 백인대장 지루케에 대한 의혹은 덮어두라고 명령했다. 시빌은 바투 형제가 나가자 어리둥절하고 있는 그의 어깨를 두드리며 혼잣말처럼 중얼거렸다.

"아무튼 고마우이. 그동안 숨어 있던 적을 알게 해주어서. 살무사(殺母蛇)를 구별하긴 쉽지만 비열한 인간을 찾아내는 건 어렵거

든. 이제 꼬리를 드러냈으니 종기가 저절로 곪아터질 때까지 지켜
보면 된다네."

양만춘은 이제야 시빌의 그때 마음을 이해할 수 있었다.

"야율고오, 나쁜 짓을 한 놈이 누군지 알겠지만 이쯤에서 덮어
버리세. 어차피 증거를 찾기 어렵고 괜히 경계심만 갖게 될 테니."

사랑은 아름다워라

소그드 公主

아침 햇살이 새벽안개를 걷어내고 초원에 황금빛을 쏟아붓자, 탐스럽게 자란 풀이 물결치듯 산들바람에 일렁거리며 싱그러운 향내를 실어왔다. 공주를 찾아가는 즐거운 길.

초원을 가로지르니 우뚝 솟은 대청산(大靑山) 보랏빛 산봉우리가 눈앞에 다가왔다. 한낮쯤 버드나무숲 사이로 얕게 흐르는 작은 강 칙륵천에 닿았는데, 물이 맑아 강바닥 조약돌까지 손에 잡힐 듯했다. 강 건너 초원엔 흰 구름처럼 양이 무리를 지었고, 수많은 말이 따뜻한 햇볕 아래 풀을 뜯다가 이따금 우두머리를 따라 떼를 지어 달렸다.

음산 기슭 칙륵천 흐르고 / 하늘은 둥글게 온 벌판 덮었네
하늘은 푸르디푸르고 / 초원은 아득히 가없이 펼쳐졌는데
바람 불어 풀이 눕자 / 소와 양 떼 보이네●

● 곡율금(斛律金, 488~567년. 북제의 장군이자 시인)이 지은 시.

사랑의 교사 미투나

양지바른 동산 기슭에 잿빛 유르트가 몇 채 서 있고 그 뒤로 순백색 큰 유르트가 보였다. 흰 유르트 앞에 융단을 깐 듯 잔디밭이 잘 손질되었고, 연못에는 창포가 활짝 꽃을 피웠고, 자작나무 10여 그루가 가지런히 줄을 서서 그늘을 드리웠다.

체격이 우람한 늙은 소그드인이 마중 나왔다.

"상단의 총관 카이두올시다. 공주님께서 기다리고 계십니다."

카이두가 공손히 절하고 앞장서 안내했다. 유르트를 지나 오솔길을 따라가자, 숲속 시냇가에 나무로 지은 아담한 집이 나왔다.

"이 집은 소그드 전통양식에 따라 지은 공주님 별장이지요. 귀한 손님이 오실 때가 아니면 사람을 들이지 않는답니다."

넓은 거실에 호두나무 밑동을 잘라 만든 거대한 원탁이 놓였는데, 북쪽에 흰 예복을 입은 깡마른 사제(司祭)가 서고, 남쪽 의자에는 아시나 부족 전통복장의 늙은 장로(長老)가 앉아 있었다.

방안에 들어서자 황금빛 긴 머리칼 위에 붉은 장미꽃 화관(花冠)을 쓴 자스미가 비단 휘장(揮帳, 커튼)을 열고 나왔다. 그녀의 싱그러운 미소로 거실이 환하게 밝아지고, 새하얀 비단치마를 끌며 걸음을 옮길 때마다 사향 냄새가 은은하게 흘렀다.

"이렇게 와 주셔서 너무 기뻐요."

자스미는 두 팔을 활짝 펴 양만춘을 맞이했다.

늙은 카이두가 손뼉을 치자 시녀 예르데느가 은쟁반에 담은 작은 흑단 상자를 양만춘 앞에 놓았다.

"열어보시지요."

상자에는 흰 비단에 소그드 글자로 쓰인 문서가 있었다.

"총관님, 소그드어를 모릅니다. 이 글 내용이 무엇인지요?"

"고니로 맺기 위한 계약서입니다. 장차 공주가 낳을 아기에 대해 메르겐께서 일체 권리를 주장하지 못한다는 내용이 적혀 있습니다."

"이미 샤드에게 들었으니 기꺼이 서명하겠습니다."

양만춘과 공주에 뒤이어 입회인인 아시나 부족의 장로, 마지막으로 사제가 이름을 적었다. 사제가 일어나 깡마른 몸에 어울리지 않게 우렁찬 목소리로 말했다.

"쭈스 부족의 제사장 베길은 높고 위대하신 탱그리 이름으로 고니의 계약이 정당하게 맺어졌음을 확인하고, 이들 사이에 태어날 아기가 쿠출로크 가문의 상속인이 됨을 선언하노라!"

예식이 끝나자, 호박(琥珀)빛 얼굴의 자그마한 중년여인이 들어왔다. 공주와 여인은 다정하게 인사를 나누었다.

"사랑을 가르치는 미투나랍니다. 두 분을 한 쌍의 행복한 고니로 맺어주는 게 제 임무지요."

양만춘을 살펴보던 미투나가 노래하는 듯한 목소리로 물었다.

"젊은이는 이미 여인을 겪어보았겠지요?"

"아직 한 번도 경험이 없어 아는 게 별로 없습니다."

양만춘이 당황해서 얼굴을 붉히자 미투나가 미소를 지었다.

"부끄럽게 여길 것 없어요. 여인을 잘 모른다고 생각하는 게, 잘 안다고 착각하는 것보다 오히려 좋은 일이지요. 얼마나 많은 젊은 이가 제대로 준비도 못 한 채 결혼을 맞이하는지.”

미투나는 시원한 붉은 석류즙 한 잔을 권하며 물었다.

“공주님을 어떻게 생각하나요?”

“고귀하고 아름다운 분이어서 제게 너무 과분하군요. 아직도 고 니로 뽑힌 게 믿기지 않습니다.”

미투나는 고개를 돌려 자스미를 쳐다보며 환히 웃었다.

“젊은이가 이렇게 솔직하니, 내 일이 수월하겠군요. 오늘은 첫 째 날이니, 목욕부터 하세요.”

목욕탕에 삼나무로 만든 큰 통이 있고, 그 속에 장미 향수를 넣 은 뜨거운 물이 가득 담겨 있었다. 머뭇거리자, 어린 시녀 예르데 느와 콘자가 달려와 옷을 벗기려 하기에 깜짝 놀라 펄쩍 뛰었다. 미투나는 손으로 입을 가리고 소녀에게 눈짓하더니 소곤거렸다.

“소그디아에서는 귀한 손님이 오시면, 몸을 깨끗이 씻기고 향기 로운 기름을 발라드려야 제대로 대접하는 것이랍니다.”

양만춘의 우람한 몸집을 샅샅이 살펴보다가 침을 꿀꺽 삼켰다.

“아휴, 봄바람에 날뛰는 아슈바(수말) 같은 탐스러운 몸을 가졌 군요.”

안마가 끝나고 온몸에 향유를 바르기 시작하자 긴장이 풀린 탓 인지 잠이 오기 시작했다.

저녁이 되니 미투나가 붉은 장미 꽃다발을 가지고 왔다.

“소그디아 옷을 입으니 눈부시게 늠름하군요. 해님같이 빛나는 왕자와, 달처럼 아름다운 공주님 멋진 짝이군요. 그런데 공주님에 대해 얼마나 알고 계시나요?"

그녀가 그의 눈을 들여다보며 묻자, 머뭇거리다가 대답했다.

"생각해 보니 아는 것보다 모르는 게 더 많군요."

"공주는 몸뿐 아니라 마음도 아름답고 고귀하지만 슬프고 외로운 분이랍니다. 그녀는 자유로운 나라 소그드에서 귀염둥이로 자랐습니다. 소그드인들은 남자가 연약한 여자를 아껴주는 게 당연하다고 생각하는 사람이거든요. 그런데 싸움과 정복밖에 모르는 무지한 사내에게 시집가서 괴로운 결혼 생활을 했답니다. 젊은이, 불행한 공주에게 웃음을 되찾아주지 않겠어요?"

"할 수만 있다면 어떻게 해서라도 행복하게 해 주고 싶습니다."

미투나는 양만춘의 손을 살며시 붙잡았다.

"공주를 소그디아식으로 사랑하여 가슴속에 잠자는 뜨거운 열정을 일깨워 주세요. 남과 여의 만남은 소중한 인연입니다. 그러기에 한 쌍의 남녀가 맺어지려면 먼저 마음속에 사랑을 키워야지요. 소그디아식 사랑이란 두 사람이 바라는 게 서로 다름을 이해하고, 바라는 걸 주고받으며, 사랑의 기쁨(kama)을 함께 나누는 것이랍니다. 내가 살던 천축(天竺, 인도)엔 이처럼 아름다운 사랑을 이루기 위한 카마수트라(kama sutra, 사랑의 경전)가 있어요. 나는 젊은이와 공주님께 이를 가르치려 합니다. 사랑의 행위에서 남녀가 함께 기쁨을 나누려면 배움이 필요하니까요. 특히 서로 다른 환경에서 자란 사람 사이에는 ···."

"그걸 한 주일 만에 배울 수 있을까요?"

"그대를 메르겐이라 하더군요. 얼마나 연습해야 활을 잘 쏠 수 있던가요?"

"글쎄요, 적어도 서너 해 동안 피나는 노력을 기울여야 제대로 활을 쏜다는 말을 들을 겁니다."

"카마(사랑)의 기술 역시 많은 수련이 필요하답니다. 그러나 실망하지 마세요. 활쏘기와 달리 카마는 기술보다 마음이 더 중요하니까요. 서로 사랑하는 마음을 가진다면 짧은 시간으로도 깨우칠 수 있어요. 오늘 저녁 이 꽃다발을 바치세요. 공주님은 붉은 장미를 가장 좋아해요. 그런 다음 다정하게 손에 입 맞추고 사랑의 하소연을 하세요. 서로 익숙하고 친밀함을 느끼는 게 카마의 첫걸음이니까요."

자스미는 이론을 배울 때는 눈을 반짝거렸지만, 정작 카마 기술과 동작을 가르치려 하자 얼굴을 붉히고 고개를 숙였다. 미투나가 양만춘에게 눈짓하더니 부끄러워하는 그녀를 달랬다.

"원앙(鴛鴦)의 짝짓기를 보셨지요. 얼마나 정답던가요. 남녀가 사랑을 나누는 모습은 그보다 훨씬 아름다워요. 만물의 영장(靈長) 인간만이 서로 기쁨을 주고받으며 영혼을 울리는 사랑을 나눈답니다."

카마의 기술은 활쏘기보다 다양하고 섬세했으며, 적과 싸우는 병법(兵法)보다 훨씬 복잡하고 어려웠다.

화려한 색채로 그려진 카마수트라 두루마리를 보며 남녀 간 애무를 터득하는 것이나, 여왕님으로부터 개의 자세까지 짝짓기 36

가지 기법과 사랑나누기를 배우는 건 그다지 어렵지 않았다. 그러나 어떻게 해야 마음을 사로잡을 수 있는지, 여인이란 입으로 하는 말과 마음속에 바라는 게 다르고, 간절한 소망을 한숨이나 몸짓 때로는 뜨거운 체온으로 사내에게 전하니 이를 잘 깨우쳐야 한다는 말은 뜬구름 잡는 듯 막막했다. 양만춘이 고개를 절레절레 흔들자 미투나는 웃으면서 격려했다.

"힘을 내세요. 그래도 메르겐은 내가 가르친 제자 중 우수한 편이니까요."

양만춘은 오랜만에 에시를 타고 초원을 달렸다. 한 줄기 소나기가 지나가자 서쪽 하늘에 무지개가 걸리고, 하늘에 뜬 구름이 여자의 마음을 보여 주기라도 하듯 시시각각 다른 모습으로 변했다. 개울가 느티나무 그늘에서 연보랏빛 사리(인도 여인의 전통의복)를 걸친 미투나가 걸어 나왔다.

"오늘은 바깥에서 수업합시다."

"카마수트라 두루마리를 가져오겠습니다. 미투나."

그녀는 머리를 가로젓더니 바로 가르침에 들어갔다.

"오늘은 눈이 아니라 마음으로 배우세요. 카마의 참뜻은 지식보다는 깨달음에 있으니까요. 샘에서 솟은 맑은 물이 흙탕과 시궁창 물까지 모아 갠지스강이 되고, 온갖 강물이 모여 생명의 어머니 바다로 들어가지요. 세상에서 갠지스보다 더러운 게 있을까요? 그러나 성스러운 강이랍니다. 카마를 나누면서 깨끗하고 더러움을 너무 가리지 말아요. 온갖 얽매임에서 벗어나 사랑하는 이에게 더 많은 기쁨을 주려고 자연이 이끄는 대로 몸부림치다 보면 드넓은 사랑의 바다에 다다릅니다."

그녀는 시를 읊듯 말하더니 열에 들뜬 눈으로 쳐다보았다.

"카마수트라의 채색그림을 보면서 무엇을 느꼈던가요? 화가는 사랑나누기에서 오는 천상(天上)의 환희를 표현했다지만, 기쁨에 겨워 울부짖는 여인의 표정과 관능적인 허리의 흔들림을 그린 붓놀림에서 야수(野獸)처럼 강렬한 욕망의 냄새가 짙게 배어있습니다. 영(靈)과 육(肉)이 하나가 되는 사랑이란 서로 아껴주는 보살 같은 마음 못지않게, 아니 어쩌면 아수라(阿修羅)같이 남김없이 빼앗고 거침없이 쏟아붓는 격렬한 욕망의 충족이 아닐까요? 다만 연인끼리 첫 만남은 따뜻한 마음을 나누는 것부터 시작해야겠지요. 카마란 사랑을 듬뿍 담은 부드러운 몸놀림에서 비롯되니까요."

양만춘이 고개를 갸웃거리며 멍하니 서 있자 미투나는 입꼬리를 말아 올려 밝게 웃더니 그의 어깨를 살그머니 토닥거렸다.

"어렵게 생각 마세요. 나는 사내가 다정한 말과 친절한 행동으로 떠받들어 주고, 부드럽게 어루만져주는 게 정말 좋더군요. 사실 여자와 고양이만큼 애무받기를 바라는 동물도 없을 겁니다. 사내에게 사랑받는 여인은 단비를 만난 꽃송이처럼 나날이 싱싱해지고 더욱 더 요염하게 피어난답니다. 오늘은 넷째 날이니 다정하게 애무해 주세요. 어둠이 내리고 좋아하는 이와 단둘이 있게 되면 여인은 사랑받고 싶어지거든요."

아물지 않은 마음의 상처

자스미 생일날. 소그드 상인이 아침부터 축하선물을 가지고 순백색 큰 유르트로 몰려들었고, 양만춘도 흰담비 모자를 선물로 가져갔다. 접견실에 들어서니 한 폭의 그림이 걸려 있었다.

왼뿔 모양 은빛 투구와 미늘 갑옷으로 무장하고, 어깨 뒤로 붉은 망토를 휘날리며 멋을 잔뜩 부린 소년 기사(騎士)가 오른손에 긴 창을 들고 백마에 앉아 있는 그림이었다. 황금색 고수머리와 갸름한 얼굴에 푸른 눈, 초승달 같은 눈썹까지 자스미와 닮았다.

"공주님, 저 그림 속 소년 무사는 누구인가요?"

"작은오빠예요. 오라버니는 펜지켄트성의 꽃이었지요. 생일날엔 이웃 도시와 사마르칸트의 왕족과 귀족 아가씨들까지 몰려왔답니다."

자스미는 눈을 빛내며 자랑하더니 옛 추억이 떠오르는지 꿈꾸는 듯한 표정을 짓다가, 양만춘이 선물한 흰담비 모자를 쓰고 이리저리 자세를 바꿔가며 거울에 비친 모습을 바라보고 어린애같이 기뻐했다.

"이처럼 마음에 드는 선물을 받기는 어린 시절 이후 처음예요. 이 모자를 쓰고 메르겐과 함께 초원을 마음껏 달리고 싶어요."

그녀는 스스럼없이 다가와 팔짱을 끼면서 어리광을 부렸다.

두 연인은 초원을 향해 말을 달렸다. 종달새 한 쌍이 그들을 시새우기라도 하듯 바람을 타고 구름까지 높이 솟았다가 땅에 닿을 듯 곤두박질치며 술래잡기를 하더니, 하늘로 솟구치며 아름다운 화음(和音)으로 봄을 노래했다. 서쪽 하늘 멀리 종달새 모습이 보이지 않을 때까지 맑은 노랫가락이 아련히 들려왔다.

"종달새가 높이 나는 걸 보니 날씨가 좋겠군요. 우리 황하(黃河)까지 달려요."

두 사람은 앞서거니 뒤서거니 말을 달리며 초원을 가로질러 황하에 닿았다. 상류에 장마가 들었는지 아득히 보이는 넓은 강에는 누런 황토 물이 거센 물살을 일으키며 도도히 흘러갔다.

"저기 흰 새들이 참 아름답군요."

"고니랍니다. 황하는 이른 봄 상류인 남쪽부터 얼음이 녹아요. 그러면 아직 얼어붙은 강 위로 상류의 강물이 넘쳐흘러 여기저기 호수와 웅덩이가 생기지요. 눈이 녹고 얼음이 풀리면 제일 먼저 고니가 날아오기에 봄을 알리는 전령사(傳令使)라고 해요."

물의 흐름이 잔잔한 물가 여기저기 큰 고니가 헤엄치며 먹이를 찾는 모습이 보였고, 아래쪽 풀이 우거진 웅덩이엔 한 쌍의 고니가 서로 부리를 맞대며 사랑을 나누고 있었다.

"저기 보아요, 정답게 짝지은 고니를 … ."

자스미는 얼굴을 붉히면서도 사내 품에 안겨 풀숲 속 아기자기한 사랑놀이를 뚫어지게 지켜보았다.

해가 구름을 붉게 물들이면서 초원 아래로 천천히 가라앉았다. 자스미는 양만춘의 어깨에 기대어 황금빛 노을을 바라보았다. 얼굴에는 햇살이 부드럽게 빛났고 반쯤 벌어진 입술에 밝은 미소가 어렸다.

"공주님, 무얼 그리 골똘히 생각하나요?"

"정답게 짝지은 고니, 그리고 즐거웠던 어린 시절. 처음 만난 날 그대 모습은 솟아오르는 해님 같았어요. 처녀 때처럼 얼마나 가슴이 울렁거리던지. 기억나세요? 메르겐이 되어 제 마이한에 왔을 때 머리에 꽃관을 씌우고 노랠 불렀지요. 그때 본 미소와 눈길, 사내 미소가 그렇게 아름다우리라고 상상도 못 했어요. 이글이글 불타는 눈길이 화살같이 날아와 내 가슴을 꿰뚫어 숨도 쉴 수 없었다니까요."

사랑의 고백을 듣자 사내는 너무 기뻐 여인을 힘껏 껴안았다.

"숨 막힐 듯한 자스미의 아름다움에 나도 첫눈에 반했어요."

"부드럽게 애무해 주세요. 사랑받고 싶어요."

저녁놀에 빛나는 여인의 속살은 눈부셨다. 어떤 꽃이 이처럼 향기로울까. 사내 심장은 터질 듯 뛰었다. 위에서 내려다본 얼굴은 유난히 작고 귀여웠다. 흘러내린 머리카락을 쓰다듬으며 조가비 같은 귀를 잘근잘근 깨물다가 입술을 훔치고, 빨간 봉오리를 꼿꼿이 내민 탐스러운 젖가슴과 짤록한 허리까지 부드럽게 애무했다.

여인의 입술에서 뜨거운 숨결을 내뿜고 가쁜 숨소리가 흘러나오자 사내 손길은 점점 대담해졌고, 사랑나누기를 기뻐하는 애교 섞인 몸짓에 욕망은 파도처럼 부풀어 올랐다.

여인도 이글이글 타오르는 사내 시선에 뺨은 불이 붙은 듯 붉어지고 온몸이 달아올랐다. 여태껏 한 번도 사내에게 흐뭇한 사랑을 받은 적이 없던 몸. 촉촉이 젖은 혀가 물결치듯 미끄러져 내리자 걷잡을 수 없이 허리를 뒤틀며 가쁜 숨을 몰아쉬었다.

여인은 감미롭게 휘감아드는 끈끈한 애무를 즐기며 눈을 감았다. 손길 닿는 곳마다 불꽃이 튀고 짜릿한 전율이 발가락 끝까지 달렸다. 그러나 수컷이 옹달샘에 닿자 애써 잊으려던 악몽(惡夢)이 되살아났다.

"아앗, 무서워!"

사내는 여인의 눈 속에 떠오르는 두려움을 보았다. 화살에 맞아 죽어가는 노루 눈빛이 저러할까? 여인의 몸이 굳어지며 거부의 몸짓으로 바뀌더니 죽은 사람처럼 창백한 얼굴로 소리 없이 눈물을 흘렸다.

"내가 너무 서둘렀나 봐요."

"고니 잘못이 아니에요. 제 탓이랍니다."

여인의 보드라운 팔이 뻗어와 목을 껴안더니, 머리를 사내 가슴에 파묻고 어깨를 들썩이며 애처롭게 울었다.

자스미는 행복한 어린 시절을 보냈다. 아침 햇살에 활짝 피어나는 꽃처럼 언제나 웃음을 터뜨리는 명랑한 소녀여서 어릴 적 별명이 '하얀 나팔꽃'이었다.

그녀는 결혼 첫날밤 겪었던 끔찍한 악몽을 이야기했다. 작은오빠를 죽인 원수와 정략결혼이기에 도망치고 싶었지만 피할 수 없었다. 결혼식 전날 어머니는 울면서 어린 딸을 달랬다.

"애야, 너도 어른이 되는구나. 첫날밤을 너무 두려워마라. 염려할 것 없단다. 이를 악물고 눈을 감은 채 마음속으로 하나둘 세어

보거라. 열을 헤아리기 전에 고통은 끝나고 모든 게 잘될 테니.”

첫날밤 술에 잔뜩 취한 신랑이 들어와서 대뜸 허리에 찬 단도로 어린 신부의 옷을 찢어 벗겼다. • 뒤이어 허리가 두 동강 나는 듯한 폭행. 그녀는 열을 백 번이나 헤아려 보았건만 짐승 같은 짓을 멈추지 않아 정신을 잃고 말았다. 그 후로 남편에 대한 기억은 혐오와 공포뿐. 사람들은 그녀를 ‘얼음공주’라 불렀다.

양만춘은 애처로워 가슴이 미어졌다. 상처 입은 작은 새같이 움츠러들어 울고 있는 그녀를 품에 껴안고 눈물을 닦아주었다.

‘이렇게 고귀한 여인에게 그처럼 슬픈 과거가 있었던가?’

갑자기 자스미가 어린애처럼 밝은 얼굴로 하늘을 가리켰다.

“저기 별똥별!”

서쪽 하늘에 유난히 밝은 별이 긴 꼬리를 끌며 떨어졌다.

고니로 맺어지기 전날 밤, 미투나가 내일 떠난다며 찾아왔다.

“어젯밤 늦게 돌아왔다니 두 사람은 한 몸으로 맺어졌지요?”

“별일 없었습니다.”

장난기를 가득 담고 짓궂게 눈웃음치던 미투나가 걱정스런 얼굴로 다그쳐 물었다.

“무슨 일이 있었는지 들려주세요. 카마를 가르친 선생이니까.”

양만춘은 주저하다가 숨김없이 들려주었다.

“공주님 상처는 생각보다 훨씬 큰가 보아요. 이미 사내를 겪은

• 옛 몽골에 이런 난폭한 결혼관습이 있었음. 《몽골 문화와 자연지리》(박원길 저).

연상(年上)의 중년 여인이라 숫보기 어린 고니를 잘 이끌리라고 믿었거늘, 얼마나 상처가 깊기에 사랑하면서도 두려움을 떨치지 못하다니."

미투나는 심각한 얼굴로 말했다.

"힘을 내세요. 그대는 복 많은 사나이라오. 공주님은 사랑을 듬뿍 받는 여인들이 지닌 모든 보배를 고루 갖춘 섬세한 악기니까요. 그대 사랑이 식지 않는 한, 오래지 않아 상처는 아물 거예요. 한 가지 잊지 말 것은 젊은이가 엄청나게 거대한 아슈바(수말)라면 공주는 연약하고 자그만 므리기(암노루)라오. 사랑을 나누는 데는 같은 등급(等級)끼리 만나는 게 바람직하나, 서로 다르면 사내가 유리그릇 만지듯 조심스럽게 다가가야 서로 즐거움을 나눌 수 있어요. 어쩌면 공주는 숫처녀나 다름없을 거예요. 여러 해 결혼 생활을 했다기에 우람한 아슈바를 그다지 염려하지 않았는데, 어젯밤 이야기를 들으니 새삼스레 걱정이 되는군요."

미투나는 어느 틈에 자신감을 되찾아 노래하는 어조로 돌아가 말을 이었다.

"사랑이란 좀처럼 얻기 어려운 귀한 보석이지만, 얼마나 깨지기 쉽고 연약한 것인지! 사랑을 가꾸려면 농사꾼처럼 인내심을 가져야죠. 자신을 가지세요, 젊은 아슈바여! 천축 속담에 남자는 눈으로 즐기지만 여인은 귀로 사랑한다는 말이 있답니다. 칭찬하고 격려하며 부드럽게 애무하구려. 애무란 마치 대화를 나누는 것과 같지요. 꼭 내 편으로 만들어야 할 까다로운 상대를 만났다면 조급한 마음을 버리고 참을성 있게 대화를 이끌어 가야겠지요? 기억해

두어요. 모든 기교를 뛰어넘어 그 위에 사랑하는 마음이 있다는 것을. 그리고 처음 벽을 허물기가 어렵지 그 고비만 잘 넘기면 쉽게 풀린다는 사실도."

미투나는 자스미에게도 작별인사를 했다.

"내일이 '고니의 날'이구려. 움츠리지 말고 자신을 가져요. 공주는 카마의 기술을 가장 잘 깨우친 제자. 고니는 여태껏 만나본 사내 중 으뜸가는 멋진 아슈바인 데다가 뜨겁게 사랑하더군요. 어젯밤 일은 들었어요. 그대 몸이 그렇게나 짝짓기를 거부하는 건 그만큼 뜨거운 소망이 가슴속에 불타기 때문은 아닐까요? 무관심이 무섭지 두려움이라면 이겨낼 수 있답니다. 마음 문을 활짝 열고 모든 것을 고니에게 맡겨요."

미투나는 공주의 손을 잡고 힘차게 흔들었다.

"공주도 이제 젊음이 지나가는 나이. 이번이 마지막 기회일 거예요. 사랑을 얻기 위해서라면 여인이 하지 못할 일이 어디 있나요. 쾌락의 꿀 송이를 진정 얻고 싶다면 사랑하는 이에게 기쁨을 주기 위해 몸도 마음도 송두리째 던져야 한답니다. 아기를 낳아본 여인은 찢어질 듯한 고통의 외침과 미칠 듯 뿜어 올리는 환희의 노랫가락이 똑같은 한 쌍의 쌍둥이란 것을 잘 알고 있다오.

고니는 아직 때 묻지 않은 숫총각이고 보기와 달리 마음이 여리더군요. 얼싸안고 끊임없이 사랑의 노래를 부르구려. 칭찬은 고래도 춤추게 할 수 있다오. 그것이야말로 수컷을 더욱 더 사나이답게 만드는 사랑의 묘약(妙藥)이랍니다. 현명한 아낙네는 잘할 때는 물론 실수할 때조차 사내를 치켜세운답니다. 이런 여인만이 사랑의 기쁨을 듬뿍 되돌려 받지요."

미투나는 신들린 무녀(巫女)가 예언하듯 노래했다.

"카마수트라가 말해준다오. 그대는 사내가 꿈속에도 만나기를 바라는 불의 여인. 가슴 깊숙이 화산 같은 정열이 이글거리는 불덩이라오. 과거란 지나간 그림자. 기회가 사라지기 전에 꼭 붙잡으세요. 좌우를 살피지 않고 앞만 보고 달리는 무소(코뿔소)처럼."

불의 여인

고니로 맺어지는 날, 밤은 깊어가고 청동향로에 피운 백단(白檀) 향내가 안개같이 흘러내렸다.

"이제야 우리 둘만 남았군요."

자스미는 보석으로 아로새긴 머리띠와 금실로 수를 놓은 녹색 카흐탄(옷자락이 긴 저고리) 예복을 벗으면서 환하게 웃었다. 흰 바탕에 붉은 장미를 아로새긴 비단속옷은 황금빛 머리카락과 짙은 녹색 눈에 잘 어울렸다. 촛불 아래 서 있는 모습에서 오랜 세월 예의범절을 익혀온 여인 특유의 몸에 밴 우아함이 눈부시게 빛났다.

"자스미, 참으로 아름답구려."

"다정한 말씀 너무 기뻐요."

빨갛게 달아오른 여인의 두 볼은 잘 익은 복숭아 같았다. 사내가 붉은 포도주가 가득 담긴 청옥잔을 들자 그녀는 백옥잔을 마주

들며, 결혼의 기쁨을 노래하는 소그드 옛 민요(民謠)를 불렀다.

노래를 마치고 살포시 머리를 숙이자 틀어 올린 머리칼 아래 예쁜 귓볼과 긴 목이 드러났다. 부끄러운 듯 사내 품속으로 파고들어 어린 노루같이 떨면서, 뻐꾸기 우는 소리로 소곤거렸다.

"머리를 풀어 주셔야죠."

머리카락이 파도치듯 흘러내리자, 머리 단에서 싱그러운 향내가 시냇물처럼 흘렀다. 사내는 목에서 이마, 이마에서 입술로 다정하게 입을 맞추고, 여인의 몸 흐름을 따라 오목한 허리까지 어루만졌다. 잠옷 매듭이 풀리며 감추어졌던 몸이 드러나자, 여인은 얼굴을 붉히며 눈을 내리감았다. 탐스러운 젖가슴은 눈 덮인 언덕처럼 솟았고, 엉덩이까지 드리워진 금빛 머리카락 따라 미끄럽게 흘러내린 몸매에 사내가 넋을 잃고 바라보자 어리광을 부리며 애원했다.

"부끄러워요, 촛불을 꺼주세요."

애원 속에 숨길 수 없는 자랑스러움이 담겨 있음을 느끼고, 사내는 떼를 쓰려다가 촛불을 불어 껐다. 푸른 달빛이 조수(潮水)처럼 밀려들어, 여인의 몸이 빛을 뿜어냈다.

"정말 눈부시게 요염하구려."

사내는 놀라움이 가득한 목소리로 속삭이며, 귓불에서 목, 입술에서 먹음직한 빨간 오디로, 술잔 같은 배꼽을 건너뛰어 자그만 발과 허벅지로 비단결 같은 감촉을 즐기면서 어루만지고 삼켜갔다. 여인은 허리를 뒤틀며 가쁜 숨을 내뿜다가, 작살에 찍힌 잉어처럼 부르르 떨었다. 그녀 몸이 따뜻해지며 신비로운 향내를 뿜어

내고, 쉼 없이 애틋한 신음을 토했다. 이제 꽃은 꽃잎을 활짝 열어 매혹적인 향기와 달콤한 꿀로 벌을 유혹했고, 마음이 달뜬 수벌이 꽃잎 위로 내려앉았다. 그러나 아슈바가 암술에 닿자 갑자기 꽃잎이 오므라들어 문을 닫아버렸다.

"무서워요. 마음은 불타는데 몸이 말을 듣지 않아요."

여인의 몸이 돌처럼 딱딱해지고 서럽게 훌쩍거려 사내가 움직임을 멈추자, 그녀는 세차게 도리질하며 품속을 파고들었다.

먹이를 덮치는 문어(文魚)처럼 매끄러운 몸이 한 치 빈틈도 없이 달라붙어 몸부림치자, 사내는 애처로운 마음이 들어 눈물이 글썽글썽한 여인의 눈을 핥아주었다. 짭짤한 맛을 음미하다가, 어린애에게 하듯 얼굴을 마주하며 양쪽 뺨을 가볍게 꼬집어 끌어당겼다.

거짓말처럼 여인의 몸이 뜨거워지기 시작했다.

"제발 멈추지 말아요, 고니. 서슴지 말고 몸을 열어 가지세요!"

여인은 이제 유혹의 몸짓까지 하며 허리를 뒤틀었다.

목마른 사내는 여인의 입술을 희롱하며 팽팽하게 부풀어 오른 꽃망울을 베어 물고 맛깔스럽게 빨아들이다가, 꽃잎을 흠뻑 적신 이슬을 핥고 옹달샘 물로 목을 축였다. 뻣뻣하던 몸이 풀어지고 다리가 스르르 벌어져 굳게 닫혔던 문이 열리면서, 붉게 달아오른 몸이 거센 물결에 흔들리는 쪽배마냥 출렁거리더니, 아슈바가 꽃봉오리에 살짝 닿자 뜻밖에 달콤한 콧소리가 흘러나왔다.

그 콧노래는 백 명 나팔수가 부는 우렁찬 돌격 나팔소리였다.

자스미가 어렸을 때 울거나 떼를 쓰면, 작은오라버니는 눈을 맞추고 양 볼을 옆으로 당겨 "까꿍" 하면서 달래주었다. 고니의 정다운 몸짓이 옛 기억을 일깨워 훈훈한 봄바람이 불어오자, 그녀는 꽁꽁 얼어붙은 가슴속 두꺼운 얼음장이 깨지는 소리를 들었다.

　'그래, 이제 괴로웠던 일은 잊고, 어린 날 행복했던 꿈을 더듬어보자.'

　펜지켄트. 그녀는 흰 눈같이 순결한 어린 신부. 신랑은 유난히 눈이 빛나는 소년. 그의 밝은 눈이 정답게 내려다보고 있었다.

　'애야, 신랑이 해님같이 늠름한 왕자로구나. 모든 것을 맡기면 너를 행복하게 해줄 게다'라고 속삭이는 어머니의 목소리가 귓가에 들리는 듯했다.

　우람한 아슈바가 두리번두리번 천연덕스럽게 샘으로 다가왔다. 그녀는 눈을 질끈 감고 마음속으로 헤아리기 시작했다.

　"하나, 둘, 셋 ···."

　여인은 깜짝 놀랐다. 아슈바가 머뭇거리다가 힘차게 밀고 들어와 용틀임치자, 저절로 박자를 맞춰 움직이는 자신의 몸놀림에.

　'이럴 수가. 그처럼 엄청난 아슈바를 쉽사리 맞아들이다니!'

　두려움이 사라지자 하염없이 눈물이 흘러내리며 기쁨의 노래가 절로 터져 나오고, 마치 낚시 바늘에 걸린 쏘가리처럼 거칠게 몸부림쳤다. 여인의 신음소리가 높아가자 야생마처럼 날뛰던 아슈바가 갑자기 갈기를 치켜세우고 몸속을 가득 메우더니 격렬하게 떨며 폭발했다. 사내가 외치는 승리의 함성은 우렁찼다. 그리고 해같이 빛나는 저 눈의 광채(光彩)는 ···. 여인은 고니에게 그렇게

나 크나 큰 기쁨을 줄 수 있다니 꿈만 같았다. 환희의 부르짖음이 걷잡을 수 없는 울음으로 터져 나왔다.

'난 아티나난타〔石女, 성의 즐거움을 모르는 여자〕가 아니야. 아슈바가 기뻐 춤추는 뜨거운 몸을 가진 여자라고!'

오랜 세월 꽁꽁 얼어붙었던 연못에 따뜻한 햇살이 쏟아져 자스미의 여성은 꽃봉오리가 맺히고 꽃송이 하나하나가 활짝 피어나면서 온통 붉은 연꽃으로 뒤덮이고 향기로 가득 찼다.

사내는 부끄러웠다. 아무리 첫 경험이라 해도, 뜻밖의 묘한 꿈틀거림에 마음이 흩어져 얼떨결에 쏟아버려 저렇게 울부짖게 만들다니. 몹쓸 짓을 하다 들킨 개구쟁이처럼 고개를 푹 숙이고 쑥스러워하는 사내를 보자, 여인의 가슴속에 따뜻한 물결이 넘쳐흘렀다.

"이리 와요 나의 왕자님. 고니는 정말 마술사야. 그곳에 생명을 불어넣었어요."

여인은 고양이처럼 갸르릉 거리며 사내 품속을 파고들어 기쁨과 감사의 말을 숨 가쁘게 재잘대며 얼굴을 비비다가 자기도 모르게 아슈바를 감싸 쥐었다. 잔뜩 움츠러든 귀여운 것. 이 쪼끄만 게 그렇게나 무시무시하던 바로 그 아슈바란 말인가.

사내는 깜짝 놀랐다. 큰 실수를 저질러 잔뜩 주눅 들었던 참인데, 뜻밖에 백마를 탄 왕자처럼 열렬히 환영받다니. 여인의 속삭임은 그가 이 왕국의 주인임을 일깨워 주는 우렁찬 환호성이었다. 사내는 눈을 들어 정복한 땅을 굽어보았다. 꿈속에조차 갖기를 바라던 꿀과 젖이 흐르는 낙원이 눈앞에 펼쳐져 있었다. 흐드러지게 하얀 꽃으로 덮인 벌판 너머 우뚝 솟아 살아 숨 쉬는 봉곳한 언덕, 황금빛 숲속 옹달샘을 덮은 기화요초(奇花瑤草)와 향기를 짙게 내뿜는 기름진 계곡이 어서 오라고 손짓했다. 사내 눈은 불타고 가슴이 부풀어 올랐다.

'이 아름다운 곳에 감추어진 온갖 비밀을 캐어내고, 그 향기를 마시며, 모든 걸 맛보리라.'

그는 한 마리 호랑나비가 되어 온갖 꽃을 희롱하며 탐욕스럽게 꿀을 빨아들였다. 사랑하는 고니 눈 속에 정염(情炎)의 불꽃이 이글이글 타오르자, 여인은 그 불꽃 속에 자신이 녹아내리는 것을 느꼈다. 사내 입과 손이 어찌 이렇듯 부드럽고 강렬할까? 깊고 깊은 곳에서 불덩이가 솟구치며 저절로 아랫도리가 뒤틀리고 굼실거렸다. 여인은 이제 겁 많은 므리기(암노루)가 아니라 짝을 찾아 울부짖는 굶주린 암범이었다.

사내의 끈질긴 애무에 얼이 빠져 미친 듯 몸부림치면서도 사랑스런 아슈바를 행여 놓칠세라 불끈 쥐었다. 조그맣고 귀엽던 게 어느 틈에 무럭무럭 자라자, 사내를 통째로 삼켜버리고 싶은 강렬한 욕망에 후끈 달아올랐다.

"고니, 온몸이 불타올라! 모닥불을 지핀 것 같아."

이제는 낯익은 아슈바가 꽃잎이 뿜어내는 열기를 따라 개선장군처럼 머리를 치켜들고 불두덩이 너머로 거침없이 나왔다. 아슈바가 몸속 깊은 곳에서 거대한 불기둥으로 타오르고, 그 불덩이가 온몸으로 퍼져가는 짜릿한 전율에 부르르 떨었다. 그리고 사랑의 샘이 넘쳐흘렀다.

'나는 불의 여인, 그동안 얽매였던 모든 굴레를 벗어던지고 무소처럼 거침없이 달려가리라!'

  사내는 눈이 둥그레졌다. 이렇게 정열적인 여인이 조금 전까지 그렇게나 사랑나누기를 두려워하던 바로 그 얼음공주란 말인가? 그녀는 처음 만났던 날 여왕 같던 모습 그대로 허리를 곧추세우고 턱을 치켜들었다.

  여인은 땀방울이 송글송글 돋은 달덩이 같은 가슴을 자랑스레 흔들며, 검은 말 아슈바 위에 걸터앉아 오만하게 내려다보았다. 그녀는 힘껏 고개를 뒤로 젖히면서 숨 가쁘게 디딜방아를 찧다가, 흥에 겨워 새처럼 날개를 펴 우아한 몸짓으로 하늘을 나르는가 싶더니, 빙글빙글 휘돌아서 느릿느릿 호선무(胡旋舞)를 추면서 미끈하게 흘러내린 뒤 허리를 뒤틀며 불타는 푸른 눈으로 사내의 넋을 뽑았다.

  흥겹게 박자를 맞추던 사내는 여인이 미친 듯 도리질하며 휘감아 죄자 위험을 느끼고, 심호흡으로 마음을 가라앉힌 다음 조심스럽게 자세를 바꾸었다. 어느덧 사내는 뱃사공이 되어 밀물과 썰물에 맞추어 흐름을 타면서 한 번은 깊고 세 번은 얕게 천천히 노를 저었다. 새하얀 바다 위로 잔잔한 물살이 퍼져가다 점차 물결이 거칠어지며 파도가 되어 일렁거렸다.

  햇살에 반짝이는 물결이 밀려와 간질거릴 때마다 여인은 까르르 웃으며 파도에 몸을 내맡겼다. 휘감아 돌아드는 세찬 물살에 빨려들어 물보라를 덮어쓰다 가까스로 물마루 위로 솟구쳐 오를 때면,

가쁜 숨을 몰아쉬며 음유시인(吟遊詩人) 마냥 감미로운 노랫가락을 뿜어 올려 사랑의 기쁨을 거침없이 터뜨렸다.

갑자기 먹구름이 몰려들며 거센 폭풍이 일었다. 갈수록 바다가 부풀어 오르고 성난 파도가 흰 물머리를 치켜세우며 깊이를 알 수 없는 바닷속으로 끌어당겼다. 여태껏 한 번도 겪어보지 못한 몸서리치게 아찔한 느낌에 화들짝 놀라 여인은 숨 가쁘게 외쳤다.

"고오오니이, 고닛! 내 몸이 이상해져요오 ···."

어두컴컴한 심연(深淵)이 입을 벌려 소용돌이치면서 여인을 삼키려 하자, 숨이 멎을 듯한 두려움에 휩싸여, 끌려들어가지 않으려고 사내 허리에 찰싹 달라붙어 발버둥 치며 자지러지게 울음을 터뜨렸다.

돌연 먹구름이 갈라지면서 하얀 번개가 '번쩍' 내리치자 땅속 깊은 곳에서 사납게 용틀임하던 불기둥이 "우르르르" 소름 끼치는 산울림과 함께 엄청난 용암을 뿜어 올리며 무섭게 땅을 뒤흔들었다. 그것은 거대한 빛의 폭발이었다.

머릿속이 하얗게 바래져 날카로운 외마디 절규(絶叫)를 터뜨리며 몸부림치던 여인은 낯익은 종소리를 들었다. 수십 수백 크고 작은 펜지켄트 종이 제각기 높고 낮은 음(音)과 장단으로 오묘한 조화를 이루며 우렁찬 교향곡이 되어 하늘 높이 울려 퍼졌다.

여인은 한 마리 자그만 므리기(암노루)로 사내 품속에 녹아들어 죽음처럼 깊고 그윽한 무아지경 속으로 빠져들었다. 달빛에 흠뻑 젖은 하얀 박꽃마냥 자스미의 얼굴이 꿈꾸는 듯 부드러운 빛을 내뿜으며 어둠 속에 신비롭게 떠올랐다. 마음껏 젖을 먹은 아기처럼 행복한 얼굴로 눈을 감은 여인을 내려다보는 사내의 가슴속 깊이 사랑의 물결이 넘쳐흘렀다.

자스미는 새 소리에 잠을 깼다. 이슬 머금은 꽃은 여느 아침보다 한층 짙은 향내를 내뿜었고, 새들은 기쁨에 겨워 지저귀었다. 보이는 모든 게 정답게 느껴졌다. 온몸은 생기가 넘쳐흘러 날아갈 듯 가볍고, 얼굴은 단비를 맞은 나무처럼 싱싱하게 피어났다.

잠자는 양만춘을 보자 싱글벙글 웃음이 터져 나오고 콧노래가 절로 나왔다. 그녀는 스스럼없이 다가가서 사내 양쪽 귀를 잡아당기며 입을 맞췄다.

"잠꾸러기 왕자님, 일어나세요. 아침이에요."

자스미의 들뜬 걸음을 따라 개울을 거슬러 올라가자 숲속 빈터에 작은 정원이 보였다. 햇살은 상쾌하고 숲의 향기는 싱그러웠다. 참나무 잎은 산들바람에 살랑거리고 풀밭엔 붉은 들장미, 연한 녹색의 쑥, 보랏빛 매발톱꽃이 아름다움을 서로 다투고 민들레가 해님처럼 빛났다.

"여기는 아무도 모르는 나만의 화원이랍니다."

숲속 정원엔 맑은 시냇물이 졸졸 흐르고 하얀 모래가 깔린 냇가에는 둘레가 두 아름이 넘는 계수나무가 마주보고 서 있었다.

"나무그늘 아래 양탄자를 펴세요."

그녀는 하프를 안고 일어서서 눈을 들어 먼 서쪽 하늘을 한동안 바라보더니 하프를 켜면서 감미로운 목소리로 노래했다.

그대 달의 미녀 / 요정의 이마, 천사의 눈을 가진 여인이여
사랑의 사슬로 나에게 사로잡힌 연인이여
나를 믿어주어요 / 그대에게 백 가지 맹세를 하리다.
그 맹세로 우리의 결합은 영원히 풀리지 않을 것이라오.
살아있는 동안 그대에 대한 사랑의 약속 깨지 않고
사랑의 명령 거부하지 않으려 하오.
그대 향한 사랑 내 영혼 속에 머무나니
평화의 날이나 전쟁의 어둠 속에도 / 내 마음 그대 잊지 않으리.●

맑고 높은 목소리는 폭포가 쏟아지듯 숲속에 울려 퍼지고, 사랑의 맹세를 거듭할 때마다 기쁨 가득한 눈동자에는 정열의 불꽃이 활활 타올랐다. 노래를 끝내고 그녀는 한숨 쉬더니 눈물을 흘렸다.

"너무 행복하니 두려움이 밀려오는군요. 고니의 계약이 끝나면 내 곁을 떠날 테지요."

양만춘은 손사래를 치며 자스미에게 거듭 사랑을 다짐했다. 여인이 다가와 그의 입술을 막더니, 따뜻하지만 슬픔이 가득 담긴 눈으로 그윽이 올려보았다.

"사나이 삶이 얼마나 거칠고 험한 길인지 잘 아는 여자랍니다. 고니의 사랑 이미 얻었으니 지키지 못할 맹세하지 않아도 돼요."

그녀는 무릎을 꿇고 사내 발등에 입을 맞추었다.

"나의 왕자님, 자스미는 행복한 노예랍니다. 여인의 기쁨을 알게 해준 고니에게 한없는 사랑을 바칩니다. 살아가는 모든 날 봄이

● 페르시아의 연가(戀歌) 〈비스와라민〉, 《사랑의 중국문명사》(장징 저, 이용주 역)에서.

계속될 수는 없겠지요. 헤어지는 날이 온다 해도 미리 슬퍼하지 않고, 나에게 주어진 단 한 시각도 헛되이 보내지 않겠어요. 비록 괴로운 날이 오더라도 함께한 기쁜 봄날이 내 마음을 따뜻하게 녹여 줄 테지요."

바깥이 소란스러워지는 듯하더니 정원 입구 나무에 매어둔 작은 종이 울렸다. 자스미의 얼굴이 어두워졌다.

"급한 일이 아니면 저 종은 울리지 않는데 … ."

예르데느가 한 통의 서신을 가져왔다. 양만춘을 빨리 만나고 싶다는 시빌의 부름이었다.

거만한 임금님

煬帝

북방 유목민은 중국인에게 두통거리였다. 가을바람이 불어 초원의 풀이 마르면, 기러기 떼같이 남으로 내려와 국경지대 마을을 노략질하고 바람같이 사라져 버리기 때문이었다.

최초로 통일제국을 건설한 진시황제(기원전 259~210년)는 국경을 따라 만리장성을 쌓았고, 한(漢)나라 유방은 이들을 토벌하려다 오히려 백등산에서 포위당해(기원전 200년) 굴욕적 강화조약을 맺고 달랠 수밖에 없었다. 흉노 추장에게 시집간 왕소군(王昭君)의 애달픈 이야기(기원전 33년)는 이러한 사정을 잘 보여 주고 있다.

한무제(기원전 156~87년)는 기련산 흉노를 몰아내고 유목민족 정벌에 처음 성공하여 하서사군(河西四郡)을 개척하고 서역으로 가는 길을 열었으나, 완전히 제압하진 못했다. 한나라 멸망 후 오랜 분열과 내전을 끝내고 중원을 다시 통일한 수문제는 흉노를 대신해 북방초원을 지배하던 돌궐을 동서로 분열시키는 데 성공했다(583년). 문제의 뒤를 이은 양제는 고구려 원정을 꿈꾸었기에, 등 뒤의 근심을 없애려 돌궐을 어루만져야 할 필요가 있었다.

초원을 찾아온 황제

타브가치(중국) 황제가 초원의 나라를 찾은 건 유목민족 역사상 한 번도 없었다. 시빌은 심각한 얼굴로 양만춘을 맞이했다.

"수나라 황제가 북쪽 지방을 순시하는 길에 칸발리크에 들러 초원의 왕과 추장들을 만나겠다는군. 아버지의 연락을 받고 알타이 산맥에서 대흥안령산맥, 황하 기슭부터 북해(北海, 바이칼 호수)까지 투르크가 지배하는 모든 부족에게 사신을 보냈네."

시빌이 급히 만나자고 할 때부터 심상치 않은 일이 벌어졌으리라 짐작했지만 너무도 뜻밖이었다.

"우리나라 사신은 아직 카간에게 국서도 전달하지 못했는데, 이런 큰일이 벌어졌으니 어찌해야 하지요?"

"그래서 안다를 불렀다네. 을지 대인도 미리 알고 있어야겠지."

"샤드, 양제는 도대체 어떤 사람인가요?"

"한무제병(漢武帝病)●에 걸린 허영심 많은 사내지. 온갖 거짓으로 형을 태자 자리에서 몰아내고 애비를 독살해 황제가 되었네. 지난번 보르사르 부족을 충동질해 나를 습격한 것도 그자가 꾸민 짓이야."

시빌은 눈썹을 꿈틀거리며 목소리를 높였다.

"그 애비는 뒤에 숨어 우리를 동서로 분열시켰지만, 수양제는

● 한무제가 만리장성을 넘어 북방초원은 물론 동서 이웃나라를 정복하기 위해 침략전쟁을 펼친 이후, 중국 통일왕조 황제들 중 허영심 강한 황제가 이웃나라를 침략하여 힘을 과시하려고 했던 병(病)적 경향을 이르는 말.

공공연히 위협하고 있지. 이번 방문 중에 무슨 일이 벌어질지 걱정일세."

수나라 황제의 칸발리크 방문 소식을 들은 을지문덕은 예상과 달리 담담한 표정을 지었다.

"이곳 분위기를 보고 내 임무가 성공하지 못할 걸 예상했네. 지금 귀국하면 모양새만 사나워지고 나라 위신만 손상시킬 뿐이야, 더구나 카간을 만나보지 않고 돌아갈 수 없는 노릇이지. 시빌의 호의는 고맙지만 무슨 뾰족한 수가 있겠나. 모든 것을 하늘의 뜻에 맡길 수밖에."

양만춘이 안타까워하자 오히려 위로했다.

"내가 빈손으로 돌아가도 이번 사신 임무가 실패한 것만은 아니네. 돌궐에서 유일하게 우리 편이라 할 수 있는 시빌의 목숨을 구했고, 자네가 안다가 되었으니 희망의 불씨는 여전히 살아있지. 시빌에게 양제의 다음 목표는 돌궐이란 걸 깨닫게 해주게나."

큰 그릇은 절망의 밑바닥에서도 평정심(平靜心)을 잃지 않는 것일까? 을지문덕은 옛날과 다름없이 평온하고 느긋한 얼굴로 품속에서 한 권의 책을 꺼냈다. 책 여백(餘白)에는 손수 붓으로 정성스럽게 쓴 해설이 빼곡히 적혀 있었다.

《손자병법》(孫子兵法)이야. 싸움에서 이기기 위한 지혜의 책이지. 스승님께서 병법이란 속임수〔兵以詐立〕이니, 나이를 먹어 올바른 판단력을 갖기 전에는 이 책을 읽지 말라고 하셨네. 자네는 아직 어리지만 사방이 적에 둘러싸여 있고 이를 헤치고 나가야 할 운명이니, 책 내용을 깊이 깨우치게. 반드시 명심해야 할 게 있네. 싸움터에서는 수단방법 가리지 않고 속임수라도 써서 이겨야겠지만, 그 원리를 인간관계에 적용하면 안 되네. 그러면 지혜의 책이 아니라 악마의 책이 될 테니까. 지도자란 이웃과 사귐은 물론 백성을 다스림[政治]이나 다른 나라와 관계[外交], 심지어 적을 다룸에 있어서도 거짓이 아니라 믿음[信]을 바탕으로 삼아야 하네. 사람에게 믿음을 주지 못하는 인간은 보잘것없는 소인일 뿐이고, 거짓으로 얻은 이익은 검불 같은 것이야. 그런 악인이 얻는 부귀영화를 부러워 말고 경멸하게나.”

6월 초 황제의 칙사(勅使)가 칸발리크를 방문했다. 서역 출신인 우문개는 높은 코를 치켜세우며 시빌에게 자기소개를 했다.

“수나라 공부상서 우문개라 하오.”

“명성은 많이 들었소. 무엇을 도와드릴까요?”

“제가 둘러보니 가한정(칸발리크) 남쪽 30리, 황하 북쪽 기슭에 있는 양의 언덕이 황제폐하께서 거처하실 육합성(六合城, 이동식 궁전)을 세우기에 적합한 곳 같더군요.”

“여기서 얼마나 지내기에 궁전을 짓겠다는 말씀이시오?”

“황제께서는 단 하루를 계시더라도 천자(天子)의 체면에 걸맞은 궁전이 있어야 하오.”

우문개는 살찐 몸을 흔들며 거만하게 대답했다. 시빌은 어이가 없었으나 선선히 허락했다.

“좋소, 그렇게 하시오. 다만 그 땅의 방목권(放牧權)을 가지고 있는 부족민에게 합당한 대가를 주어야 할 것이오."

6월 중순이 되자 수만 명 산서 지방 농민이 부역으로 끌려 나와 유림(내몽골 탁극탁)에서 양의 언덕까지 황제가 행차할 길〔御道〕을 닦느라 소란스럽더니, 다음 달 수천 명 인부가 몰려와 양의 언덕에서 밤낮을 가리지 않고 육합성 건설공사를 했다.

7월 초 귀국한 야미 카간은 큰 고민에 빠졌다. 고구려 사신이 카간을 만나려고 석 달을 기다렸으니 알현을 미룰 수 없는 노릇이었다. 하지만 강대한 수나라 국력을 두 눈으로 본 카간은 그 눈치를 살피지 않을 수 없었다. 병을 핑계로 알현을 늦추면서 심복을 수나라에 보내 고구려 사신이 칸발리크에 머물고 있음을 알렸다.

카툰(카간의 부인) 의성공주(義成公主)가 찾아온다는 말을 듣고 양만춘이 자리를 피하려 하자, 시빌은 카툰이야말로 돌궐 안에 있는 수나라 세력의 뿌리이고 가장 강력한 적이니 이번 기회에 한번 만나보라면서 굳이 붙들었다.

화려한 궁정복장을 입은 의성공주가 황금마차에서 내려 두 명의 시녀에게 부축을 받으면서 시빌의 호르트로 걸어왔다. 여인은 오똑한 코를 치켜세우고 새침한 눈으로 주위를 내려다보았다.

"저 여인이 돌아왔으니 이제 나의 적도 기지개를 켜겠군."

호르트 문 앞에 나와 공주를 맞이한 시빌이 정답게 인사했다.

"카툰님, 얼마동안 못 보던 사이 몰라보게 아름다워지셨군요. 친정 나라에서 무슨 좋은 일이라도 있었나요?"

조금 전까지 쌀쌀하고 거만하던 표정이 봄눈같이 녹더니 카툰은 생글생글 웃으면서 애교를 부렸다.

"시빌께서는 언제나 다정하고 친절하시군요."

의성공주는 흰 피부와 검은 눈동자, 조그만 둥근 얼굴에 입술이
도톰한 미인이었다. 추위를 많이 타는지 한여름인데도 흰담비 털
옷을 걸친 작은 키에 깡마른 몸, 그러나 불꽃처럼 활활 타오르는
눈빛에는 권력의 맛을 아는 인간만이 갖는 당당함이 넘쳐흘렀다.

"샤드님, 이 젊은이는 누구인가요?"

의성공주는 눈을 아래로 내리깔면서 곁눈질로 훔쳐보았다.

양만춘은 돌궐제국에서 가장 영향력이 큰 여인에게 공손히 허리
를 굽혔다. 여인의 날카로운 눈빛이 그의 얼굴에 꽂혔다.

"안다입니다. 지난번 보르사르 부족 습격 때 제 목숨을 구해 주
었지요."

"아하, 바로 자스미 고니로군요."

그제야 공주가 머리를 바로 쳐들어 눈도 깜빡이지 않고 호기심
가득한 눈길로 뚫어지게 쳐다보자 양만춘은 얼굴을 붉혔다.

"이번에 자스미를 만났더니 얼굴이 싱싱하게 빛나고 생기가 넘
치던데 바로 이 미남 고니 때문이었군요."

한순간 얼굴에 부러움과 시새움이 떠올랐다가 다시 새침한 얼굴
로 돌아갔다. 카툰은 자스미보다 열 살 아래라고 들었는데, 짙은
화장 탓인지 오히려 나이가 많아 보이고, 화려한 차림새 뒤에 어
딘지 쓸쓸한 그늘이 드리워져 있었다.

"젊은이는 고구려 사람이라지요?"

양만춘은 의성공주 목소리에 감추어진 적의(敵意)를 느꼈다.

"카툰님, 이분은 내 안다이고, 자스미 공주 고니일 뿐이라오. "

시빌이 쾌활하게 웃으면서 어색해지려는 분위기를 얼버무리자, 그녀는 처음으로 웃음을 띠었다.

"그렇군요, 멋쟁이 젊은이. 자스미를 행복하게 해 주세요. 그녀는 나와 더불어 시를 이야기하고 음악을 사랑하는 유일한 친구랍니다. "

"카툰님, 수나라 방문은 즐거웠나요?"

시빌이 슬쩍 화제를 돌리자 공주는 신이 나서 황제의 융숭한 대접, 장안과 낙양의 번화함, 웅대한 대운하와 오랫동안 머물렀던 현인궁과 서원(西苑)의 화려함을 이야기하느라 입에 침이 말랐다.

그녀가 손짓발짓까지 하며 수다를 떨자 시빌이 화제를 바꿨다.

"황제의 인상은 어떠하던가요?"

"젊은 귀공자 같은 용모였어요. 게다가 다정하고 친절할 뿐 아니라 얼마나 통이 큰 분이신지, 온갖 진귀한 패물을 가득 담은 보석함을 주었답니다. "

그녀는 양만춘의 존재가 몹시 부담스러운지 곁눈질로 힐끗 살펴보고 어깨를 으쓱하더니 목소리를 낮추었다.

"헤어질 때 황제께서 카간의 손을 잡고 은근히 부탁했답니다. '오래지 않아 짐이 선대(先代, 수문제) 때 못 이룬 한(恨)●을 풀려고 하니 그때는 카간이 도와주시오. 짐은 아버지와 달리 물자와 돈을

● 598년(영양왕 9년) 수문제가 30만 대군으로 고구려를 침범했으나 대패함.

아끼지 않고 백만 대군을 동원해 고구려를 칠 것이오. 대운하 공사가 끝나는 때가 바로 그날이 될 것이오'라고요."

양만춘은 마치 여우에 홀린 듯한 기분이 들었다.

의성공주는 6백여 년 전 흉노의 늙은 선우(單于, 왕의 호칭) 호한야에게 울면서 시집간 왕소군(王昭君)과 별로 다를 바 없는 처지였다. 그러나 두 여인은 마음의 자세가 전혀 달랐다. 왕소군은 고국을 그리워하며 눈물로 밤을 지새웠다는데, 이 여인은 자신이 지닌 권력과 영향력을 마음껏 즐기고 있지 아니한가.

시대가 바뀐 까닭일까. 사람됨이 다른 탓인가? 그리고 대운하가 완성되면 수나라가 고구려를 침략할 것이라고 슬쩍 흘린 마지막 한마디가 귀에 쟁쟁하게 울렸다.

의성공주가 돌아가자 시빌은 깊은 생각에 잠겨 있는 양만춘에게 말했다.

"카툰은 불쌍하지만 위험한 여자라네. 앳된 소녀로 시집왔는데 아버지는 이미 늙은이였지. 세월이 흐르면서 그녀는 권력과 돈에 집착하게 되었다네. 수나라 놈들은 저 여인을 통해 나를 감시하지만 얻는 정보보다 나에게 흘리는 게 훨씬 더 많을 걸."

시빌이 껄껄 웃으면서 양만춘의 어깨를 두드렸다.

"뵈클리(고구려) 사신이 온 것도 숨길 수 없을 걸세. 아버지는 저 여인에게 비밀이 없으니까. 안다도 조심해야 할 걸. 카툰과 자스미 상단이 돌궐에서 가장 큰 상단이거든. 그러니 두 사람은 친한 말벗이면서 치열한 경쟁자라네. 어쩌면 저 여인은 안다가 뵈클리 사람이란 것보다 자스미가 사랑하는 사람이라서 더 미워할지 모르겠네."

"다행히 카툰이 샤드를 좋아하는 것 같던데요."

"갓 시집온 어린 카툰에게 동생들이 짓궂게 굴지 못하게 감싸주었네. 그녀는 아버지가 돌아가시고 내가 카간이 되면 우리 풍속에 따라 내 아내가 된다는 것도 알고 있지. 그러니 잘 보이려 할 수밖에. 아마 그녀에게 제대로 사람대접 받는 투르크인은 나밖에 없을 거야."

야미 카간은 수나라에 신경이 쓰였지만 샤드 시빌과 스추후시 고문의 재촉으로 고구려 사신을 알현했다.

"고구려 조의두 대형 을지문덕, 야미 카간을 뵙습니다. 저희 태왕께서는 양국의 우호가 오래오래 계속되기를 바라고 계십니다."

"건강 때문에 늦게야 접견(接見)하게 되어 유감스럽소. 그리고 큰아들에게 도움을 베풀어 감사하게 여기오."

"카간의 치하말씀 송구스럽습니다."

"국서는 잘 보았소. 태왕께서 따로 특별한 말씀은 없었소?"

"태왕폐하께서 수나라 팽창정책을 염려하고 계십니다. 황제의 야욕은 돌궐에도 근심거리인 줄 압니다. 고구려와 돌궐은 입술과 이빨 같은 관계이니, 입술이 상하면 이빨도 시리게 된다면서, 양국이 힘을 합쳐 수나라에 대항하자고 말씀하셨습니다."

야미 카간은 덤덤한 표정으로 고개만 끄덕였다.

"태왕의 뜻은 잘 알겠소. 곧 답서(答書)를 드리겠소."

며칠 후 수나라에 보냈던 심복이 돌아와 황제가 이미 길을 떠나 열흘 후 칸발리크에 도착할 예정이니, 고구려 사신을 귀국시키지 말고 붙들어 두라는 황문시랑 배구의 부탁도 전했다.

607년〔대업(大業) 3년〕 가을. 양제는 화려한 행렬을 뽐내며 기병 10만을 포함한 50만 대군을 이끌고 칸발리크로 왔다.

오색 깃발은 숲을 이루고 수천 명 취주악대가 나팔을 불고 북을 두드리면서 행진했다. 뒤이어 양제가 수백 마리 흰 말이 끄는 관풍행전(觀風行殿)을 타고 나타났다. 관풍행전이란 바퀴가 달린 거대한 조립식 궁전으로 오색찬란한 비단과 금은보석으로 꾸몄는데, 그 위에 수백 명 궁녀가 온갖 악기를 연주했다.

화려한 갑옷을 걸친 기병이 관풍행전 전후좌우를 에워싸 호위하고, 다섯 가지 색깔 군복을 입은 보병이 뒤따랐다. 뒤이어 야미 카간과 의성공주에게 줄 선물 1만 2천 바리와 북방 유목민족 추장들에게 나눠 줄 20만 뭉치를 싣고 와 그 행렬이 30리나 뻗었다.

양의 언덕에 세운 육합성은 주위 10리, 높이 4장 2척의 조립식 목재로 만들었다. 겉면은 비단 휘장으로 장식했고 곳곳에 깃발을 세웠으며, 방패(防牌)로 세운 판자는 베로 감싸고 그 위에 단청(丹靑)을 입혀 으리으리했다. 이 육합성 위에 관풍행전을 세웠다. •

장막이 거두어지자 홀연 눈앞에 나타난 거대한 육합성과 성안에 들어선 화려한 궁전을 보고 야미 카간을 비롯한 3천 5백 명 추장은

• 양제의 거창한 토목공사 및 화려한 행차와 선물은 《맨얼굴의 중국사》(백양 저), 《중국역대황제》(추원초 저) 및 《이야기 중국사》(진순신 저) 등 참조.

눈이 휘둥그레져 새삼스레 수나라의 강력한 국력을 두려워했다. 양만춘도 그렇게 짧은 기간 동안 건축한 육합성의 웅장한 규모와 건축기술을 보고 깊은 인상을 받았다.

"놀랍군요. 도대체 저 성을 건축한 자가 누구입니까?"

"서역 출신 우문개라네. 그자는 뛰어난 건축기술 하나로 대신의 지위까지 올랐네. 타브가치(중국)의 낙양성도 그의 작품이라지."

"그럼 수나라 사람 솜씨가 아니었군요?"

"세상은 넓어. 타브가치보다 높은 문명세계가 서쪽에 있다네."

양만춘은 중국 못지않게 뛰어난 기술을 가진 서쪽나라가 존재한다는 사실을 처음 듣고 큰 충격을 받았다.

주악(奏樂)이 울려 퍼지며 황금 갑옷을 입고 보석으로 아로새긴 검(劍)을 손에 쥔 양제가 의기양양하게 육합성 장대 위에 올라서자, 야미 카간 이하 모든 추장이 일제히 환호하며 무릎을 꿇었다. 양제는 이들을 내려다보며 오만하게 시를 지어 읊었다.

> 호한의 후대들이 엎드려 절하고 도기왕이 연달아 찾아오니
> 어찌 한나라 천자처럼 선우 지역에 헛걸음할 것인가.•

양제는 수천 명이 앉을 수 있는 거대한 장막을 세워 야미 카간과 추장들을 초대해 잔치를 베풀고, 은빛 갑옷을 입은 우림군(친위대)

• 양제가 지은 시. 호한(呼韓)이나 도기왕(屠耆王)은 흉노의 왕, 한나라 천자란 백등산에서 흉노에 패배한 한고조 유방을 말한다. 이는 양제가 북방 초원의 나라 돌궐을 방문하여 이들을 평정(?)했음을 자화자찬하는 내용임.

1만 명이 주위를 경비했다. 야미 카간이 일어나 양제를 찬양하며 3천 필 말을 바치자, 그는 크게 기뻐하며 답례로 비단 20만 필을 하사했고, 다른 추장들에게도 넉넉하게 선물을 주었다.

적과 동지

양제는 38세라 하나 젊은이 못지않은 윤택한 피부에 알맞게 살이 찐 사내였다. 자신만만한 얼굴, 재기(才氣) 넘치고 예리하게 빛나는 눈, 호탕한 웃음소리가 인상적이었다. 그러나 겉모습과 달리 제왕(帝王)다운 무게와 너그러움을 찾아볼 수 없었고, 고집세게 보이는 입, 배우처럼 과장된 몸짓과 어두운 눈길이 사람 마음을 불편하게 했다.

"안다가 보기에 양제란 자의 인상이 어떻던가?"

"자신만만하고 기백이 넘치는 영웅의 모습이더군요."

"영웅이라고? 안다의 눈에 그렇게 보이던가?"

"다만 지나치게 허세(虛勢)를 부리는 것 같았습니다."

양만춘은 양제에 대한 시빌의 평가를 듣고 싶어 짐짓 속마음을 드러내지 않았다.

"사람 보는 눈이 없군. 내가 보기엔 어릿광대 같은 녀석이야."

"네에?"

"생각해 보라고. 이미 수나라에 신하의 예의를 갖추는 이웃나라를 친선방문하면서 50만이나 되는 군대는 왜 끌고 오며, 이곳에 며칠 머문다고 웬 궁전인가! 카툰에게 낙양 서원(西苑)의 규모를 듣고 너무 엄청나서 거짓말이라 생각했는데, 오늘 보니 이처럼 미친놈이라면 그따위 짓도 능히 하리라는 생각이 들더군."

"샤드, 그러고 보니 그의 시가 지나치게 건방진 내용이더군요."

"어리석은 놈. 돌궐인의 자유와 독립을 그까짓 몇 필의 비단으로 살 수 있다고 생각하는 것인가. 비단이 필요하면 우리는 구걸이 아니라 힘으로 빼앗아 올 것이네."

"샤드가 보기엔 양제의 인품은 어떠하던가요?"

"가벼운 재치 뒤에 숨어 있는 본질적인 어리석음, 게다가 남의 괴로움은 손톱만큼도 생각하지 않는 시랑(豺狼, 승냥이와 이리) 같은 마음, 마치 고비사막에 자라는 하일라스(느릅나무의 일종) 같은 놈이야. 하일라스는 키가 크고 가지가 많은 데다 잎이 넓어 보기엔 멋있고, 그늘에 사람이나 동물이 쉬어가기도 하지. 그러나 주위의 수분을 모조리 빨아들이기에 그 나무 가까이 어떤 식물도 살지 못하지. 이런 자의 약점은 자기가 가장 똑똑하다고 착각한다는 점이라네. 그러니 어찌 남의 말을 듣겠나. 언젠가 그자에게 한나라 유방의 백등산 패배보다 더 뼈아픈 교훈을 주겠네."

양만춘은 시빌이 그렇게 사람을 꿰뚫어 보는 날카로운 눈을 가진 데 놀라면서, 카간에 오르는 날이 빨리 오기를 빌었다.

수문제가 고구려를 침공했다가 무참히 실패한 후에 수나라에서는 고구려를 무력으로 굴복시키자는 주전론(主戰論)이 들끓었다.

당시 명망 높은 유학자 유현이 오랑캐는 달래어야 한다는 무이론(撫夷論)을 주장하면서 고구려 정벌을 강력히 반대했고, 문제도 이를 옳게 여겨 한동안 양국 간에 평화가 계속되었다. 그러나 양제가 황제에 오르면서 바람의 방향이 바뀌었다.

배구가 고구려 사신이 칸발리크에 머물고 있음을 고자질해 양제를 충동질하자 시끄럽게 되었다. 양제는 즉시 관풍행전으로 대신들을 불러 모으고, 사신을 위협해 고구려 왕을 입조(入朝)시키자는 강경파 의견을 받아들여, 이부상서 우홍(牛弘)을 보냈다.

우홍은 을지문덕에게 정중히 예의를 갖추었지만 거만했다.

"그대는 우리나라 국력과 돌궐의 야미 카간이 황제폐하를 성심껏 모시던 모습을 보았을 것이오. 카간은 현명하게도 금년 정월에 입조(入朝)하여 폐하를 성심껏 받들었으므로 폐하께서 이를 어여삐 여겨 친히 카간의 장막에 거동하시고 은혜를 베푸셨소. 폐하께서 내년에 탁군(현재 북경)으로 순행(巡行)하실 테니, 고구려 왕은 두려워하거나 의심하지 말고 조회(朝會)를 드리도록 하라는 말씀이 계셨소. 야미 카간같이 성심껏 섬긴다면 후히 대접하겠지만, 조회에 오지 않으면 폐하께서 몸소 백만 대군을 이끌고 고구려를 정벌하러 갈 것이라 하셨소(362쪽 참조)."

"우홍 대인, 황제의 뜻을 태왕폐하께 전하겠소. 그러나 한 말씀 드리리다. 비록 수나라가 강하다지만, 무례하게 이웃나라를 속국이나 되는 것처럼 업신여김은 옳지 않소. 우리는 추모태왕께서 나라를 세운 지 7백 년 동안 사직(社稷)을 굳건하게 이어왔고, 하늘이외는 그 무엇도 두려워하지 않고 자유롭게 살아왔소. 우리는 평화를 원하지만 필요하다면 기꺼이 싸울 것이오. 대인께서도 양국 간 평화를 위해 힘써 주기 바라오."

며칠 후 고모두리가 을지 대인 서신을 전했다. 서신을 펼쳐 본 양만춘은 백지에 '수'(水) 라고 크게 쓴 글자를 보고 어리둥절했다.

"나에게 따로 전하는 말씀은 없던가요?"

고모두리는 당황한 얼굴로 대답했다.

"소인 앞에서 이 종이에 글을 쓰시더니 양 누초께 전하라는 말씀뿐이었습니다."

을지 대인이 귀국하면서 보낸 것이라면, 이 글자에는 분명히 깊은 뜻이 숨어 있을 터. 그러나 그 뜻을 알 수 없어 고민하다가, 미유를 영빈관에 보냈다.

미유는 밝고 붙임성 있는 성격이지만 줏대 없는 게 흠이었다. 사신 일행이 이미 떠난 것을 알고 돌아오던 미유는 소그드 상가를 지나다 눈웃음치는 젊은 여인을 만났다. 그녀가 이끄는 대로 으슥한 여인숙에 들어가 정을 통하고 얼핏 잠이 들었다가 답답해서 깨어나니, 험상궂은 사내가 가슴에 걸터앉아 시퍼런 칼날을 목에 겨누고 있었고, 벌거숭이 여인이 엎드려 울부짖었다.

"이제야 잡았군. 마누라를 꼬여낸 놈을. 오늘 네 놈 사지를 갈기갈기 찢고 말테야."

시끄러운 소리에 사람들이 몰려나와 남의 부인을 꼬여낸 미유를 욕했다. 구경꾼 중 애꾸 토르쿠트가 앞으로 나와 말을 걸었다.

"백정 바얀, 그놈을 죽이면 분풀이야 되겠지만 좋을 게 뭐가 있나? 보아하니 돈 많은 뵈클리 놈 같은데 실속이나 차리게."

바얀은 미유에게 황금 열 냥을 요구했으나 그렇게 많은 돈을 갖고 있지 않았다.

"그까짓 푼돈에 목숨을 버리겠다는 겐가. 좋아 돈을 빌려주지."

애꾸는 품속에서 돈주머니를 꺼내 바얀에게 던져주고, 유부녀와 간통한 목숨값으로 돈을 빌려 주었다는 차용증을 챙겼다.

자리를 옮긴 애꾸 토르쿠트는 양만춘에 대해 꼬치꼬치 캐물었다. 미유는 자신의 숨통을 조이는 사내가 칸발리크에서 양만춘을 미행했던 바로 그 애꾸였다는 사실을 깨닫자 비참한 마음이 들어 죽고 싶었다.

'한순간 실수로 미인계(美人計)에 걸려들어 나를 아껴주었던 이들을 배반하게 되다니. 깐깐한 양 누초가 알면 이런 짓을 용서할 리 없지. 내 인생은 이제 끝나 버렸구나. 시궁창에 빠져 어두운 삶을 사느니 차라리 목숨을 끊어야지.'

양제는 돌궐인 앞에서 수나라 위세를 마음껏 뽐내고도 귀국하는 길에 스멀스멀 스며드는 찜찜한 기분을 털어버릴 수 없었다.

"계민 가한(啓民可汗, 야미 카간)이 나를 두려워해 고구려 사신이 온 사실을 숨기지 않고 알려 줬지만, 아무래도 두 나라 움직임이 의심스럽군. 돌궐에 사는 고구려인을 철저히 감시하다 위험한 자가 있으면 즉시 제거하고, 만일의 사태에 대비해 유림(내몽골 탁극탁)에서 자하(내몽골 화림격이)까지 돌궐 국경을 따라 장성(長城)을 쌓으라."

양제의 명령은 많은 비용과 노력을 기울였던 돌궐 친선방문의 효과를 한꺼번에 날려 보내는 어리석은 짓이었지만, 대신들은 한마디 반대도 없이 그대로 시행했다. 신하의 간언(諫言)을 싫어하는 양제의 눈 밖에 나지 않으려 모두 몸을 사렸기 때문이었다.

양제가 귀국한 며칠 뒤 늙은 사제가 양만춘을 찾아와서 활쏘기 시합의 맞수였던 아타크가 만나고 싶어 하니 은밀히 찾아와 달라는 말을 전했다. 아타크 집은 초원 어디서나 흔히 볼 수 있는 낮고 둥그런 유르트였다.

양만춘이 초원의 예의를 지켜 집 앞 100자쯤에서 말을 내려 채찍을 말안장에 걸어두고 유르트로 다가가자, 송아지만큼 큰 털북숭이 검정개가 튀어나와 사납게 짖어댔다. 개 양쪽 눈 위에 누런 점이 있어 눈이 네 개인 것처럼 보이는 용맹한 개였다.

"워리 워리!"

아타크가 문을 나오면서 개를 부르자 잘 훈련된 병사처럼 그에게 달려가 옆에 앉았다.

"메르겐, 잘 와 주셨소."

"아타크, 초대해 주어 감사합니다."

아타크는 껄껄 웃으면서 대답했다.

"우리나라 속담에 손님이 끊이지 않는 사람은 행복하고, 문 앞에 나그네 말이 매인 사람에게 기쁨이 있다고 했소. 메르겐 같은 영웅이 손님이라면 언제든지 환영하오."

동쪽 문과 마주한 상석(上席)에 양만춘과 나친이 자리 잡자, 왼쪽 주인 자리에 아타크가 앉았다. 그의 누이동생은 손님이 손을 씻을 물을 바가지로 부어주고, 부인은 쿠미즈 가죽 주머니를 꺼내 왔다. 그가 은잔에 쿠미즈를 가득 부어 왼손으로 오른손 팔꿈치를 받치면서 두 사람에게 술을 권했고, 양만춘도 예의를 갖추어 잔을 받았다.

아타크는 큰 쟁반 위에 통째로 구운 양을 담아 내놓았다. 양만춘은 돌궐인 풍속에 따라 먼저 양의 머리를 베어 그에게 주고 귀를 잘라 어린 아들에게 주면서 말했다.

"아타크, 그대 아들 눈에 불꽃이 타오르는구려."

양만춘이 아들을 칭찬하자 그의 입이 귀밑까지 찢어졌다.

"당신은 외국인인데 우리 예의범절을 어찌 이리 잘 아시오."

아타크는 기분이 좋아 연신 너털웃음을 터뜨렸다. 서로 즐겁게 이야기를 나누며 한 부대 쿠미즈가 동이 나고 새 부대 술이 나올 때쯤 그는 심각한 표정을 지으며 입을 열었다.

"내가 만나자고 한 것은 큰 걱정거리가 생겼기 때문이라오. 며칠 전 이름을 밝힐 수 없는 고귀한 분이 은밀하게 사람을 죽여 달라고 부탁하더군요. 명예 있는 무사로서 그런 일을 할 수 없다고 하자 그분 말씀이 그 들개는 투르크에 해를 끼칠 위험한 자이고 나도 피해를 입은 적이 있는 공동의 적이라고 하셨소. 내가 적을 죽인다면 탱그리께서 내려다보는 하늘 아래서 당당히 죽이지 숨어서 활을 쏘는 비겁한 짓은 할 수 없다고 거절했소. 그런데 집에 와서 생각해 보니 우리 투르크 동족끼리는 '위험한 이리'라 하지 '들개'라고 하지 않는답니다. 보통 타브가치(중국인)를 가리켜 들개라고 욕하는데, 나에게 부탁한 분은 수나라와 친하니 타브가치가 아닌 외국인이라고 깨달았단 말입니다."

아타크는 목이 타는지 쿠미즈를 한숨에 벌컥벌컥 마셨다.

"그것만으로 그 외국인이 누군지 알 수 없지 않소?"

"친구여, 내 활 솜씨가 필요할 만큼 위험한 외국인이라면 당신밖에 누가 더 있겠소?"

양만춘은 아타크의 오른손을 굳게 잡았다.

"아타크 형, 이렇게 알려 주어 감사하오."

"마음이 올바른 무사라면 당연히 해야 할 일을 한 것뿐이오. 그러나 메르겐, 부디 주위를 잘 살피시오. 당신을 노리는 사람은 그리 만만한 사람이 아니오. 그분이 움직였다면 그 뒤에는 강력한 세력이 버티고 있을 게요. 이 일을 당신만 알고 계시구려."

양만춘은 치키의 넓적한 얼굴과 타르쿠시의 사람을 조롱하는 듯한 얇은 입술이 떠올랐다.

"나 때문에 혹시 소그드 공주가 해를 입지 않을까요?"

"염려 마시오, 메르겐. 명예가 무엇인지 아는 투르크인은 전쟁터가 아니면 여인에게 해를 끼치는 법이 없소. 내가 아는 그분은 그렇게까지 타락하지 않았소."

양만춘은 순박하고 따뜻한 아타크의 마음에 감격하여 굳게 포옹했다.

"따뜻한 대접 고맙소. 좋은 날이 와 은혜를 갚게 되기 바라오."

"친구여, 당신을 잃고 싶지 않소. 부디 몸조심하시오!"

"아타크 형도 조심하시고 건강하시오."

"멀리 배웅하지 못하오. 왔던 길과 다른 길로 돌아가시구려."

세 사람은 아쉬움을 남긴 채 아직 해가 한 발이나 남아 있는데도 서둘러 작별했다.

"그자를 꼭 죽여야 하나? 타르쿠시."

"그놈은 뛰어난 용사이고 시빌의 오른팔이니 우리에게 무척 위험한 존재입니다. 더구나 자스미 공주의 고니이니, 시간이 흐를수록 시빌과 소그드 상단 관계가 더욱 굳어지겠지요. 카간의 자리가 탐나신다면 빨리 제거해야 합니다."

타르쿠시는 원한에 이글거리는 눈으로 치키에게 양만춘을 죽여야 한다고 열을 올렸다.

"그자는 형님의 안다야. 공공연하게 손댈 수 없지 않은가?"

"염려 마십시오. 얼마 전 애꾸 토르쿠트가 그놈 부하를 포섭했답니다. 이제 그의 움직임을 손바닥 보듯 낱낱이 알 수 있으니, 기회를 보아 쥐도 새도 모르게 없애겠습니다."

치키는 고개를 끄덕이고 빙그레 웃었다.

"자네만 믿겠네. 실수 없이 처리하게."

사냥터에서 생긴 일

사랑이란 얼마나 놀라운 축복이던가. 품에 안긴 여인이 밝게 웃을 때면 사내는 어린애처럼 신이 났고, 행복에 겨워 울음을 터뜨리면 가슴이 뿌듯했다. 사랑을 주고받으며 사내는 쾌락뿐 아니라 밝은 마음을 되찾았다. 일찍 부모를 잃어 외롭다가 여인의 사랑을 받으며 가슴에 맺혔던 응어리가 녹아내렸고, 실수할까 두려워 항상 조바심치던 마음에 평안이 깃들었다.

자스미도 모든 것을 가진 여인이라고 부러움을 받았지만, 밤마다 외로움에 가슴 한 모퉁이가 텅 비었다가, 사랑을 쏟아부을 짝을 만나면서 웃음을 되찾았다. 사내와 함께 사는 기쁨이 무엇인지 터득한 여인은 잃어버린 10여 년 세월을 한꺼번에 되찾으려는 듯 사랑을 나누는 즐거움에 흠뻑 빠졌다. 그들의 낮은 황홀했고 밤은 마법의 세계였다. 사랑의 행위는 소리와 향기의 축제였으며, 그들이 가진 오감(五感)을 불에 달구어 날카롭게 벼리고 다듬는 향연(饗宴)이었다.

8월이 지나면 몽골 고원에는 서풍이 불면서 가을이 깊어 초원의 풀이 누렇게 말라갔다. 이미 한 차례 눈이 내렸지만 오래지 않아 온 세상이 눈 속에 파묻히리라. 이때가 돌궐인에게 즐거운 사냥의 계절이었다.

공주의 유르트에서 서쪽으로 사흘 길을 가면 소그드인이 말을 기르는 목장이 있고 그 근처에 좋은 사냥터가 있다기에 양만춘은 오랜만에 초원과 산을 누비면서 사냥하기로 했다.

"좋은 소식이 있어요. 고니, 아기를 가졌어요."

자스미가 얼굴을 붉히며 자랑했다. 갑작스런 일에 놀라 양만춘은 멍한 얼굴로 말했다.

"뭐라고요! 그게 정말이오?"

"오늘 아침 의원이 확인해 주었답니다. 내가 어미가 되다니. 너무 기뻐 하늘을 날 것 같아요."

"그럼 내가 … ."

자스미가 눈물을 흘리며 기뻐하는 모습을 바라보는 건 즐거웠지만, 아비가 된다는 사실이 실감이 나지 않아서 기쁜 일인지 어떤지 느낌이 오지 않았다.

"제발 아들이었으면 … . 이번 사냥에서 잡은 가장 좋은 것으로 하늘에 제사드려 주세요. 우리 아기를 위해."

"그렇게 하겠소. 부디 몸조심하구려."

다음 날 사냥 안내꾼이 초원의 여왕이라는 영양 떼가 가까운 곳에 무리를 지어 살고 있으니 사냥하러 가자고 권했다. 초원에 사는 민족은 눈이 밝다는 말은 들었지만 나친은 유난히 좋은 눈을 가졌다.

"저기 영양 떼가 있다!"

아득히 멀리 지평선에 자그마한 점이 보일 듯 말 듯한데, 나친은 이미 영양 떼가 몇 마리나 되는지는 말할 것도 없고 우두머리 영양까지 식별한 모양이었다. 초원을 달리는 영양은 과연 여왕처럼 우아했다. 머리에는 긴 뿔이 우뚝 솟았고 이제 막 목욕하고 나온 듯한 붉은 황금빛 날씬한 몸매가 너무나 아름다웠다.

"영양은 바람같이 빠르니 말을 달려 쫓아가 잡기 어렵습니다. 마침 바람이 이쪽으로 불고 있으니 주인님께서 여기 계시면 나머지 사람은 그 뒤로 돌아가 이쪽으로 몰겠습니다."

양만춘과 활을 잘 쏘는 4명이 길목인 시냇가 계곡에 몸을 숨기자 몰이가 시작되었다. 나친이 우는 화살[嚆矢]을 쏘아 올리자, 몰이꾼은 부챗살같이 퍼져 영양 떼를 몰았다. 영양은 춤추듯 하늘 높이 뛰어 달아나다가, 이따금 멈추어 서서 추적자들이 다가오는지 뒤돌아보더니 계곡 쪽으로 달려왔다. 몰이꾼은 계곡이 가까워지자 말을 전속력으로 몰아 돌진했고 영양 떼도 속도를 내어 재빨리 도망쳤다.

선두에서 달려오던 우두머리 영양이 숨어 있는 사냥꾼을 발견했지만 전속력으로 뛰고 있어 갑자기 방향을 바꾸기 쉽지 않았다. 당황해서 주춤거리다 곧 왼쪽 언덕으로 몸을 돌려 달아나려 했다. 그때, 활시위 소리와 함께 양만춘의 화살이 우두머리 영양 목에 명중했다.

"그만, 나머지 영양을 쏘지 말라!"

30여 마리 영양 떼 중 다섯 마리나 잡았다.

"이번 사냥 길 첫 사냥감인 데다 아름다운 뿔을 가졌으니, 이 영양으로 제사를 지내겠소."

사흘이 지나 도착한 곳은 정말 멋진 사냥터였다. 음산산맥에서 남동쪽으로 펼쳐진 깊은 골짜기로 북쪽에 우뚝 솟은 붉은바위산 산줄기가 계곡을 에워싸고, 울창한 숲으로 덮인 언덕과 가파른 벼랑이 연이어 뻗어 있었다. 산과 벼랑 사이 넓은 계곡 초원에는 맑은 시내가 흐르고 남동쪽 계곡 입구는 좁은 목을 이루어 마치 호리병 같은 지형이어서 그 목을 지키면 어떤 동물도 도망치기 어려우니 사냥터로 더할 나위 없었다.

"주인님, 갑옷을 입고 투구를 쓰십시오."

나친은 언제 준비했는지 투구와 갑옷을 내놓았다.

"나친, 사냥터에서 이 무슨 객쩍은 짓이오."

"아타크의 경고를 잊었습니까? 이런 지형에서는 누가 숨어 주인님을 노리더라도 미리 막을 수 없습니다."

이렇게 사람이 많이 모여 있는 사냥터에서 암살을 걱정하는 나친의 소심함에 쓴웃음이 나왔지만, 양만춘도 주위 지형을 다시 한번 둘러보고 나서 고개를 끄덕일 수밖에 없었다. 사냥복 안에 갑옷을 입고 머리에 세 겹 소가죽을 겹쳐 만든 투박한 가죽모자를 쓰고 두건을 둘렀다.

몰이꾼은 붉은바위산 아래로 흩어졌고, 양만춘과 병사들은 몰아오는 짐승을 잡기 위해 계곡 입구 좁은 목을 지켰다. 그러나 나친은 자기 부하에게 사냥터에서 초원으로 나가는 계곡을 샅샅이 수색하게 하고, 사냥이 시작되자 양만춘 곁을 잠시도 떠나지 않았다.

청명한 늦가을 햇빛은 밝게 빛나고 서풍이 가볍게 불었다. 목도루가 바위에 올라가 붉은 깃발을 흔들자, 계곡 수풀 여기저기서 북소리와 징소리가 울려 퍼지고 몰이꾼의 고함소리가 들려왔다. 먼저 독수리를 비롯해 갖가지 새가 날아오르고 뒤이어 뿔사슴, 멧돼지, 노루 같은 산짐승이 숲에서 계곡으로 쫓겨 나오는데, 간간이 숲속에서 곰과 표범 같은 맹수가 으르렁거리는 소리도 들렸다. 쫓겨나오는 짐승의 선두에 뿔사슴이 달려 나왔다. 말만큼 큰 몸집에 나뭇가지처럼 하늘로 뻗은 거대한 뿔을 가진 멋진 놈이었다.

양만춘은 호흡을 멈추고 힘껏 시위를 당겼다. 그 순간 나친은 100보도 떨어지지 않은 북쪽 산등성이에서 무엇인가 햇빛에 반짝 빛나는 걸 본 듯했다.

"앗, 위험!"

나친은 망설이지 않고 자기 말에서 몸을 던져 양만춘을 덮쳤다. 양만춘이 나친의 외침을 듣고 몸을 숙이는 순간 화살이 머리 위를 스쳐 지나 곁에 있던 병사 얼굴을 맞혔다. 연이어 화살이 날아왔으나 그는 땅으로 굴러 떨어져 화살을 피했다. 하지만 병사의 말이 화살에 맞아 쓰러졌고, 세 번째 화살이 야율고오 팔을 스쳤다.

"적이다. 활을 쏜 놈을 잡아라!"

"안 됩니다, 주인님. 빨리 여기서 벗어나야 합니다."

갑자기 야율고오가 비명을 질렀다. 화살이 왼팔을 가볍게 스쳐 지났기에 대수롭지 않게 여겼는데 돌연한 비명소리에 깜짝 놀랐다. 화살에는 무서운 독이 묻어있었다. 급히 옷을 찢고 살펴보니 벌써 푸르뎅뎅하게 부풀어 올랐다. 양만춘은 급히 단도로 상처자리를 베고 정신없이 입으로 피를 빨아 뱉어냈다.

나친은 뿔 나팔을 불어 사냥 중인 사람을 모두 불러 모으고 전투

대형을 갖추어 미리 부하를 배치했던 퇴각로를 따라 계곡 밖 초원
으로 나아갔다.

"나친, 왜 범인을 수색하지 못하게 하였소?"

양만춘이 입술을 깨물며 물었다.

"주인님, 적이 이렇듯 치밀하게 준비해서 우리를 공격했으니,
함정을 파서 유인할 수도 있지 않겠습니까?"

나친의 부하가 계곡 바위 뒤에 숨어 두 번째 기회를 노리던 활잡
이 두 명을 사로잡아 왔다. 포로들은 이미 죽음을 각오한 듯 빈정
거리는 눈빛으로 심문에 응하지 않고 비웃기만 했다. 곁에서 지켜
보던 양만춘이 격분해 칼을 뽑아 휘둘렀다.

'분노를 다스리지 못하고 포로를 죽이다니.'

죽은 부하의 원수를 갚았으나 속이 시원하기는커녕 왠지 답답해
졌다. 매복공격은 전혀 예상하지 못했던 일이었다. 아타크의 경
고가 있어 사냥을 떠나는 것조차 비밀로 했건만, 적이 어떻게 미
리 사냥터를 알고 숨어 있다가 공격했을까. 우리 내부에 적의 세
작(細作, 스파이)이라도 있단 말인가?

문득 멋쟁이 미유의 붉은 사냥모자가 눈에 띄었다.

'사냥을 시작할 때 검은 모자를 쓰고 있었는데 언제 모자를 바꿔
쓴 걸까? 그러고 보니 오늘 미유의 행동은 조금 이상했다. 계곡 입
구의 사냥 목을 지키라 했거늘 계속 내 주변만 맴돌았었지.'

양만춘은 신경이 너무 예민해졌다고 반성하면서 머리에 떠올랐
던 의심을 털어버렸다.

야율고오는 사흘 동안 생사의 문턱을 넘나들었다. 정말 지독한 사독(蛇毒)이었다. 양만춘이 밤을 새우며 간호한 데다 나친 부하 중에 뱀독에 밝은 자가 약초를 구해 와서 목숨을 구할 수 있었다.

쫓기는 몸

"이렇게 무사한 모습을 보니 반갑네. 나친의 재치 있는 행동으로 위험을 피했다면서? 역시 사람이란 은혜를 베풀고 볼 일이야."

"사냥터에서 생긴 일을 어찌 이리도 빨리 아셨습니까?"

"요즘 수나라를 따르는 패거리가 온갖 흉계와 술수를 부린다네. 그래도 감히 안다에게 그따위 짓을 하다니 … ."

시빌은 입맛을 다시더니 목소리를 낮추었다.

"양제가 여기 와서 뵈클리 사신을 보고 큰 충격을 받았던 모양이야. 돌아가는 길에 명령을 내렸는지, 벌써 수십만 농민을 동원해 국경을 따라 장성을 쌓느라고 야단이라네. 뵈클리와 동맹이라도 맺을까 봐 걱정인 게지."

"그런 어리석은 짓을 … . 3천이 넘는 추장을 모아 잔치를 베풀고 선물 보따리를 안겨준 지 며칠 됐다고 그같이 노골적인 적대행위를 합니까?"

"그러게 말일세. 미친놈 아니고서야 이해할 수 없는 짓이지."

시빌이 심각한 표정으로 무겁게 입을 열었다.

"타브가치 같은 농경사회 왕조(王朝)는 혈통을 중시하니 능력과 상관없이 적장자(嫡長子)가 왕위를 잇지만, 유목민은 혈통보다 능력을 더 중요하게 여기지. 그래서 카간이 되려면 내 실력을 확실하게 보여 주어야 하네. 나는 부족민에게 능력을 인정받고 신망이 두터운 편이지만, 반대세력도 무시할 수 없는 힘을 가지고 있지. 양제가 이번 북방순행에서 보여준 국력을 보고 어리석은 자들은 수나라를 크게 두려워한다네. 나에 대한 반대세력이 더욱 강화되었다고 할 수 있겠지. 그들이 노리는 첫 번째 목표가 뵈클리 사람이라기에 안다를 부른 것이야."

"부담스러우시면 저를 멀리하고 안다의 서약을 깨뜨려도 좋습니다. 샤드를 위해서라면 어떤 고통이라도 달게 받겠습니다."

"무슨 소리, 왜 그렇게 앞질러 가는가! 사나이 약속은 천금의 가치가 있어. 하물며 카간 아들이 하늘을 두고 맹세했거늘."

시빌은 지그시 눈을 감고 깊은 생각에 잠겼다.

"지금이야말로 안다같이 믿을 수 있는 사람이 가장 필요하지만, 아직 카간이 되지 않았으니 몸을 낮추고 눈치를 살펴야 할 형편이라네. 내가 다스리는 땅에서 나의 안다인 것을 뻔히 알면서도 대낮에 보란 듯 암살하려 들다니, 이건 내 권위에 대한 공공연한 도전이야. 더구나 독을 바른 화살을 쏘았다고? 사람 목숨은 탱그리 것이니 투르크인은 전쟁터에서도 독을 쓰지 않거늘."

"그렇다면 제가 당분간 돌궐을 떠나는 게 어떨까요?"

"그것도 좋겠지. 그러나 내가 안다를 부르면 즉시 돌아와 도와주어야 하네. 수일 내 보르사르 주둔군에 보급품을 보내니 그때 바투 형제가 국경까지 호위하면 되겠군. 포로가 되었던 나친의 옛 부하들을 데리고 가면 국경 밖에서도 안전하겠지."

"감사합니다. 나친이 아주 좋아하겠군요."

"나는 온 힘을 기울여 카간의 길을 걸을 테니, 안다도 꿈꾸는 것을 얻기 위해 열심히 노력하게. 다 같이 탱그리의 도움을 간청하는 기도를 하세. 우리가 헤어지더라도 강물이 바다에서 만나듯 오래지 않아 다시 만나겠지. 내 도움이 필요하거든 언제든지 요청하게. 아마도 내가 안다의 도움을 더 바라게 될 것 같네만."

시빌은 양만춘의 손을 굳게 잡고 흔들었다.

돌연 양만춘의 머릿속이 환하게 밝아왔다. 양제의 돌궐 방문을 알려 주려고 영빈관을 찾던 날, 을지 대인은 엿듣는 자가 있을까 염려해 중요한 말은 종이에 써 보이고 촛불에 태웠다. 그리고 지나가는 말처럼 싸움에서 이기려면 적을 잘 알아야 한다면서, 젊은 시절 장안과 위수(渭水, 장안 옆을 흐르는 강)에서 겪었던 추억을 이야기하다가 기회가 생기거든 꼭 가보라고 권했다.

'위성(渭城) 땅 아침 비 촉촉이 땅을 적시고…'라는 시를 몸소 부채에 써 주기까지 했건만, 대인의 깊은 뜻을 이제야 깨닫다니. 그렇다면 '수'(水)란 글자의 의미는 위수(渭水). 내가 돌궐을 떠나게 되면 장안으로 가라는 뜻이 분명하다.

을지 대인은 내가 돌궐에서 쫓겨날 것을 미리 예상했던가. 그렇다면 분명하게 말씀하실 일이지 왜 이런 수수께끼 같은 방법을 쓴 걸까. 지시에 따르는 게 아니라 스스로 내가 갈 길을 선택해야 값진 것이라고 생각하신 까닭일까?

"샤드께 알릴 기쁜 소식이 있습니다. 공주가 임신했습니다."

"뭐라고? 이런 기쁜 일이 있나! 자넨 아주 나쁜 사람이군. 그처럼 좋은 소식을 이제야 말하다니."

시빌은 어두운 표정을 풀고 너털웃음을 터뜨리더니 즉시 손뼉을 쳐서 술상을 차리게 했다.

"안다, 자네는 정말 복덩어리일세. 얼음공주가 웃음공주로 변했다는 말은 들었네만 벌써 아기를 가졌다니. 이제 쿠출로크 가문에도 즐거운 웃음소리가 들리겠군."

술잔이 오가며 분위기가 무르익자 조심스레 말을 꺼냈다.

"샤드, 귀국하는 것 외에 다른 길은 없을까요?"

"무슨 좋은 방법이라도 생각났는가?"

양만춘은 비슷한 용모와 체격을 가진 병사에게 자신의 옷과 무기를 지니게 하여 귀국시키고, 그는 사람 눈을 피해 숨었다가 소그드 대상을 따라 장안으로 가겠다고 말했다.

"안다가 적의 소굴로 숨어들겠다고? 나도 자네가 머나먼 뵈클리보다 가까운 장안으로 가는 게 훨씬 좋지. 다만 이 사실을 적이 알게 되면 너무 위험하니 비밀이 새어 나가지 않게 조심하게."

"샤드에게 좋은 사람을 추천하겠습니다."

양만춘은 아타크의 초대와 그와 나눈 이야기를 자세히 말했다.

"아타크가 용사란 건 알았지만 그렇게 정의감이 강하고 곧은 성품인 줄 몰랐네. 반드시 내 사람으로 만들겠네. 안다가 떠나면서도 나를 이렇게 생각해주다니 정말 고맙군. 공주에게 인사 전해주게."

자스미와 이별하는 게 가장 고통스러웠다. 양만춘이 무척 망설이다가 당분간 돌궐을 떠나야겠다고 말을 꺼내자 그녀는 한참동안 까무러쳤다. 사랑하는 사람이 떨어져 지내야 하는 건 본래 가슴 아픈 일이지만, 신혼의 단꿈이 한창 무르익을 무렵 갑자기 닥쳐온 이별은 자스미를 슬프게 했다.

'고니의 계약은 아직 반도 지나지 않았는데 헤어져야 하다니!'

양만춘도 몸부림치는 여인의 모습을 바라보려니 가슴이 터질 듯했다. 그러나 여자가 남자보다 강한 것일까? 자스미가 먼저 현실을 냉정하게 받아들였다. 장안에 거주하는 소그드 대상 우두머리에게 편지를 쓰고 길 떠나는 데 필요한 자질구레한 것까지 빈틈없이 챙겼다.

양만춘은 야율고오에게 장안에 같이 가자고 권유했다.

"형님을 따라가고 싶지만 아쉽게도 저는 거란으로 가야 합니다. 을지 대인께서 수나라와 전쟁이 벌어지면 거란의 움직임이 중요하다면서 임무를 맡기셨답니다."

야율고오는 거란인이지만 정이 많고 성실했다. 어릴 때 국경마을 무려라에서 형제처럼 지낸 죽마고우였고, 처음에는 조장으로 이제 니루로 언제나 양만춘의 뒤를 든든히 지켜준 미더운 전우(戰友)였다.

"섭섭하구나, 야율고오. 자네와 헤어져야 하다니. 서로 연락방법이라도 만들어 두세."

양만춘은 나친을 껴안았다.

"나친, 나는 당신을 잊을 수 없을 거요. 잘 가시오. 샤드가 당신 옛 부하들에게 자유를 주어 기쁘오."

"고구려 군과 부하를 국경 너머 실위 땅까지 안전하게 보낸 다음 주인님을 찾아가겠습니다."

"아니오, 나친. 이제 당신은 자유인이오. 그대는 음산산맥 골짜기에서 이미 목숨의 빚을 갚았소."

"사냥터에서는 당연히 할 일을 한 것뿐, 제게 새로이 삶을 주신 것과 다릅니다. 더구나 부하들이 자유를 얻어 고향으로 돌아가게 되어 우리 부족에게 떳떳하게 머리를 들 수 있게 되었습니다."

양만춘은 나친의 두 손을 굳게 잡았다.

"고맙소, 나친. 임무를 끝내면 장안의 소그드 대상으로 찾아오시오. 기다리고 있겠소."

"뭐라고, 메르겐 야앙이 귀국하는 게 아니라 타브가치(중국)로 숨어들어 간다고? 말이 되는 소리를 하게. 아무리 간이 큰 놈이라 해도 그건 섶을 지고 불 속으로 들어가는 짓 아닌가?"

"애꾸 토르쿠트가 포섭한 뵈클리 놈이 그자를 따라 장안으로 가게 되었답니다."

타르쿠시가 날카로운 눈을 빛내며 얇은 입술을 혀로 핥았다.

"그래? 그렇다면 우리 그물 속에 걸려든 물고기인 셈이군. 어쩌면 지난번 습격으로 겁이 나서 퍼뜨린 헛소문일지도 몰라."

"국경까지 바투 형제가 호위하고 간다는데 그럴 필요가 있을까요? 아무튼 좀더 알아보겠습니다. 그놈에게 원한이 깊은 지루케가

지금 뵈클리 국경을 지키고 있습니다. 보르사르 전투 때 부하였으니 귀국인사를 하러 가는 건 자연스러울 테니까요."

타르쿠시는 돌아 나오면서 중얼거렸다.

"제발 장안으로 가거라. 네 낯짝을 발로 짓뭉개줄 테니. 거기서는 샤드 시빌도 어쩌지 못할 테지."

"가까운 친구가 내일 수백 마리 말 떼를 이끌고 장안으로 떠나니, 같이 갈 생각이시면 부탁할 수 있습니다."

젊은 카이두가 양만춘에게 말했다.

"소그드 상단과 함께 가기로 약속했는데요."

"우리 상단은 빨라도 한 주일 후라야 준비가 끝날 겁니다. 기왕 떠나시려면 하루라도 빠른 게 좋겠지요."

늙은 카이두도 웃으면서 아들을 거들었다. 양만춘은 자기의 안전을 걱정해 주는 호의가 고마웠다. 장안에 함께 가기로 한 사람들을 불러 모았으나 미유가 보이지 않았다.

"아이고, 상단에 싣고 갈 물건을 구하라고 며칠 전 멀리 심부름 보냈구려. 죄송합니다. 나이를 먹으니 자꾸만 기억이 깜박거리는 군요."

늙은 카이두는 미안하다며 허리를 숙여 사과했다.

양만춘은 아쉬웠지만 미유가 장안으로 찾아올 곳을 적은 편지를 늙은 카이두에게 맡기고, 달가와 구루만 데리고 길을 떠났다.

사람이 모여드는 곳

長安

관중(關中)평야는 동쪽 함곡관(函谷關)과 동관(潼關), 남쪽은 무관(武關), 서로 산관(散關), 북쪽은 소관(蕭關)으로 둘러싸인 분지인데, 위수(渭水)란 큰 강이 2천 리를 흐르며 이곳에 물을 대 주다가 동관에서 황하 본류(本流)와 합류한다. 장안(長安)은 관중평야 한가운데 위수 강가에 자리잡은 수나라 서울[大興城]이었다.

사방이 험한 산줄기와 협곡, 고원으로 둘러싸여 방어하기 좋고, 넓고 비옥한 벌판을 끼고 있어 경제적 바탕도 튼튼해서 먼 옛날 주(周)나라 때부터 진시황의 통일제국, 한(漢), 수(隋), 당(唐)에 이르기까지 역대 통일왕조가 서울로 삼았고, 서울을 낙양(洛陽)으로 옮긴 왕조도 장안을 낙양 못지않게 중요하게 여겼다.

장안은 남북 8,651m, 동서 9,721m 직사각형 성벽으로 둘러싸였고, 황제가 머무는 황성 밖엔 바둑판같이 뚫린 동서 14개, 남북 11개의 넓은 도로로 108개 방(坊)이 나누어졌다. 이웃나라는 물론 멀리 대진국(동로마)에서 온 자들까지 수만 명의 외국인을 포함해 인구가 백만이 넘는 세계 최대 규모의 번영한 도시였다.

처음 본 장안

　양만춘은 수나라 국경 검문소를 무사히 통과해 황하를 건너고 눈 덮인 황토고원을 넘어 11월 초순 장안에서 그리 멀지 않은 임동현(臨潼縣)에 닿았다. 남쪽으로 보이는 여산(驪山) 산줄기의 봉화대를 구경하고, 저녁 무렵 여관으로 돌아오는데 숙소를 기웃거리는 수상한 자를 발견하고 그 뒤를 밟다가 으슥한 골목에서 덜미를 잡았다.

　"무엇 하는 놈이냐. 도둑이지?"

　목에 칼을 겨누고 다그치자 사내는 잔뜩 겁을 집어먹고, 자기는 카룬 상단 일꾼으로 단지 사람을 찾고 있을 뿐이라며 종이쪽지를 내밀었다. 거기에는 자신의 얼굴이 그려져 있었다.

　"그런 일이라면 숙소에 들어가서 찾아야지 숨어서 엿보니 오해가 생기지 않는가?"

　양만춘은 돌궐인 일꾼을 꾸짖으면서 그자가 어두워서 자기 모습을 제대로 보지 못한 것을 다행으로 여겼지만 충격을 받았다.

　'어디서 비밀이 새어 나간 걸까? 장안으로 오는 것을 아는 이는 손가락으로 꼽을 만큼 몇 사람 되지 않거늘 이렇게 빨리 쫓기다니. 내 얼굴을 그린 그림엔 귀밑의 검은 점까지 또렷이 찍혀 있었다. 가까운 사람이 아니라면 어찌 그런 것까지 알랴. 장안에 같이 오려다가 돌궐에 남은 미유일까, 아니면 달가나 구루가 첩자일까?'

　양만춘은 엎치락뒤치락하며 하얗게 밤을 지새웠다.

아침이 되자 신세졌던 말 장수 우두머리에게 작별인사를 하고 헤어졌다. 얼굴에 칠했던 검정을 씻은 양만춘은 검은 문사건(文士巾)을 쓰고 흰 비단 백삼(白衫)을 입어 글방도련님 차림으로 바꾸고 달가와 구루를 하인으로 꾸며 길을 나섰다.

'한 번 와 보고 싶던 곳이었다. 멀리 서역에서 남만(南蠻)까지 온 세상 장사꾼이 모여 온갖 기이한 물건을 사고파는 땅 위에서 가장 크고 부유하다는 도시 장안. 간절히 바라면 이루어진다더니 드디어 이곳에 섰구나. 그래 보고 또 보자. 적의 힘과 약점까지 하나도 빠짐없이 있는 그대로 살펴보리라.'

패류풍설(灞柳風雪, 패수 강가 버들에 핀 눈꽃)이 관중팔경(關中八景)의 하나라더니 강가에 줄지어 늘어선 수양버들 가지마다 흰 눈꽃이 아름답게 피어있었다.

장안의 첫 인상은 거대함이었다. 양만춘은 눈이 휘둥그레져 사방을 둘러보았다. 우뚝 선 장안성과 금빛 찬란한 황성의 궁전 지붕, 춘명문(春明門)까지 뻗은 넓은 대로에는 사람과 수레가 꼬리를 이었다. 귀족의 화려한 행렬과 낙타 떼를 몰고 가는 파란 눈, 뾰족한 큰 코에 붉은 수염의 서역인들도 심심찮게 보였다.

춘명문을 들어서니 멀리 서쪽 금광문(金光門)까지 눈길이 미치는 데까지 80보(120m) 너비의 명광대로(明光大路)가 곧장 뻗었다. 길가엔 폭 10자 가량의 도랑이 나 있고, 도랑을 따라 커다란 홰나무와 느릅나무 가로수가 열을 지었는데, 사람과 말, 마차와 수레의 왕래가 강물 흐르듯 끊이지 않았다. 동시(東市)를 지나 황성의 성벽과 문화외성의 높이 솟은 건물들을 보다가 주작문(朱雀門)에 닿았다. 이 문으로부터 남북으로 명덕문까지 너비 100보가 넘는 장안에서 가장 넓다는 주작대로가 길게 뚫려 있었다.

드디어 목적지 서시(西市)에 닿았다. 서시는 넓이가 30만 평 정도였는데 다른 방(坊)과 마찬가지로 높은 담장에 둘러싸인 시장 구역이었다. 서시 안에는 '井'자 모양으로 큰 길이 가로세로 뚫려 있고, 동서남북에 각각 두 개의 문이 있었다.

매일 정오, 큰 북을 3백 번 치면 시장이 열리고, 해가 지기 전 종을 3백 번 치면 시장을 닫았다. 서시에 닿을 무렵 종소리가 울리기 시작했다. 곧 시장을 닫고 서시의 출입문도 닫히리라. 그러면 장안성 108개 방은 모두 문이 닫혀 다른 방으로 왕래함이 금지되니, 이때부터 108개 조각 고립된 둥지로 바뀐다.

'이 무슨 어리석은 짓인가! 이처럼 활기차고 번화한 장안이 어둠이 내림과 동시에 양(羊)을 우리에 몰아넣듯 나누어지고 쪼개진 감옥으로 바뀌다니. 전쟁도 아닌 평화 시에.'

양만춘은 장안의 웅장함에 감탄하던 마음이 싸늘하게 식었다. 자유의 나라 고구려와 초원의 돌궐에서 자유롭게 숨 쉬다가 뜻밖의 통금(通禁) 제도를 보고 황제의 권력에 드리운 어두운 그림자를 실감했다.

대상의 우두머리 카를룩은 태양을 닮은 강렬한 눈빛, 높이 솟은 콧마루와 날카로운 매부리코에, 흰 머리가 섞인 회색 머리칼에 턱수염을 기른 거인으로 회색 독수리처럼 당당했다.

"장사를 배우고 싶다고? 나는 대상(隊商) 우두머리지 장사꾼이 아니야. 다만 공주님 부탁이 있으니 도와주기는 하겠네."

카를룩이 불타는 듯한 눈을 들어 양만춘을 샅샅이 살펴보기에 양만춘도 부드럽게 마주 쳐다보았다.

"젊은이 눈이 마음에 드네. 돌궐 사람은 아닌 듯한데 돌궐말도 잘하는군. 그 밖에 무엇을 할 줄 아는가?"

"활을 좀 쏠 줄 압니다."

"무예를 배웠다고?"

그의 눈길이 부드러워지며 옛날을 그리워하는 듯한 표정을 지었다. 카를룩은 5년 전까지 페르시아와 동로마 제국을 두려움에 떨게 할 만큼 강력했던 서돌궐의 무장(武將)이었다.

'위대한 일곱 부족의 수령(首領)이며 일곱 땅의 통치자인 타르두'로 시작되는 서돌궐 카간의 국서를 가지고, 카를룩은 동로마제국의 수도 콘스탄티노플에 사신으로 가서 마리우스 황제를 접견하고(598년), 3년이나 머물면서 양국이 직접 비단무역을 하도록 길을 열었다. 그러나 임무를 마치고 귀국했을 때, 타르두 카간이 동돌궐에 쳐들어갔다가 패배하여 청해(靑海) 부근에서 실종된 것을 알고 소그드 대상 두목으로 직업을 바꾸었다.

카를룩은 양만춘에게 대상(隊商)의 삶을 이야기했다.

"사람에게는 누구나 귀한 보물을 찾을 기회가 오지만, 그 기회를 잡는 자는 그리 흔치 않아. 그 길이 힘들고 고통스럽기 때문이지. 눈 덮인 산맥, 만리 사막을 넘고, 뜨거운 바람에 목이 타고 살을 에는 추위를 헤치며 가는 험난한 길이지만, 사나이로 태어나

한 번 해볼 만한 일이지. 젊은이가 걸어 들어오는 순간 눈빛과 목소리, 걸음걸이와 몸가짐을 살펴보았네. 사람 됨됨이는 그 어떤 소개장보다 더 중요하지. 자네가 장사꾼이 아니라 대상을 하겠다면 내 집 문은 항상 열려있으니까 언제든지 찾아오게."

카를룩은 포정방(布政坊) 배화교 사원 옆 그의 집을 알려 주었다.

서시 풍경은 놀라움의 연속이었다. 헤아릴 수 없는 상점마다 서역에서 가져온 보석, 옥, 상아와 각종 유리제품을 비롯해 대식국(페르시아와 아랍) 상인이 천축(인도)과 진랍(캄보디아)을 거쳐 배로 싣고 온 공작 꼬리털, 진주, 대모(玳瑁, 큰 바다거북 등껍질), 자단(紫檀) 같은 희귀한 물건, 고구려에서 가져온 담비털가죽을 비롯한 모피와 인삼, 녹용, 그리고 신라와 백제, 왜에서 실어온 갖가지 토산품(土産品)이 가득 쌓여 있었다.

외국 상인들은 이런 상품을 팔고 비단과 도자기, 종이와 각종 약품을 구입하므로 중국 각지에서 온갖 상품이 서시로 모였다. 길거리에는 키가 크고 얼굴이 흰 페르시아인, 터번을 두르고 턱수염을 기른 천축인, 키 작은 왜인, 까만 피부 남만인(南蠻人)까지 온갖 인종이 들끓었고, 상인은 물론 승려와 마술사, 각종 장인(匠人)과 낙타몰이꾼까지 다양한 사람들이 제각기 자기 나라 말로 떠들었다.

며칠 후 카를룩의 늙은 집사(執事)가 장사하는 법을 배우라며 아랑(거간꾼)을 데리고 왔다. 비단가게를 안내한 아랑은 쪽제비같이 영악스럽고 말이 많은 사내였는데 먼저 견행(絹行, 비단을 취급하는 상인으로 구성된 동업조합)으로 갔다.

비단에도 얼마나 종류가 많고 가격이 다른지, 종류만도 금(錦), 견(絹), 사(紗), 기(綺), 라(羅), 자수(刺繡) 등 10가지가 넘었고, 그중에서 가장 호화로운 게 금이었다. 다른 비단은 짠 후에 염색하지만, 금은 먼저 실을 염색하고 그 실로 각종 무늬를 넣어 짜기에 그만큼 정교한 고급 비단이었다.

자스미를 생각하고 촉금(蜀錦, 사천성에서 생산되는 비단) 중 가장 고급인 꽃과 새를 아로새긴 화조문금(花鳥紋錦) 한 감을 흥정하자, 양만춘을 글방도련님으로 알고 우습게 여기던 아랑의 눈빛이 달라지며 공손해졌다. 아랑은 고급물건만 취급하는 견행 안쪽 상점으로 가서 고려백금(高麗白錦)을 보여 주며 말했다.

"도련님, 화려하기론 촉금을 알아주지만 장안의 멋쟁이가 최고로 여기는 비단은 고구려에서 생산되는 흰 비단이지요."

양만춘은 조국에서 생산되는 비단이 비단 왕국인 중국 땅에서 최고로 평가받는 데 기분이 좋았고, 자스미의 흰 살결에 어울릴 것 같아 선선히 한 감을 골랐다.

시장은 정오에 열려 해가 지기 전에 닫혔으나 술집은 밤에도 장사를 하기에 시장 남쪽 모퉁이 3층 건물 페르시아 음식점에 들어갔다. 가지각색 복장을 한 서역 상인이 술을 마시거나 식사를 했고 멋쟁이 중국인 젊은이도 보였다.

낡은 옷을 입은 늙은 소그드인이 어린 소녀의 부축을 받으면서 비파(琵琶)를 안고 술집으로 들어섰다. 눈먼 소그드인은 떠나온 고향을 그리워하듯 허공을 바라보며 슬픔에 가득 찬 애절한 목소리로 신비롭고 이상한 나라를 노래하며 비파를 타기 시작했다.

"그대는 아는가, 먼 서쪽나라를. 사람 소리 끊긴 지 오랜 황야와 불타는 사막에서, 가슴까지 타들어 오는 목마름, 칼날 같은 추위 몰아쳐도, 귓가를 맴도는 요정의 노래에 나그네 길 멈추지 못하리. 화염산(火焰山) 지나, 검은돌 사막 건너면, 로프노르 푸른 호숫가에 꿈의 도시 누란(樓蘭)이 있다네. 길가에 황금, 강가엔 옥(玉)이 굴러다니는 곳. 주천(酒泉) 샘에선 향기로운 술 솟아나고, 황금빛 머리 푸른 눈 미녀가 반겨 맞아주는 낙원이여. 철 따라 백 가지 과일 영글고, 사시사철 꽃이 피어 꿀벌 잉잉거리네. 늙지 않는 사람들 노래하고 춤추며 사는 땅. 어느 날 돌아갈 수 있을까? 밤마다 꿈속에서 달려가건만."

강물처럼 굽이쳐 흐르던 비파의 선율이 때론 잔잔하게 다음 순간 격렬하게 솟구쳐 낯선 나라에 대한 그리움이 듣는 이 가슴속에 젖어 들었고, 노인의 구성진 노랫가락 따라 아름다운 누란이 눈앞에 펼쳐지는 듯하였다.

양만춘은 누란이란 나라에 마음이 홀려 비파소리가 끝났음에도 감미로운 노래가 어둠 속을 떠다니는 듯했다. 멍하니 허공을 바라보던 늙은이 눈에 눈물이 고였다. 과연 저 눈먼 노인이 노래하는 누란이란 낙원이 있기나 한 것일까?

함박눈이 내리는 날, 멀리 실위에서 나친이 찾아와서 오랜만에 술잔을 나누며 그동안 일어났던 일을 이야기했다. 양만춘이 장안에 오는 도중 돌궐인에게 추적당했다고 하자, 나친은 미유가 첩자라고 단정했다. 그도 여러 번 주위에서 들었던 경고와 사냥터에서 본 꺼림칙한 행동을 돌이켜보니 나친의 말을 반박할 수 없었다.

'누구보다 아꼈던 부하였는데 … .'

여러 날 동안 그를 괴롭혔던 의심의 안개가 걷히면서 마음이 개운해졌지만, 믿었던 부하에게 배신당한 아픔에 마음이 쓰라렸다.

'그렇게 성실하던 미유가 왜 배신했을까?'

하나의 의심이 사라지자 새로운 근심이 양만춘을 괴롭혔다.

'늙은 카이두가 미유에게 편지를 전했을까? 그렇다면 타르쿠시는 내가 머무는 곳과 움직임을 손바닥 보듯 낱낱이 알 텐데.'

며칠 후 카를룩이 만나고 싶다는 연락이 왔다.

"장안을 샅샅이 둘러보았다며. 장사할 만한 걸 찾았는가?"

"아직 마음을 정하지 못했습니다."

"내년 봄, 소그드 대상을 이끌고 사마르칸트로 갈 예정일세. 넓은 세상을 살펴볼 좋은 기회인데 함께 가지 않겠나?"

카를룩은 탐스러운 먹이를 앞에 둔 독수리처럼 눈을 굴렸다.

양만춘은 카를룩의 제안에 '신비한 나라 누란'을 노래하던 늙은 소그드인의 얼굴이 떠올랐다. 도대체 서역이란 어떤 곳일까?

"2년쯤 걸리지. 가는 데 1년, 돌아오는 데 1년."

"그렇게나 먼 길입니까?"

"큰 꿈을 지녔다면 모름지기 드넓은 세계를 둘러봐야지. '젊어서는 금을 주고 사서 고생한다'는 말이 있지 않던가. 여기와 전혀 다른 세계 사마르칸트는 한 번 가서 안목을 넓힐 만한 곳일세. 장사꾼이 하나의 현(縣)이나 주(州)를 내려다볼 눈을 가지면 그곳을 상대로 장사할 수 있고, 천하를 굽어볼 안목을 지녔다면 온 세상을 무대로 거상(巨商)이 될 수 있지. 온갖 위험을 무릅쓰고 먼 나라에서 희귀한 물건을 가져와야 큰돈을 벌 텐데 대상은 그런 모험을 하는 상인이네. 마음이 정해지거든 언제든지 찾아오게."

정월대보름 밤

새해 첫날이고 봄이 시작되는 춘절(春節, 설날)도 큰 명절이지만, 가장 흥겨운 명절은 정월대보름인 원소절이다. 장안의 정월대보름은 원소관등(元宵觀燈)으로 장관을 이룬다.

양만춘도 축제를 구경하러 여관방을 나섰다. 집집마다 한껏 멋을 부린 등롱(燈籠)에 촛불을 켜 문 앞에 내걸었고, 왕후귀족과 부잣집에는 등수(燈樹)라 하여 높은 기둥을 세우고 곁가지로 가로대를 설치해 이 기둥과 가로대에 수백 개 가지각색 등불을 매달아 누가 더 크고 아름다운 등을 내거는지 경쟁하였다.

바람은 부드럽고 밤공기는 포근한데 수많은 등불이 거리를 비추어 불야성(不夜城)을 이루고, 보름달은 휘영청 하늘 높이 솟아 꿈속같이 환상적인 풍경을 펼쳤다. 정월대보름엔 통금이 해제되므로 엄격한 야간 통행금지로 밤나들이를 못 하던 장안 주민은 남녀노소

할 것 없이 모두 화려하게 차려입고 거리로 쏟아져 나왔다.●

황성의 승천문(承天門) 앞 광장에 이르니 늘어선 가로수마다 주렁주렁 등불을 매달았고, 승천문에는 높이가 20길이나 되는 등륜(燈輪)을 세워 그 위에 비단을 씌우고 금은으로 화려하게 꾸몄다. 등륜에는 수천 개 등불을 켜서 마치 불타오르는 꽃나무가 높이 솟은 것처럼 보이기에 '등불 켜진 나무는 천 줄기 빛을 비추고 꽃 같은 불꽃은 일곱 가지에 열렸네〔燈樹千光照 花焰七枝開〕'라는 수양제 시(詩)가 실감나는 풍경이었다.

기녀(妓女)뿐 아니라 북촌(北村)에 사는 귀부인도 금은보화로 아름답게 꾸며 구름같이 모여들었다. 모처럼 외출을 허가받은 궁녀들이 떼를 지어 비단 옷자락을 끌면서 지나는가 하면, 장안현과 만년현에서 가려 뽑은 젊은 부녀자에게 예쁜 복장을 입혀 등불을 들게 하니, 광장은 온통 화려한 오색 꽃구름으로 덮였고 비단옷 속에서 풍기는 난꽃 향기와 사향 내음으로 때 아닌 꽃밭을 이루었다.

양만춘 일행은 승천문 광장을 둘러보다 사람 물결에 떠밀려 주작문에 이르렀다. 명광대로를 따라 동에서 동시(東市) 장사꾼이, 서쪽에서 서시(西市) 상인들이 각각 풍물패를 앞세우고 북을 치고 징을 울리면서 행진하다가 주작문 앞에서 마주치자 서로 기세를 올렸다.

동시 풍물패가 푸른 용을 추켜들어 용춤을 추면서 서시 풍물패

● 7세기 무렵 수나라와 당나라 서울이었던 장안 풍경을 가장 실감나게 묘사한 《장안의 봄》(이시다 미키노스케 저, 이동철·박은희 역)을 풍경묘사에 참조.

를 겁주자, 이에 질세라 서시 패거리도 붉고 흰 사자 틀 속에 두 사
람씩 들어가서 용맹한 사자 모습을 흉내 내며 상대방을 윽박질렀
다. 한참 동안 용과 사자가 어울려 재주를 뽐내다가 노래경연이
열리는 대흥선사로 방향을 바꾸자, 구름같이 몰려온 구경꾼도 이
들을 뒤따랐다.

　대흥선사는 정선방(靖善坊)을 반이나 차지하는 어마어마하게
큰 절이었다. 진(晉)나라 때 건립되어 300년이 지난 유서 깊은 가
람으로 달마선사를 비롯한 천축 고승이 거쳐 갔고, 수나라에 들어
와서 더욱 융성해져서 건물 크기가 장안 제일이었다.

　정문 앞에는 화려한 팔각등들로 소망을 담고 끝없이 길게 이어
졌다. 어둠 위로 떠오른 자그마한 등불의 은은한 불빛이 마음속
어둠을 포근하게 녹여 주었다.

　노래경연을 위해 서시 장사꾼이 절 앞 광장 남쪽에 무대를 설치
하니, 동시 상인도 북쪽 모퉁이에 연단을 세웠다. 시간이 갈수록
구경꾼이 몰려들어 광장 너머 주작대로 큰길까지 사람이 넘쳐났
다. 황궁 앞과 달리 이곳은 서민의 잔치판이라 신나게 북 치고 징
을 울려 떠들썩하고 들뜬 분위기였다. 어릿광대가 가면을 쓰고 새
와 짐승 흉내를 내거나, 어설픈 곡예로 장기자랑을 할 때마다 야
유를 퍼붓거나 박수소리, 흥겨운 웃음소리로 시끌벅적했다.

　광장 한 모퉁이에서 서역의 재주꾼이 입에서 불을 토하는 재주
를 부렸다. 기다란 장대 사이에 걸쳐놓은 외줄 위에서는 예쁜 옷을
입은 소녀가 발을 차며 하늘 높이 치솟았다가, 사뿐히 내려앉으며

두 자루 칼을 가지고 검무(劍舞)를 추는 묘기(妙技)를 보였다. 사
람이 모이니 장사꾼도 한몫 잡으려 끼어들었다. 여기저기 음식과
술을 파는 노점이 흥청거렸고, 짐승과 새의 가면을 파는 장돌뱅이
와 만병통치약을 선전하는 약장수도 판을 벌렸다.

이윽고 나팔소리가 울려 퍼지자 소란스럽던 광장은 순식간에 조
용해졌다. 남쪽 무대에 푸른 눈 붉은 텁석부리 거한(巨漢)이 올라
서더니 덩치에 어울리지 않게 향수에 젖어 애달픈 목소리로 서역
민요를 불렀다. 노래가 끝나자 서시 장사꾼들이 환호성을 지르며
박수를 치니, 이에 질세라 동시 패거리는 야유를 퍼부었다.

이번엔 북쪽 연단에서 징소리가 울리며 괴상한 차림의 돼지코
뚱보가 올라와서 익살맞은 몸짓을 하며 외설스러운 노래를 불렀
다. 휘파람, 야유하는 소리, 우렁찬 박수가 동시에 터졌다.

뒤이어 남쪽 무대에 쿠차악대 연주에 맞추어 날씬하고 예쁜 서
역 아가씨가 올라와서 멀리 떠난 임을 그리워하는 노래를 부르기
시작했다. 풍성한 음색의 청아한 목소리가 높이 울려 퍼지며 나뭇
가지를 흔들었다. 하소연하듯 흐느끼던 목소리가 아련히 잦아들
자, 청중들은 한참 동안 숨소리를 죽이다가 우렁찬 환성을 터뜨렸
다. 갈수록 분위기가 무르익고 북소리와 고함소리도 높아갔다.

"오늘 장안의 밤경치를 마음껏 즐겨보세."
양만춘 일행은 성안에서 가장 높은 낙유원(樂遊園) 언덕에 올라
가 장안의 불야성을 내려다보며 술잔을 기울이기로 하였다. 대흥
선사 북쪽 담을 따라 호젓한 영락방(永樂坊)으로 접어들자 길가에

사람들이 모였는데, 불량배가 어린 소녀를 희롱했다. 노래경연 때 앞자리에서 서역 아가씨가 부르는 사랑의 노래를 듣고 눈물을 글썽이던 아가씨였다. 올롱하게 치뜬 검은 눈과 우아하고 가냘픈 몸매가 고향의 미르녀와 몹시 닮아 유심히 보았기에 궁금했다.

멀끔한 허우대에 늑대처럼 냉혹한 눈빛을 가진 불량배 두목은 우문(宇文) 가문의 큰아들 화급(化及)인데, 아비는 양제 그늘에서 권세를 휘두르는 우문술 장군이고, 동생 사급은 양제 딸 남양공주 부마(駙馬)이므로 천하에 두려울 게 없는 자였다. 이 망나니는 장안의 예쁜 처녀에게 못된 짓을 일삼는 파락호(破落戶)였지만 아비의 권세가 두려워 아무도 말리지 못했다.

"그렇잖아도 카툰 상단에 쫓기고 있는데, 그까짓 타브가치 계집 애 때문에 말썽을 일으키면 몸 둘 곳도 없어집니다."

양만춘은 나친의 충고가 옳다고 여겼지만 애처로운 비명이 그런 생각을 지워버렸다. 그는 세 사람에게 귓속말로 속삭였다.

"그렇다 해도 위험에 빠진 소녀를 그냥 두고 갈 수 없지 않은가? 조금 전에 산 가면을 쓰게. 나친과 달가, 구루는 말을 탄 놈과 그 옆 녀석을 맡게. 나는 아가씨를 붙잡은 두 놈을 처치하겠네."

울부짖는 소녀를 질질 끌고 가는 꺽다리와 땅딸보는 파락호지만 체격과 자세 그리고 풍기는 분위기로 보아 제법 무예를 익힌 자였고 허리에 검을 차고 있었다. 싸움에선 과감한 결단이 뛰어난 실력보다 더욱 효과적인 법. 숨 쉴 틈 없이 공격을 퍼부어 재빨리 제압하지 않으면 귀찮게 될 것 같았다. 양만춘은 둘 중 왼쪽 꺽다리가 만만하다고 판단하고 다가가서 등을 토닥거렸다.

"노형, 그 아가씨가 불쌍하지 않소?"

꺽다리가 뒤를 돌아보며 허리를 펴는 순간 힘껏 아랫배에 주먹을 꽂았다. 키가 크면 하체가 약하다더니 꺽다리가 한 주먹에 무너지자 오른발로 턱을 걸어차 잠재우고, 땅딸보를 향해 돌아섰다. 꺽다리가 순식간에 뻗어버리자 땅딸보는 겁을 먹고 멈칫하다가, 소녀를 잡았던 손을 놓고 몸을 낮추며 칼을 뽑아 들었다.

양만춘은 양손을 활짝 펴서 위 아래로 활갯짓을 하면서 미끄러지듯 다가가 거리를 좁히고, 가볍게 뛰어올라 번개같이 땅딸보 얼굴을 걸어찼다. 싸움판에서 잔뼈가 굵은 땅딸보는 두꺼비같이 둔해 보이는 몸집과 달리 믿을 수 없을 만큼 유연하게 허리를 뒤로 젖혀 발 공격을 흘려보내고, 성난 이리처럼 칼을 휘두르며 필살(必殺)의 반격을 가했다. 땅딸보 칼끝에는 얕잡아 볼 수 없는 예리함이 숨어 있었다.

양만춘은 재빨리 뒤로 물러나 역습을 피한 다음 땅딸보 주위를 나비가 춤추듯 원을 그리며 빙빙 돌면서 빈틈을 노렸다. 양 날개를 활짝 펴듯 두 손을 아래위로 끊임없이 활갯짓하며, 버들가지가 바람에 휘청이듯 허리를 건들거리는 모습은 신나게 춤추는 것 같았다. 독을 품은 땅딸보가 그의 허점을 발견하자 멧돼지같이 돌진해 높이 치켜 든 칼을 내려치고서, 뒤돌아서며 밑으로부터 비스듬히 몸통을 베어왔다. 그러나 양만춘의 움직임이 한 박자 빨랐다. "이크" 하는 기합소리와 함께 하늘로 솟구쳐 올라 왼발로 땅딸보

머리를 차는 시늉을 하더니, 몸을 수평으로 띄워 반 바퀴 회전하며 오른발로 도리깨질하듯 뒤통수를 걸어차고 사뿐히 땅바닥에 내려섰다.

구경꾼은 곡선으로 이루어진 부드러운 동작이 너무나 아름다워 한 마당 춤사위를 보는 듯 감탄하다가, 피를 흘리며 땅바닥에 나가떨어진 땅딸보를 보고서 어안이 벙벙했다.

뒤돌아 나친을 보니 우문화급을 말에서 끌어내려 땅바닥에 패대기쳐서 무지막지한 주먹으로 혼을 내고 있었고, 달가와 구루도 한 놈씩 맡아 잘 싸웠다. 화급이란 놈 곁에서 비위를 맞추던 염소수염 늙은이는 달아나려다 구경꾼에게 잡혀 뭇매질을 당해 뻗어있었다.

"어떤 놈들이냐. 너희들은 내가 누군 줄 모르느냐?"

우문화급이 엉금엉금 기어 일어나면서 허세를 부렸다.

"보다시피 매와 곰 나으리시다. 네놈은 불한당 망나니고."

양만춘이 화급의 턱을 걸어차자 정신을 잃고 쓰러졌다.

싸움이 끝나고 열기가 식으니 구경꾼은 뒤탈이 두려워 하나둘 흩어졌다. 양만춘은 넋을 잃고 멍하니 서 있는 소녀를 우문화급의 말에 태우고 급히 낙유원 언덕으로 피했다. 언덕에서 영락방 쪽을 내려다보니 말을 타고 횃불을 든 금오위(金吾衛, 치안담당 관청) 군사들이 모여들고 있었다.

"우리 일이 벌써 알려진 모양이군. 나는 아가씨를 집에 데려다줄 테니, 말을 곡강지에 버리고 숙소로 돌아가게."

집에 바래다주자, 아가씨는 잠깐이라도 집에 들어가자고 애원했다. 딸의 찢겨진 옷과 멍든 얼굴을 보고 놀란 노부인이 전후 사정을 듣더니 큰절을 하면서 옷소매를 붙잡았다.

"은인을 그냥 돌려보낼 수 없습니다. 누추하지만 들어오셨다가 제발 아들을 만나보고 가십시오."

인자한 얼굴의 노부인은 딸을 재촉해 정갈한 주안상과 술을 내오면서 연신 부처님을 불렀다.

한 시간쯤 후 집에 온 젊은이는 큰절을 하면서 공손하게 몸을 낮추었으나, 칼날같이 뻗은 검은 눈썹이며 형형하게 불타는 눈동자, 우뚝하게 뻗은 콧마루가 예사롭지 않은 기백을 드러냈다.

"오래 기다리게 해서 죄송합니다. 저는 진무(陳武)라고 합니다. 은인이 아니었다면 여동생은 목숨을 끊었을 테고 저도 그 망나니 놈을 죽여 버렸을 테니 살아남지 못했을 겁니다."

부하들이 염려되어 간곡히 붙잡는 걸 뿌리치고 일어서자 진무가 비단 보자기로 싼 상자를 공손히 내밀었다.

"큰 은혜를 어찌 갚겠습니까? 약소하나 황금 백 냥입니다."

"보답을 바라고 한 일이 아니니 감사하는 마음만 받겠습니다."

양만춘의 거절이 인사치레가 아니라 진심임을 알고서 진무는 부끄러워하며 간곡히 부탁했다.

"영웅을 몰라본 저의 어리석음을 용서하십시오. 다만 은인에게 술 한잔 대접하려는 마음만은 거절하지 마시고, 내일 동시의 견행(絹行)에 오시어 진무를 찾아주십시오."

기녀 야래

장안에서 이름난 홍등가(紅燈街)는 평강방(平康坊)이었다. 당시 기녀는 두 종류로 나뉘었다. 창기(娼妓)란 몸을 파는 기생이었고, 예기(藝妓)는 예술적 재주로 손님을 흥겹게 했다. 시를 읊고 악기를 연주하며 노래와 춤으로 손님을 즐겁게 해야 하는 예기는 얼굴도 고와야 하지만, 품위와 매력을 두루 갖추었다. 이런 예기가 있는 호화로운 기루를 청루(靑樓)라 했다.

평강방에는 삼곡(三曲)이 있는데 방(坊)을 둘러싼 담장을 따라 늘어선 일곡에는 창기가 모인 곳이고, 중간의 중곡은 그런대로 점잖은 편이지만, 십자로 길가 남곡(南曲)에 가장 품격이 높은 청루가 있었다. 명가곡(鳴珂曲)이란 아담한 골목길로 들어서서 붉은색 담장을 따라가니, 붉은 기둥 솟을 대문 안에 운치 있는 기와집이 보였다.

"이 집은 진(陳)나라 향기가 물씬 풍기는 고급 청루인데, 기녀들도 옛 진나라 강남(江南)에서 온 아가씨지요. 화류계(花柳界)에선 억센 북쪽 여자보다 나긋나긋한 강남 여인이 인기가 높지요."

문을 들어서니 하얀 자갈을 깐 오솔길 양쪽에 가지각색 꽃나무가 운치 있게 늘어섰고, 아담한 연못가에는 기이한 모양의 태호석(太湖石)과 푸른 대나무가 그윽한 남국의 풍치를 드러내었다. 연못에 놓인 무지개다리를 건너자 늙은 홰나무가 가지를 드리운 물가에 진향루(陳香樓)라는 편액이 걸린 전각(殿閣)이 나타났다. 구름같이 틀어 올린 머리에 봉황 잠(비녀)을 꽂은 요염한 중년여인이 마중 나왔다.

"도지(都知, 기녀를 통솔하는 나이든 기녀) 금향이라 하옵니다. 진 공자님, 오늘 날쌘 수범처럼 멋진 도련님을 모시고 오셨군요."

도지가 함박웃음을 머금고 흥에 겨워 빙글빙글 듬직한 엉덩이를 흔들며 앞장섰다. 방안에 홍목(紅木) 가구와 검은 감나무장이 놓였고, 벽엔 여산폭포를 그린 산수화와 용이 나는 듯 생동하는 왕휘지 초서(草書) 족자 한 폭이 걸려 있었다. 푸른 녹이 슬어 고색창연한 세 발 청동향로에 향나무 조각을 태워 은은한 향기가 피어올라, 화류계 별실(別室)이라기보다 품위 있는 선비의 서재 같은 분위기를 풍겼다.

비단옷 스치는 소리에 이어 얇은 주렴이 걷히더니 진홍빛 비단옷에 꽃신을 신은 자그마한 여인이 버들가지 허리를 하늘거리며 들어왔다. 유난히 검은 눈이 인상적이었다. 여인은 양만춘과 눈길이 마주치자 긴 속눈썹을 파르르 떨며 눈동자가 동그랗게 커졌다.

"야래(夜來)라 하옵니다."

다소곳이 고개를 숙이며 은방울 굴리는 목소리로 인사했다.

"의로 맺은 누이동생이지요. 아름답기도 하지만 장안에서 제일 콧대가 높은 여인일 겁니다."

"아이, 진 공자님은 짓궂기도 하셔라. 야래는 우리 집 으뜸 미녀이고 노래 솜씨도 남곡에서 가장 뛰어나답니다."

도지는 야래를 추켜세우더니, 풍만한 몸을 비비 꼬며 이따금 입을 혜벌쭉거리다가 게슴츠레한 눈으로 양만춘을 훔쳐보면서 은근

슬쩍 야릇한 눈웃음을 흘려보냈다.

야래가 수줍어하며 머리를 숙이고 미소를 짓자 귀여운 보조개가 살짝 보였다. 밝은 느낌의 상큼한 여인이어서 마음이 포근해졌다. 그녀가 백자 찻잔에 용정차를 따라 놓고 옆에 다소곳이 앉으니, 머리카락에 꽂은 자귀나무 흰 꽃가지가 한들거리고 매미날개 같은 비단 옷자락에서 난초 향내가 그윽이 피어올랐다. 찻잔을 든 양만춘의 손이 떨리는 걸 본 진무가 호탕하게 웃으며 놀렸다.

"무슨 일에도 흔들리지 않던 영웅께서도 미인에게는 약하구먼. 벌은 꽃의 무엇에 이끌릴까. 그 색깔인가, 향내일까?"

"오라버니, 자꾸 놀리시면 소녀는 그만 나갈래요."

복사꽃같이 빨갛게 물든 얼굴로 야래가 짐짓 화난 척 토라지자, 진무는 쩔쩔매는 시늉을 하며 달랬다.

차를 마시고 나자 조촐하지만 정갈스러운 주안상이 들어왔다.

"술상도 들어왔으니 주령(酒令, 술놀이)을 시작하지."

진무가 말하자 도지가 일어나 호두나무 선반에서 옥으로 만든 주호자(酒胡子)를 꺼내왔다. 주호자란 주령을 할 때 술을 마실 사람을 정하는 도구로 오뚝이처럼 생긴 작은 인형인데, 엉덩이 부분이 뾰족해서 아무리 바로 세우려 해도 금방 넘어지게 만들었다. 주호자를 상 위에 세웠다가 쓰러지는 방향에 앉은 사람은 술을 마셔야 했다.

도지가 주호자를 세우자 양만춘 쪽으로 쓰러졌다.

"아휴, 미남 도련님께서 첫 잔을 드셔야겠군요."

호들갑스런 도지의 감탄에 야래가 백자 항아리를 들어 노란빛 아황주(鵝黃酒)를 옥 술잔에 따르고 간드러지게 권주가를 불렀다. 도지가 일부러 그러는지 주호자는 반쯤 양만춘을 향해 쓰러졌다.

　"공자님, 올해 장안 한량들 화젯거리는 무엇인가요?"

　도지가 묻자 진무가 칼날같이 뻗은 눈썹을 꿈틀거렸다.

　"손바닥만 한 섬나라 왜왕(倭王)이 조공을 바치며 국서를 올렸는데, 그 첫머리에 '해 뜨는 곳 천자(日出處天子, 왜왕)가 해지는 곳 천자(日沒處天子, 수양제)께 글을 보냅니다. 별 탈 없이 잘 지내시오'라고 해서 양제가 크게 노했다더군(607년). 양제가 도대체 '왜'란 어디 있는 나라냐고 묻자, 근신(近臣)이 고구려 남동쪽 만 리 밖에 있는 미개한 섬나라라고 하자 어이없어 했다는 이야기가 흘러나와 지금 장안의 화제가 되고 있지."

　"기녀 사이에는 대보름날 우문 공자가 봉변당한 이야기랍니다. 힘없는 아녀자를 괴롭히다가 고소하게 됐다며, 그 망나니를 혼낸 영웅이 누군지 다들 궁금해 하지요."

　야래가 눈이 부신 듯 가늘어진 눈으로 양만춘을 올려다보며 정겹게 속삭였다.

　거나하게 술이 올라 스스럼없이 농담을 주고받을 만큼 분위기가 무르익자 진무가 여인들에게 눈짓했다.

　"우리끼리 이야기할 게 좀 있으니 자리를 피해주겠나."

　"은인께서 우문화급 패거리를 통쾌하게 박살냈다고 하더군요. 제비같이 날랜 사나이가 꺽다리와 땅딸보를 순식간에 쓸어버리고,

곰 같은 거인이 솥뚜껑 같은 주먹으로 우문화급을 때려눕힌 무용담이 지금 장안에 쫙 퍼졌어요. 그날 은인들께서 모두 가면을 쓰고 있었기 때문에 금오위에서 범인 찾기에 무척 애를 먹는 모양입니다. 다만 거인의 덩치가 인상에 남았던지 지금 금오위에서 동시에 얼쩡거리는 덩치 큰 자를 모조리 잡아들이지요. 벌써 돌궐 씨름꾼과 산서 출신 소금장수가 끌려가 혼이 나고 있답니다."

"진 공자님은 어찌 그리 금오위 소식에 밝으시오?"

진무는 양만춘의 물음에 대답하지 않은 채 뚫어지게 쳐다봤다.

"은인께서는 불량배 두목이 우문화급이란 걸 아셨습니까?"

"알았지요. 다만 이렇게 파문이 커지리라고 예상 못 했습니다. 그러나 미리 알았더라도 그놈 하는 짓을 막았을 겁니다. 두려우면 아예 손대지 말고, 했다면 끝까지 부딪쳐 매듭을 지어야지요."

양만춘의 말을 들은 진무가 그의 두 손을 덥석 잡았다.

"은인, 의형제가 되어주지 않겠습니까? 내가 이처럼 의형제 맺기를 원하기는 처음입니다."

양만춘은 간절한 얼굴로 쳐다보는 진무를 보고 마음이 통해 승낙하자, 진무가 호탕하게 웃으며 얼싸안았다.

"아우님, 나는 망한 진(陳)나라 후손이고 지금 장안 동시(東市)의 청방(靑幇)● 두목이야. 10여 년 전 내 나이 열 살 때 나라는 망하고, 서울을 지키던 아버지께서 '내호아'란 놈의 배반으로 패전하고

● 방(幇)이란 권력에 반항해 조직된 비밀결사단체로 주로 가난한 농민, 거지나 범죄자 같은 떠돌이 유민(流民)으로 구성된다. 도시에서는 암흑가를 지배하고, 난세(亂世)에는 유민 반란의 중심세력이 되기도 했음.

돌아가셨지. 망국(亡國)의 귀족 중에는 수나라 변방에 끌려간 사람도 많으나 우리 가족은 다행인지 불행인지 장안으로 왔네.● 철이 들면서 망국민에 대한 멸시에 반항하여 건달이 되었고 싸움으로 날을 보냈지. 그 당시 내 생활은 우문화급이란 놈을 욕할 수 없을 만큼 망나니였다네. 아버지를 존경하던 옛 부하의 도움으로 청방에 들어가서 이제 동시를 책임지는 두목이 되었으니, 지금도 양지(陽地)의 삶은 아니라네.

장안에 치안을 담당하는 좌·우 금오위가 있고, 동시에만 위사(衛士)가 50명이 넘지만, 수많은 상점에다 불량배는 많고 담당 지역도 넓어 법령을 시행하기 어렵네. 관리는 뇌물을 주지 않으면 생색나지 않는 일에 움직이지 않으니 우리 청방이야말로 상인 보호단체라고도 할 수 있겠지. 좀 전에 금오위 소식에 밝다고 했던가. 본래 관리와 왈패는 적이면서도 서로 의지하는 관계라네. 시끄러운 시장거리에서 우리 도움 없이 관리가 어찌 질서를 유지하며, 청방도 관리의 묵인과 협조 없이 동시같이 이권(利權)이 많은 곳을 제대로 지배하겠나?"

진무가 솔직하게 털어놓자 양만춘도 마음을 열었다.

"형님께서 어려운 세월을 살아오셨군요. 저도 얼마 전까지 돌궐 가한정(可汗庭, 칸발리크)에 머물렀지만 사실 고구려 사람입니다. 사신을 따라 돌궐에 갔다가 인연이 닿아 장안까지 왔지요."

● 《자치통감》에 589년(문제 개황 9년) 3월 진이 망하자 수많은 왕공, 백관(百官), 사인(士人)을 끌고 와서 장안에 거주하게 하였다고 기록함.

"핫핫하! 망한 나라 출신 뒷골목 두목과 고구려(高麗, 362쪽 참조) 무사라니 의형제로서 궁합이 맞는구먼. 나는 10여 년간 시장 바닥에서 눈칫밥을 먹고 굴러왔기에 냄새 하나는 기막히게 잘 맡지. '검은 전갈' 땅딸보 맹차란 놈은 장안에서도 알아주는 싸움꾼인데, 자네가 맨손으로 순식간에 박살냈다는 게 믿기지 않더군. 그런데 땅딸보를 해치운 솜씨가 언젠가 청방 늙은 장로에게 들었던 고구려 태껸이란 무술과 흡사하다는 생각이 들었거든. 자네의 숨김없는 말을 들으니 그동안 의심스럽던 마음이 다 풀어지는구먼."

"형님은 내가 고구려 사람이란 걸 알고도 걱정되지 않습니까?"

"무슨 소리. 수나라는 내 원수라네. 적의 적은 친구라지 않던가. 사귈수록 자네 인품이 마음에 들어 위험을 같이 나눌 만한 사나이란 믿음이 굳어진다네. 다만 한 가지 걱정거리가 있지. 우문술이란 놈이 아우님 목에다 현상금으로 황금 천 냥을 걸어 금오위 첩자와 장안의 사람사냥꾼이 눈에 불을 켜고 뒤쫓는다더군."

진무가 설렁줄을 당기자 맑은 요령소리와 함께 도지가 다시 나타났다.

"오늘은 정말 기쁜 날이야. 내가 양 공자와 의형제를 맺어 형님이 되었거든. 밤을 새워 코가 비뚤어지게 마시려 하네."

큰 상 위에 온갖 산해진미(山海珍味)와 술이 놓여 있었다.

"아우님, 천천히 밤새도록 즐기세."

진무는 고향의 맛이 그립다며 술지게미에 절인 민물게에 먼저 젓가락이 갔고, 양만춘도 노루고기와 송이버섯 산적을 집어 고국의 맛을 즐겼다. 술판이 무르익자 야래가 노래로 흥을 돋웠다.

야래는 노래에 취해 황홀한 표정을 짓는 양만춘에게 한쪽 눈을 살짝 감았다 뜨더니 정이 담뿍 담긴 눈을 들어 쳐다보았다.

"나친은 청방 함양지부(咸陽支部)로 보낼 테니 아우는 여기 머물게. 우문술은 뱀같이 끈질기니 아들을 해친 범인을 끝까지 뒤쫓을 거야. 등잔 밑이 어둡다고 여기가 안전할 걸세. 남곡엔 높은 관리나 부유한 상인 아니면 출입이 어렵고 내 영향력도 미치거든."

진무는 빙그레 미소를 짓다가 고개를 갸웃거렸다.

"그나저나 아우는 여자를 밝히는 것 같지 않은데 미인이 따르는군. 도지는 산전수전(山戰水戰) 다 겪은 활달한 여걸인 데다 자네처럼 범같이 억센 숫보기만 보면 오금을 못 쓰기에 현상금 걸린 사내라고 겁먹지 말고 묘객(妙客)으로 삼으라고 권하려는데, 뜻밖에 야래가 맡겠다고 나섰다네. 정말 여자 마음은 알다가도 모르겠단 말이야. 여태껏 누구에도 마음을 준 적이 없었는데 …."

"형님, 묘객이 무엇인데요?"

"기루(妓樓) 어디서나 볼 수 있는 한량이 있지 않은가. 기녀에게 얹혀사는 기둥서방 말일세. 일곡이나 중곡 묘객은 쓰레기가 많지만 남곡에서 묘객이 되려면 부잣집 아들이거나 뛰어난 문인(文人)이라야 하네. 그러니 아무도 자네를 쫓기는 사람이라 생각지 않을 걸세."

야래의 집은 집안일 거드는 할멈만 있는 아담한 여염집이었다.

집안 창가에는 춘란을 비롯해 이름 모를 수십 포기 난 화분이 놓였고, 고고한 자태를 뽐내는 한란(寒蘭)이 한창 꽃을 피워 맑은 향이 은은히 흘렀다.

"무척 난을 사랑하는군요. 무엇이 그렇게 마음을 끄는 거요?"

"꽃과 향기도 마음에 들지만 칼날같이 뻗어나간 잎이 좋아요."

양만춘은 나긋나긋하고 가냘프게 보이는 야래의 어딘가에 꺾이지 않는 강한 혼이 감추어져 있는 듯한 느낌을 받았다.

"처음 도련님 이야기를 듣고 요즘 세상에도 연약한 여인을 지켜주려고 위험을 무릅쓰는 의기남아(義氣男兒)가 있나 싶어 감동했지요. 막상 만나 보니 제 또래로 잘 생기고 사내다운 분이라 얼마나 가슴이 울렁거리던지. 도지 언니에게 빼앗기는 게 샘이 나서 눈총을 받으면서도 부끄럼을 무릅쓰고 묘객으로 모시겠다며 냉큼 가로채 버렸어요. 그러나 오라버니 부탁으로 보호하는 것일 뿐 진짜 묘객은 아니니 엉뚱한 마음 먹으면 싫어요."

그녀는 예쁘게 흘기며 살짝 올라간 들창코를 치켜세웠다.

야래는 명랑하고 정 깊은 아가씨였다. 아침마다 그윽한 눈길로 다가와 새색시가 신랑에게 하듯 스스럼없이 얼굴을 매만지면서, 하얀 백삼을 손수 입혀주고 옷매무새를 가다듬어 주었다.

그녀는 양만춘의 말씨가 촌스러운 북동 지방 사투리라고 흉내 내며 퉁을 놓으면서 발음을 고쳐주고는 무엇이 그리 재미있는지 까르르 웃었다. 그의 재빠른 몸놀림을 보더니 의젓하지 않다고 옹알거리면서 장안 귀공자의 느릿느릿 거드름 피우는 동작을 흉내

내는 모습은 누이동생이 재롱부리는 듯해 깨물어 주고 싶도록 귀여웠다.

야래는 호기심도 무척 많았다. 그에게 슬며시 기대며 물었다.

"장안에 와서 무엇이 가장 눈에 띄던가요?"

"이곳 사람들은 뱀을 숭배하나 봐. 가는 데마다 징그러운 구렁이투성이더군."

야래는 짐짓 도끼눈을 뜨고 쫑알거렸다.

"무식하기는. 구렁이가 아니라 용(龍)이에요, 용."

"뿔이 돋고 발톱이 나 있을 뿐, 구렁이와 무엇이 달라? 우리나라 사람은 새를 무척 사랑하지. 신성한 땅 솟대 기둥에는 어김없이 새가 앉아 있거든. 중국 사람은 용꿈을 좋아하더군. 우리 젊은이는 평생에 한 번이라도 '황금삼족오'(黃金三足烏)를 보길 원하지."

"피이, 황금빛 까마귀가 어디 있어. 게다가 발이 셋이라니."

"황금삼족오는 해님 속에 사는데 인간에게 하늘의 뜻을 전하는 신령스러운 새라는 전설이 있어."

야래는 당돌하고 짓궂기도 했다. 어느 날 토끼같이 놀란 눈으로 뛰어 들어왔다.

"고구려 사람은 진실하고 예의가 바르다던데, 부모님 장례를 치르는 날 북 치고 노래한다면서요. 정말은 아니겠지요?"

"아암, 정말이고말고. 우리도 가까운 사람이 죽으면 헤어지는 게 섭섭해 눈물을 흘리지. 그러나 우리는 하늘나라 백성(天孫)이야. 장례식이란 이 땅에 나그네로 와서 무거운 짐을 지고 수고하며 살다가 고향으로 돌아가는 기쁜 날이고, 새로운 삶을 맞이하는

홍겨운 날이거늘 어찌 노래하고 춤추지 않을 수 있겠어. • 다만 나
쁜 짓을 많이 해 하늘나라로 돌아갈 수 없는 사람이 죽으면 다르
지. 가족이나 친구들은 장례식 날 가슴 아파하고 슬퍼하지."

서쪽으로 부는 바람

2월이 되어 경칩(驚蟄)이 지나자 복사꽃 피어나고 오얏꽃이 만
발하면서, 향기로운 꽃향기가 거리에 가득하고 멀리 남쪽으로 보
이는 종남산에도 봄빛이 짙어가는 상쾌한 아침이었다.

고려방(高麗坊, 고구려인이 모여 사는 마을, 364쪽 참조)은 장안에 왔
을 때부터 가 보고 싶었으나, 그동안 마음의 여유가 없어 찾지 못
했는데 이제야 허름한 막일꾼 차림으로 길을 나섰다.

춘명문(春明門, 동문)을 나와 야트막한 언덕길을 넘으니 눈 아래
운하를 따라 옹기종기 모여 있는 마을과 돛단배들이 내려다보였
다. 용수거(龍首渠)는 춘명문 동쪽을 흐르는 패수(灞水) 물길을 따
라 남북으로 길게 뚫은 운하로 이 운하와 위수 큰 물줄기가 만나는
어귀에 자리 잡은 고려방은 번화한 저잣거리였다.

부둣가에는 황하와 대운하를 거쳐 온 강남(양자강 하류)의 쌀과
남해(南海)의 진귀한 물건을 가득 실은 배들이 정박해 있었다. 짐
을 실어 나르는 마차와 수레의 왕래가 끊이지 않았고, 뱃사람이

• 고구려에는 장례식 날 풍악을 울리고 노래하는 풍속이 있었음

지르는 거친 고함과 짐을 부리는 인부들 소리로 시끌벅적했다.

양제가 황제가 된 후 고려방에 거센 바람이 불지 않았을까 염려했는데 놀랍게도 여기저기 들리는 소리가 고구려 말이었다. 오랜만에 우리말을 들으니 고향에 온 듯 푸근한 마음이 들었다.

양만춘은 부둣가 목로주점에 들러 국밥을 시켰다. 옆자리에 상인 몇 사람이 서로 술을 권하면서 요동 사투리로 이야기를 나누고 있었다. 반가운 마음에 인사를 나누고 동포들이 어떻게 사는지 물었다.

고려방은 2백 년 전 북위(北魏) 시절 우리나라 사람이 세운 마을로 중국인도 살았으나, 터줏대감인 고구려 사람이 반이 넘어 중국말을 몰라도 사는 데 불편함이 없고, 우리 동포는 워낙 부지런해 세상이 변해도 잘사는데 대표적인 사람이 어홍이라 했다.

양만춘은 바다 건너 낯선 땅에서 온갖 어려움을 이겨내고 성공한 해외동포가 자랑스러워 눈을 빛내며 귀를 기울이자, 늙은 상인이 앞자리로 건너와 어홍의 성공담을 들려주었다.

"어홍은 30년 전 빈손으로 와서 배에서 짐을 부리는 일꾼 노릇을 했지. 젊은 어홍은 악착같이 돈을 모아 10여 년 전 작은 염료상점을 차렸네. 염료상은 중국인 텃세가 유난히 심한 업종(業種)이야. 그런데 연구를 거듭한 끝에 여러 번 세탁해도 색깔이 잘 빠지지 않는 붉은 물감을 잇꽃에서 뽑아내는 비법을 발견한 데다, 정직하고 성실해 신용을 얻었네. 이제 황실에도 물감을 공급하는 큰 상인으로 고려방은 물론 장안 동시에서도 손꼽히는 부자일세."

입에 침을 튀기며 어홍의 자수성가에 열을 올리다가 그의 초라한 옷차림을 살펴보더니 목소리를 낮추며 넌지시 권했다.

"어홍은 흔히 보는 졸부(猝富)가 아닐세. 마음만 내키면 화끈하게 밀어주지. 젊은이도 찾아가 운(運)을 시험해 보게."

선술집에 들어올 때부터 양만춘을 유심히 살펴보는 눈이 있었다. 뺨에 칼자국이 난 염소수염 사내가 술집 여주인과 시시덕거리면서도, 날카로운 눈길로 노려보다가 슬그머니 빠져나갔다.

어홍 상점을 찾는 건 그리 어렵지 않았다. 온갖 물감을 선반에 가득 진열한 큰길가 넓은 가게에 학처럼 바짝 마르고 품위 있게 생긴 노인이 반갑게 맞아주었다. 어홍은 그의 누추한 차림새는 아랑곳하지 않고 미소를 띠며 차를 내놓았다.

"무슨 일로 오셨습니까? 젊은 손님."

양만춘은 늙은 상인의 이야기가 생각나서 짐짓 능청을 떨었다.

"세상이 공평하지 않군요. 악한 인간은 떵떵거리며 잘사는데, 저는 하는 일마다 실패하고 내세울 것 없는 못난 사냅니다. 어르신 가르침을 들으면 살아가는 데 보탬이 될까 싶어 들렀습니다."

"아무렴, 불공평하고말고. 좋은 환경에서 태어난 행운아도 있지만 그렇지 못한 사람이 훨씬 많지. 그렇다고 원망만 하고 살 텐가. 누구나 꿈을 꾸지만 꿈을 이루려면 끊임없이 갈고 닦으며 담금질해야지. 젊은이가 어려움을 겪는 것도 하늘의 깊은 뜻이 있을게야. 나도 가난한 소작농 자식이 아니었다면 이 낯선 땅까지 흘러오지 않았겠지. 새로운 물감을 만들려다 여러 차례 실패했을 때

삶의 짐이 너무 무거워 태어난 걸 원망하고 목숨을 끊으려 한 적도 있었다네. 고난을 겪을 때는 무척 힘겨웠지만, 지나고 보니 그때 어려움이 나를 성공하게 만든 밑거름이었지. 사람들은 부자를 부러워하지만, 하늘은 주어진 상황에서 힘껏 노력하는 인간을 더 사랑하시네.”

“그러면 착한 사람이 겪는 시련이 가혹한 운명이 아니라 하늘이 내리는 사랑의 채찍질이라고 말씀하시는 겁니까?”

양만춘이 생각에 잠기자 어홍이 은근히 권했다.

“젊은이, 갈 곳이 마땅찮으면 내 밑에서 일하게. 스스로 노력하는 사람에겐 도움의 손길이 뻗어오거든. 성심껏 일하다 보면 감춰진 재능도 빛날 날이 오겠지.”

갑자기 바깥이 소란스러워지더니 염소수염이 우락부락한 불량배를 이끌고 가게 안으로 들어와 양만춘을 가리키며 소리쳤다.

“바로 저놈이다. 묶어라!”

“거칠노, 이분은 내 손님이야. 무슨 일로 행패를 부리나?”

어홍이 일어나 점잖게 나무랐다.

“저놈은 대홍상회에서 돈을 훔쳐 달아난 도적입니다.”

“무슨 오해가 있군요. 나는 오늘 처음 이곳에 왔습니다.”

“가 보면 알 일 아닌가? 뭣들 해. 어서 묶지 않고.”

양만춘은 왈패 네댓 명쯤 두려울 게 없었지만, 여기서 소란을 일으키기보다 오해를 푸는 게 좋겠다 싶어 반항을 멈추었다. 염소수염을 따라 나오던 어홍이 소리쳤다.

"거칠노, 그쪽은 대흥상회로 가는 길이 아니지 않은가?"

"어르신, 이놈은 돌궐 상단에 큰 손해를 입힌 사기꾼이고, 지난 정월 대보름날 우문 공자를 다치게 한 현상금 붙은 악당입니다."

염소수염은 어홍을 비웃기라도 하듯 빙글빙글 웃었다. 어홍은 큰 충격을 받은 듯 성난 얼굴로 엄숙하게 말했다.

"그런 고얀 놈이면 목을 베어야지. 우선 고려방 감옥에 처넣게."

양만춘은 함정에 빠졌음을 깨달았다. 그러나 어이하랴, 후회란 항상 늦게 오는 것을.

해질 무렵 타르쿠시가 애꾸를 데리고 감옥으로 들어왔다.

"어리석은 놈. 우리 그물을 벗어날 줄 알았더냐? 네놈 낯짝을 짓뭉개고 싶어 근질근질했는데 드디어 내 손에 들어왔구나."

타르쿠시가 양만춘을 발로 걷어차며 고양이가 쥐를 가지고 놀 듯 어르다가 입술을 핥더니 채찍을 꺼내 휘둘렀다. 채찍에 박힌 쇳조각이 옷을 찢어발기고 등에 깊숙이 파고들었다.

"두목, 이놈이 채찍질에는 제법 잘 견디는군요. 그러나 눈알을 뽑아도 살려달라고 울부짖지 않는지 보고 싶군요."

애꾸 토르쿠트가 씨익 웃더니 송곳을 뽑아 들고 피투성이가 된 양만춘에게 다가왔다.

"어허! 함부로 사형(私刑)을 하려 하다니."

붉은 얼굴에 흰 수염을 길게 늘어뜨린 노인이 감옥으로 들어서다 호통쳤다. 고려방은 자치구였다. 장안의 서시(西市)는 호인(胡人, 소그드인)의 자치구여서 소그드인 대표를 살보(薩保, 정5품 관

168

직)로 삼아 이들을 통제하듯, 고려방에는 '고을 어른'이 있었다. 타르쿠시가 금오위에서 발행한 명패(名牌)를 내보이며 양만춘을 넘겨달라고 요구했으나 노인은 한마디로 거절했다.

"개황율령(開皇律令, 수문제 형법전)에 따르면 죄인은 금오위의 정식 문서에 따라 인도하고 사형(私刑)은 금지되어 있소. 그대가 이에 따르지 않는다면 체포하겠소."

타르쿠시는 고을 어른을 노려보다 양만춘을 돌아보고 이죽거렸다.

"두고 보자. 내일 이 어르신께서 네놈 낯짝을 짓이겨 줄 테니."

꽁꽁 묶이고 족쇄까지 채워져 감방 구석에 내팽개쳐졌기에 쇠사슬을 풀려 애써 보았으나 어림없었고, 죽음의 그림자와 차가운 냉기가 스며들어 잠을 이룰 수 없었다. 누구에게도 알리지 않고 고려방에 왔으니 어디서 구원의 손길이 오랴. 감방 창문으로 그믐달을 쳐다보며 절망의 구렁텅이에 빠져들었다. 이리저리 뒤척이다가 문득 어린 시절 조의선인 훈련생 때 겪은 신고식(申告式)이 머리에 떠올랐다.

칠흑같이 어두운 밤 부슬부슬 내리는 찬비를 맞으며 10리 길 숲속을 헤치고 가는 것도 무서웠지만, 공동묘지로 들어서자 여기저기 도깨비불이 날아 온몸이 오싹했다. 간신히 찾은 오두막 문을 열고 관(棺) 앞에 놓인 촛대를 거머쥐는 순간, 얼음같이 찬 손이 어깨에 닿으며 음산한 웃음소리가 흘러나왔다. 머리칼을 풀어헤치고 히죽히죽 웃는 피투성이 여자 얼굴을 보고 그만 까무러쳐 버렸다.

마침 숙소에 들렀던 무념 선사가 어린 소년에게 지나친 장난을 했다고 선배 훈련생을 꾸짖다가, 양만춘이 깨어나자 혀를 찼다.

"쯧쯧, 조의선인이 되겠다는 녀석이 그깟 일로 쓰러지다니. 싸울아비란 호랑이를 만나도 정신을 잃지 않아야 하거늘, 계집애같이 겁이 많기는. 그래도 촛대만은 꼭 쥐고 놓지 않았다고?"

그 일이 인연이 되었던지 제자를 두지 않기로 소문난 선사께서 제자로 받아들이고, 어려운 고비를 겪을 때마다 격려했다.

"사나이란 산과 같이 무거워야 한다. 뜻대로 되었다고 잘난 척하는 것도 꼴불견이지만 어려움을 당해도 흔들리지 말아야지."

스승님 얼굴이 떠오르자 심호흡을 하며 자신을 달랬다.

'사람 목숨은 하늘에 달렸다. 나를 쓰려고 태어나게 했다면 그 일이 끝나기 전에는 하늘이 부르지 않을 게다. 그렇지 않다면 운명에 따를 뿐!'

삶에 대한 미련을 버리자 달콤한 잠이 쏟아졌다.

칠흑 같은 어둠 속에 한 줄기 불빛이 흘러 들어오더니, 감방 문 여는 소리가 유난히 크게 들렸다. 뜻밖에 어홍이었다. 그는 쇠사슬을 풀고 양만춘을 부축해 일으켜 세우고 조심스럽게 바깥을 살핀 후 감옥을 나와 어둠에 잠긴 골목을 몇 굽이 돌아 숲길로 들어섰다.

"젊은이는 어찌 이리 철이 없나. 장안에서 태껸(우리나라 전통무술) 솜씨로 크게 말썽을 부려 흔적을 남겨놓고서 겁도 없이 고려방에 나타나다니. 마치 '나 잡아가시오'라는 꼴이 아니겠나? 어서 새 옷으로 갈아입게. 그렇지 않으면 곧 붙잡힐 테니."

어홍은 목소리를 낮추어 꾸짖더니 옷 보따리를 건네주었다.

"어쩌다가 돌궐인에게 쫓기게 되었나?"

양만춘이 돌궐과 장안에서 겪었던 일을 이야기하자 어홍이 탄식하더니 고개를 끄떡였다.

"좋은 일을 하다가 어려움을 당했군. 착한 사람도 고난을 당하긴 하지만 넘어져도 하늘은 다시 일으켜 세우시지. 이번 일로 용기를 잃지 말고 꿋꿋이 살아가게나. 그러나 저러나 날이 밝으면 자네 때문에 고려방이 발칵 뒤집어지겠군."

어홍은 큰절을 올리며 감사인사를 거듭하는 양만춘을 내려다보다가 한숨을 쉬더니 입을 열었다.

"나는 그리 착한 사람은 아닐세. 장사를 하다 보면 온갖 인간을 만나지. 천만금을 벌거나 큰 손해를 보는 것 모두가 사람과 만남에서 비롯되니 장사꾼에겐 사람 보는 눈이 열린다네. 보아 하니, 젊은이는 큰 뜻을 품었고 그 꿈을 이룰 만한 탐나는 얼굴을 가졌네. 더구나 죽음을 앞두고도 코를 골며 자는 배짱을 보고서 내 짐작이 틀리지 않았음을 확인했지. 다만 역마살(驛馬煞)이 끼었구먼. 세상을 둘러보고 배우는 건 젊은이 특권이고 보람이니 땅끝까지 살펴보고 가슴에 품은 뜻을 이루게나. 그것이 이 늙은이 바람일세."

어홍이 혹시 화를 당하지나 않을까 양만춘이 걱정하자, '제행무상(諸行無常)이라 하니 이 고비도 어떻게 지나가겠지'라고 중얼거리며 동쪽 하늘에 먼동이 트는 것을 하염없이 바라보았다.

고려방에서 돌아온 다음 날 진무가 엄청난 소식을 전했다.

"큰일 났네. 오늘 아침 금오위 도위가 청방에 찾아와 자네 모습을 정확히 그린 그림을 보이면서 돌궐에서 숨어들어와 우문화급을 해친 위험한 고구려 놈인데 어젯밤 고려방 감옥을 탈옥했다. 동관과 소관으로 통하는 길은 이미 막았고, 장안의 기루(妓樓)와 숙박소도 모조리 뒤지려 하니 청방도 범인을 잡는 데 적극 협조해 달라더군."

진무는 한숨을 쉬며 걱정했다.

"자네 얼굴이 길거리에 나붙게 되면 사람사냥꾼은 물론 이웃사람 눈길도 피하기 어려울 테니 빨리 몸을 피하게. 고구려나 돌궐로 돌아가는 길은 막혔으니 서쪽으로 가는 게 좋겠네. 자네 공험(여행허가서)을 마련하고 믿을 만한 길잡이도 찾아볼 테니, 진주(秦州, 현재 천수)와 난주(蘭州)에 있는 불교사찰을 둘러보다가 반년 후 돌아오게. 그때쯤이면 잠잠해지겠지."

예상하지 못한 일은 아니지만 이렇게 급히 조여 올 줄 몰랐기에 양만춘은 얼떨떨했다.

야래가 양만춘의 품속으로 뛰어들어 작은 새처럼 몸을 떨었다. 그녀는 어젯밤 먹구렁이가 다가와 장난꾸러기 하얀 뱀을 옴짝달싹 못 하게 휘감아 죄자 기다렸다는 듯 하나로 엉켜 끝없이 이어지는 관능의 파도를 타며 멈추고 싶지 않은 울음을 터뜨리는 꿈을 꾸었다. 그 황홀한 순간은 찰나이면서 영원 같기도 했다.

"장난삼아 묘객으로 받아들였지만 몸과 마음 다 바쳐 사랑했어요. 짧은 봄꿈마냥 어느 날 갑자기 손가락 사이로 모래처럼 흘러내려 아쉽게 사라지는 게 아닐까 싶어 늘 조마조마했더니 … ."

야래는 원망스러운 듯 입을 삐죽거리더니 부끄럼도 잊고 양만춘의 든든한 가슴에 매달려 울음을 터뜨렸다.

"야래야, 먼 길 떠나는 사내 가슴을 아프게 하려느냐?"

진무가 애처로워하며 그녀를 달랬다.

막상 큰일을 당하자 야래는 뜻밖에 강했다. 그녀는 눈물을 쏟으면서도 꿋꿋한 모습을 보이며 애써 미소를 지었다.

"당신 품속에서 행복한 날을 보냈어요. 하늘을 나는 새를 어찌 가지에 앉으라 하며, 떠나야 할 님을 붙잡겠어요. 여자의 예감일까요? 나는 오늘 같은 날이 닥쳐올 걸 알고 있었어요. 가세요. 서러운 작별인사는 하지 않으렵니다. 다시 만날 걸 믿으니까요."

양만춘이 서역으로 가자는 카를룩의 제안을 털어놓자 진무보다 야래가 더 기뻐했다. 그녀는 이별의 슬픔도 잊은 듯 밝게 웃으며 그의 짐을 챙겼다.

"정말 부러워요. 독수리처럼 훨훨 날아 세상 끝까지 둘러보세요."

다음 날 아침 일찍 양만춘은 카를룩을 찾아가 난처한 사정을 숨김없이 털어놓고 그래도 자리를 줄 수 있는지 물었다. 그는 눈을 감고 생각에 잠겼다가 말문을 열었다.

"자네는 위급한 처지에 빠져서도 이를 숨기지 않고 거짓이 없으니 믿을 만한 사나이일세. 대상(隊商)이란 어차피 위험을 안고 하는 장사이지. 기꺼이 받아들이겠네. 우리가 머물 숙소와 도착날짜를 미리 알려줄 테니 안전하다고 판단되는 곳으로 찾아오게."

끊임없이 밀려오는 고난과 시련은 도무지 끝이 보이지 않았다.

양만춘은 스스로 결정했지만, 막상 서역으로 떠나려고 하니 기가 막혔다.

'장안에 온 것은 그나마 예상할 수 있었다. 그러나 몇만 리 밖 서역 땅이라니!'

사방의 문이 모두 닫혀 버리고, 선택할 여지도 없이 먼 서쪽 나라로 휘몰아치는 거센 운명의 바람을 느꼈다.

'서쪽 땅끝에서 나를 부른다고? 그렇다면 주어진 운명을 사랑하고 기꺼이 따르리라. 가자, 미지(未知)의 세계로. 비록 그곳이 지옥이라 할지라도 즐겁게 달려가 그 땅에서 무엇인가 값진 걸 찾아보자.'

그대는 아는가 먼 서쪽 나라를

敦煌

서역 가는 길은 두렵고 험한 길.

모래폭풍이 휘몰아쳐 거친 벌판 여기저기 주검만 널렸고 옛 귀신은 울부짖고 갓 죽은 넋은 원통해 하는데, 물은 뜨거운 태양에 녹아 소금이 되고 산은 붉게 불타는 곳.

이 메마른 황야와 사막에 무슨 신비한 힘이 있기에 끊임없이 사람을 유혹하는 것일까?

일확천금을 꿈꾸는 대상(隊商), 진리를 찾아 고행(苦行)의 길을 나선 수도사, 새로운 세계와 낯선 문화를 찾는 모험가…. 한번 가면 돌아오기 어려운 사막을 건너려 가지각색 인간들이 줄을 이었다. 저마다 서로 다른 꿈을 가슴 깊이 품고서.

멋있는 사내들

이른 새벽 장안 서쪽 개원문(開遠門) 앞은 사람과 말, 수레와 마차들로 혼잡스러웠다. 대상과 승려, 유람객과 농부들이 뒤섞여 문이 열리기를 기다리는데, 말을 탄 금오위 관리가 수상한 사람을 검문하며 공험(여행허가서)에 이상이 없는지 확인하고 현상금 붙은 범인의 얼굴과 대조했다.

북이 울리고 성문이 열리자 사람들이 앞다퉈 함양 가는 길로 달려갔다. 성문 앞 느티나무 아래 여러 명 젊은이가 손에 몽둥이를 들고 서서 성 밖으로 나오는 사람들을 유심히 살펴보는데, 맨 앞에서 족제비 아랑이 눈을 번뜩이고 있었다.

며칠 전 족제비가 양만춘이 머물렀던 여관을 찾아다니며 그의 행적을 물어보고 다녔다는 이야기를 들었기에 족제비와 눈이 마주치자 가슴이 철렁 내려앉았다. 번쩍이는 비단옷에 영웅건(英雄巾)을 비껴쓰고 잔뜩 멋을 부린 귀공자 차림새에 야래가 정성껏 해준 진한 화장 덕분이었을까. 족제비는 양만춘을 코앞에 두고도 알아보지 못했다.

성문을 나서 20여 리 되는 삼교진에 이르니 보리밭이 펼쳐진 벌판 한 모퉁이에 나무가 우거지고 풀이 무성한 언덕이 보였다. 진시황의 아방궁(阿房宮) 터였다. '나라가 망하여도 산과 물은 여전하고 무너진 성터에 봄이 오면 초목만 무성하다'〔國破山河在 城春草木深〕더니 사치와 영화를 자랑하던 궁궐과 전각은 자취도 찾아볼 수 없고 무심한 봄바람에 보리 이삭만 흔들렸다.

풍교 다리를 지나 위수(渭水)를 건너 함양현에 도착했다. 강가 늙은 버드나무 아래 진무가 자리를 펴고 기다리고 있었다.

"형님, 바쁘실 텐데 어찌 여기까지?"

"강국(康國, 사마르칸트)은 가는 데 1년, 돌아오는 데 1년이 걸린다니, 먼 길 떠나는 아우님을 위해 어찌 송별연을 않을 수 있겠나."

진무가 버드나무 가지를 꺾어 주면서 '그대에게 한 잔 술 다시 채워 권하노니 양관(陽關)● 서쪽 나가면 어느 친구 만나리'라는 송별가(送別歌)를 불렀다. 술잔이 몇 차례 오가는 사이에 생선 요리가 나왔다.

"위수의 명물 쏘가리라네. 많이 먹게나. 이놈은 봄이 아니면 구하기 어렵거니와 물에서 나오면 곧 죽기에 여기가 아니면 싱싱한 쏘가리 맛을 볼 수 없다네."

진무는 헤어짐을 아쉬워하며 몇 번이나 다시 손을 잡았다.

"몸조심하게. 경조부(京兆府, 장안) 금오위 관할 밖인 진주(현재 천수)까지는 카를룩 대상과 따로 행동하는 게 좋을 거야."

함양에서 나친 일행을 만나자 양만춘은 검은 문사건(文士巾)에 비단 백삼(白衫) 차림으로 말을 타고, 나친과 달가 구루는 하인 차림새로 꾸며 짐을 지우고 서쪽으로 향했다. 푸른 보리밭이 펼쳐진 위북(渭北) 벌판길로 나서자 왼쪽으로 진령산맥 높은 봉우리들이

● 양관과 옥문관은 중국과 서역의 국경을 지키는 관소(關所).

끝없이 계속하여 위수의 푸른 강물이 이따금 나타났다가 사라지곤 했다.

작은 구릉을 끼고 돌아가는데 갑자기 요란하게 폭죽 터지는 소리가 나더니 흥겨운 풍악 소리가 울려 퍼졌다. 행렬 선두에 화려한 옷차림의 소년이 우쭐거리며 나귀를 탔고, 그 뒤 꽃가마 안에 곱게 차려입은 소녀가 얼굴에 숯검정을 시꺼멓게 칠한 채 다소곳이 머리를 숙이고 있었다. 가마를 뒤따르던 점잖게 생긴 노인이 다가와 웃으면서 대추 한 바가지를 주었다. 양만춘도 길가에서 꺾은 복숭아 꽃가지를 소녀에게 건네주었더니, 이들은 양만춘 일행을 돌면서 한바탕 신나게 풍악을 울리다가 언덕 옆 사잇길로 사라졌다.

"도련님, 이번 유람 여행은 기쁜 일로 가득하겠습니다. 여행 첫날 혼인 행렬을 만나면 재수가 좋거든요."

길잡이가 신이 나서 말했다.

"그런데 신부 얼굴에 왜 숯검정을 칠했소?"

"신부가 못나게 보여야 귀신이나 요물(妖物)에게 잡혀가지 않는다고 검정 칠을 한답니다."

길 오른쪽 구릉지에 이따금 나타나는 작은 산같이 솟은 언덕을 보고서 길잡이가 한(漢)나라 때 황제 무덤이라 하였다. 흥평현에 이르자 탁 트인 황토 들판이 시원하게 펼쳐졌는데, 지금까지 본 것보다 훨씬 큰 무덤을 가리키며 말했다.

"저기 보이는 높은 언덕이 무릉이랍니다."

무릉은 전한(前漢) 무제(武帝)의 능으로 한나라 황제들의 무덤 중 최대 규모로 어마어마하게 컸다. 한무제는 흉노를 정벌하고 서역을 개척했고, 우리나라[古朝鮮]를 침략해 한사군(漢四郡)을 설치한 자이다. '섭하'라는 사신의 죽음을 트집 잡아 좌장군 순체와 누선장군 양복을 보내 공격했으나 조선 군은 이를 물리쳤다(기원전 109년 가을). 한무제가 조선 지배층을 분열시켜 매국노 노인과 한음, 참과 왕겹이 조선 왕 우거(右渠)를 죽이고 한나라에 투항했다. 충성스러운 성기(成己)가 꿋꿋하게 왕검성을 지켰으나 안타깝게도 매국노 위장과 노최 때문에 왕검성도 함락되고 말았다(기원전 108년 여름).

지난 역사를 돌아보니 싸움에 패해서 억울한 게 아니라 나라를 팔아먹은 쥐새끼들 때문에 조선이 망하고, 한동안 조국의 일부나마 저들의 지배를 받았던 생각을 하니 울분이 터졌다. 세월이 흘러 의로운 사나이 성기도, 더러운 이름만 남긴 무리도 흙으로 돌아갔고, 영화로움이 극에 달했던 한무제도 땅속에 묻힌 지 어언 700년, 무너져 가는 무덤만 벌판에 외로이 남아 있는가!

패수 넘실넘실 흐르고	浿水流洋洋
왕검성 아스라이 높아라.	王儉高嶔嶔
피눈물 쏟으며 외로운 성 지킨	沫血飮泣守孤城
성기의 큰 이름 지금도 남았네.	成己大名留至今●

● 안정복이 지은 〈성기가〉(成己歌) 중 일부.

길을 떠난 지 닷새째. 멀리 서쪽으로 높은 산줄기가 가로막았다. 장안의 서쪽 방벽이고 서역 가는 길에서 처음 만나는 3천 미터 넘는 험준한 농산산맥(隴山山脈, 현재 육반산)이었다.

아침 일찍 봄이 무르익은 농주성을 떠났다. 뱀이 똬리를 튼 듯 구불구불 험한 산길은 올라갈수록 가팔라졌다. 3월 초순이건만 여기저기 응달엔 눈이 쌓였고, 바람은 살을 에듯 찬데 눈발조차 날렸다. 한낮이 지나서야 대진관(大震關)에 닿았다. 애꾸눈 초소장(哨所長)이 콧구멍을 후비며 하품하다가 양만춘 일행을 발견하고는 웬 떡이냐는 듯 눈을 빛내며 다가왔다. 수상한 낌새라도 맡은 듯 코를 벌름거리며 여행 목적을 비롯하여 이것저것 캐묻고 짐을 뒤지더니, 군졸에게 대진관 안으로 끌고 가라고 명령했다.

양만춘이 이에 항의해 옥신각신하는데, 한 무리 기병이 관문에서 나왔다. 선두에 선 중년의 대장이 애꾸에게 물었다.

"웬 소란들인가?"

"수상한 자들을 발견해서 체포하려 합니다."

"공험(여행허가서)에 이상이 있던가?"

"아닙니다. 그러나 왠지 수상하군요. 아직 철이 이른데 외딴곳에 있는 절로 유람 가는 것도 그렇고, 공험에는 경조부(京兆府, 장안) 출신으로 되어 있으나 장안 사투리를 잘 알아듣지 못합니다."

"그것뿐인가?"

"하인이 우리말을 잘 못하고 여러 통 편지를 지니고 있을 뿐 아니라 유람객 치고 돈을 너무 많이 가지고 있습니다."

애꾸는 입맛을 다시며 대장을 잠시 쳐다보다 탐욕스러운 눈길을 양만춘에게 돌렸다. 애꾸의 눈짓을 짐짓 외면하던 대장은 그 일행을 살펴보고 애꾸가 가져온 편지 겉봉을 읽더니 위엄 있게 "말과 짐을 돌려드리고 정중하게 예의를 갖추라"고 명령하고, 양만춘에게 가볍게 머리 숙이고 사과했다.

"점잖으신 분께 큰 실례를 저질렀군요. 저는 대진관을 지키는 장익이란 장숩니다. 날이 이미 늦어 고개를 넘어가려면 고생이 심할 테니, 관에서 쉬셨다가 내일 아침 떠나는 게 어떻겠습니까?"

장익과 술자리는 사나이끼리 훈훈한 만남이었다. 대진관은 서북에서 침입하는 오랑캐를 막아 장안을 지키는 마지막 방어선이고, 내일 저녁 양만춘이 닿을 진주(천수)는 동으로 장안, 서로는 서역, 남쪽은 촉(사천성)으로 가는 세 가닥 큰 길이 갈라지는 교통 중심지로서 천하를 호령하던 영웅들이 탐내던 병가필쟁(兵家必爭)의 요충지였다. 그래서인지 옛날부터 훌륭한 장수를 많이 배출한 곳으로 자기도 진주(秦州)가 고향이라며 어깨를 폈다.

장익은 제갈량의 북벌 근거지였던 기산(祁山), 눈물을 흘리며 마속을 베었다는 가정(街亭), 끝내 뜻을 이루지 못한 채 한을 품고 죽은 오장원이 모두 진주 근처에 있다며 양만춘에게 한번 찾아가 보라고 권했다.

양만춘이 찾아가는 위징(魏徵, 580~643년)은 지금은 이름 없는 떠돌이 신세지만, 품은 뜻이 높아 천하를 다스릴 큰 그릇으로 얼마 전까지 시내(市內) 천수관에 머물렀으나, 지금 이가장(李家莊)이란 장원에서 서당을 차리고 있다며 길을 자세히 알려 주었다.

다음 날 아침 장익은 눈이 깊이 쌓인 고갯마루까지 따라와 작별을 아쉬워하며, 위징을 만나면 안부를 전해 달라고 했다.

진주는 교통의 요지여서 온갖 물건이 모여드는 풍성한 도시였다. 동문을 나가 이가장을 찾았으나 위징을 만나지 못하고 내친걸음에 맥적산(麥積山)으로 향했다. 영천하를 끼고 올라가 번화한 감천 거리를 지나니 숲이 우거진 언덕부터 가파른 오르막이었다. 지금까지 소나무 잣나무가 무성했는데 여기서는 푸른 대나무가 빽빽이 자라 황량한 황토 고원과 다른 따뜻한 남쪽 지방의 낯선 풍경이 펼쳐졌다.

꼬불꼬불 산길을 따라 오르자 앞쪽에 보릿단을 쌓아 올린 듯한 유명한 불교 성지 맥적산 봉우리가 다가왔다. 맥적산에는 200개 가까운 석굴이 있고 그 안에는 수천 개 넘는 진흙으로 구워 만든 불상과 벽화가 있는데, 석굴을 구경하려면 깎아지른 절벽의 벼랑에 만들어진 잔도(棧道)를 따라가야 했다.

대부분 불상과 벽화가 북위와 서위 시대에 만들어졌지만, 지금도 동쪽 기슭 벽돌색깔 홍사암(紅沙岩) 절벽에 사람 키 열 배는 됨직한 마애삼존불을 새기고 있었다. 소나무처럼 꼿꼿한 늙은이가 돌 속에 잠들어 있는 부처를 세상 밖으로 모셔 내려고, 정성을 기울여 끌과 쇠메로 돌을 다듬는 것을 사람들이 둘러서서 구경했다.

구경꾼 중에서 누더기같이 해진 가사(袈裟)를 걸친 스님이 유난히 눈길을 끌었다. 처음 보는 탁발승(托鉢僧)이었지만 동글납작한 얼굴에 잔잔한 미소를 띤 모습이 잘 아는 이웃 사람을 보듯 무척 눈에 익었다. 눈이 마주치자 스님이 어린아이같이 빙그레 웃기에 양만춘이 다가가서 물었다.

"스님께서는 혹시 동쪽에서 오신 분이 아니십니까?"

"그렇소이다. 소승은 5년 동안 구자국(쿠차)에서 그림을 배우다 돌아가는 고구려 중 담징(曇徵)●이오. 귀국길에 맥적산에 들렀다가 오랜만에 고향 사람을 만나는구려."

"저는 대상을 따라 서역으로 가는 양만춘입니다."

만 리 밖 남의 나라에서 고향 사람을 만나 우리말로 대화를 나누니 그 기쁨을 무엇으로 표현하랴. 담징은 한동안 양만춘의 얼굴을 뚫어지게 살펴보다가, 눈을 크게 떴다.

"장하고 장하구나. 젊은 길손이여, 선재동자(善財童子)●●처럼 큰 염원(念願)을 품고, 나그네 길을 나섰구나. 그대 눈에는 만백성을 구하겠다는 열정이 불타오르구려. 사람이란 하늘이 허락한 시각만큼 이 땅에 머물다, 주어진 시간이 지나면 돌아가 그 값을 치러야 하는 나그네. 그러니 재능과 시간을 낭비 말고 힘껏 노력해 아름다운 열매를 그분께 바쳐야 마땅할 것이오. 땅끝까지 가서 좋은 인연을 만나고 큰 깨달음 얻기를 비나이다."

양만춘은 처음 보는 스님이 뱃속을 훤히 들여다보는 것 같아서

● 담징(579~631년)은 왜에 건너가 일본의 국보였던 나라(奈良)의 법륭사 금당벽화(金堂壁畵)를 그린 고구려 승려.

●● 선재동자란 진리를 깨우치기 위해 바라문에서 창녀에 이르기까지 53인의 스승을 찾아 나선 《화엄경》에 나오는 구도자(求道者).

황급히 손사래를 쳤다.

"보잘것없는 장돌뱅이오니 스님 말씀을 감당할 수 없습니다."

두 사람이 낯선 외국말로 이야기를 나누자 지나가던 참배객이 서로 눈짓을 하며 흘끔흘끔 쳐다보았다. 양만춘은 쫓기는 몸인 것을 생각하니 불안해졌다.

"스님, 시장하지 않으십니까? 저에게 느릅나무 잎에 싼 떡이 남아 있습니다. 저 아래 시냇가에서 요기라도 하시지요."

담징은 주위를 둘러보더니 빙그레 웃으며 고개를 끄덕였다.

사방에 가지를 펼친 시냇가 느티나무 아래 너럭바위가 있었다.

"요동성 서문 밖 늙은 느티나무는 지금도 여전하겠지요."

"스님처럼 출가하신 분도 고향 땅이 그리우신가 보군요."

담징은 잔잔하게 웃었다.

"불법(佛法)에는 국경이 없다지만 어리석은 중이야 어찌 고국이 그립지 않겠소이까?"

떡을 한입 베어 먹다 말고 담징이 말했다.

"여러 번 자리를 같이해도 편안하지 않은 사람이 있는데, 시주님은 첫 만남인데도 어릴 때 사귄 친구같이 푸근하구려. 그런데 눈 아래 복숭아 빛이 짙군요."

"고향에 미래를 약속한 여인이 있건만, 정(情)에 약한 탓인지 머무는 곳마다 애욕의 불길에 시달리는 못난이올시다."

양만춘은 미르녀를 생각하니 가슴이 답답해 허리에 찬 호리병을 꺼내어 술을 한 모금 마셨다.

184

"출가한 몸조차 번뇌를 끊지 못하거늘 속인(俗人)들이야….."

담징은 동쪽 하늘 흰 구름을 쳐다보다 입을 열었다.

"불가(佛家)에서는 여인을 마장(魔障)이라 하나, 번뇌를 일으키는 사랑〔愛慾〕이야말로 서방정토(西方淨土)의 발원(發願)이 되기도 하지요. 만물을 생성시키는 어머니인 여인을 모르고서 어찌 진리를 안다고 하겠소. 소승의 출가(出家)도 한 여인에서 비롯되었다오."

담징은 손을 내밀어 호리병을 넘겨받더니 속이 타는지 벌컥벌컥 남김없이 마셨다.

"누구에게도 꺼낸 적 없던 전세(前世, 출가하기 이전)의 이야기를 왜 처음 만난 시주님께 말할 마음이 생기는지 모르겠구려."

담징은 요동성 장사꾼 아들로 태어났다. 아버지는 아들이 자기 뒤를 이어 큰 상인이 되기를 바랐지만, 소년은 아버지 기대와 달리 그림 그리기를 좋아했다. 열 살 때 그는 성주의 저택에 머물던 늙은 화가에게 그림을 배우게 되었다.

어느 날 담징은 기억을 더듬어 가면서 언젠가 한 번 본 성주 따님 얼굴을 목판(木板) 위에 숯으로 그려나갔다. 함박꽃이 활짝 피듯 아름다운 모습이 드러나기 시작했다. 우연히 화실에 들렀던 아가씨가 그림을 보더니 머리를 쓰다듬으며 감탄을 거듭했다.

"그림도 잘 그렸지만, 너는 참 아름다운 눈을 갖고 있구나."

깜짝 놀란 담징은 얼굴을 붉히고 황급히 그림을 지웠으나 아가씨의 칭찬에 하늘을 오를 듯 기뻤다. 그때부터 매주 한 번 그림을 배우러 가는 십오 리 길은 휘파람이 절로 나오는 신나는 길이 되었고, 목판에 정성 들여 그린 꽃같이 아리따운 모습의 그림을 아가씨가 볼 수 있는 곳에 넌지시 놓아두는 게 큰 기쁨이 되었다.

열두 살 되던 여름날, 담징은 쏟아지는 소나기를 맞고 온몸이 불덩이같이 펄펄 끓었다. 아가씨는 정신을 잃고 쓰러진 어린 담징을 누님같이 간호했다. 새벽에 깨어난 담징은 낯선 방 향긋한 침상에 누워 있는 자신을 발견하고 깜짝 놀라 일어나려다 부끄러워 눈을 감았다. 아가씨는 가까이 다가와 이마에 손을 얹고 열을 재더니, 찬 물수건으로 갈아주고는 근심스러운 얼굴로 온몸을 닦아 주었다. 담징은 자기도 모르게 아가씨에게 매달렸다.

"넌 내가 그렇게 좋으니?"

"난 아씨가 너무 좋아. 하늘과 땅만큼."

그녀는 기뻐하며 살포시 안아주었다. 일찍 어머니를 여의어 외로웠던 담징은 아가씨의 싱그러운 살 내음이 너무 좋았다.

이듬해 봄 함박꽃 아가씨가 이웃고을 성주 아들에게 시집가기로 정해진 날 담징을 불렀다. 방문을 여니 실오라기 하나 걸치지 않은 아가씨가 서 있기에 깜짝 놀랐다. 그녀는 입술에 손가락을 세우더니 들어오라고 손짓했다.

"시집가기 전에 네게 내 몸을 보여 주고 싶었어. 나를 잊지 마."

아가씨는 복사꽃같이 뺨을 붉히면서 천천히 아주 천천히 온몸을 한 바퀴 돌리더니, 옥가락지를 뽑아 손가락에 끼워주고 돌아섰다.

담징은 함박꽃 아가씨를 꿈에 본 날이면 미친 듯 이웃고을 성주의 집으로 달려갔으나, 대문은 너무 크고 담은 높았다. 3년이 지나 아가씨가 아기를 낳다 죽었다는 소식을 들었다. 하늘이 무너지고 땅이 꺼지던 날 집을 뛰쳐나간 담징은 전국 방방곡곡을 떠돌다가, 첫 번째 제삿날 머리를 깎고 사미(沙彌, 어린 중)가 되었다.

12년이 흐른 지금 담징은 뛰어난 화승(畵僧)이 되었다. 그의 소원은 목판이 아니라 눈보다 흰 고려백금(高麗白錦)에 극채색(極彩色) 물감으로 함박꽃 아가씨를 그리는 것이었다. 여러 번 애써 보았으나 그릴 수 없었다. 머릿속엔 생생하게 떠오르건만, 막상 붓을 들면 구름 속으로 숨어버린 달처럼 그 모습이 흐릿해져 끝내 붓을 놓았다.

담징은 마치 꿈에서 깨어난 듯이 양만춘을 쳐다보았다.

"내 비밀을 왜 시주님에게 털어놓았는지 모르겠네만, 오랫동안 가슴에 맺혔던 응어리를 털어내니 한결 마음이 가뿐해지네. 이제 밥값이라도 해야겠지?"

담징은 바랑에서 주섬주섬 먹과 벼루를 꺼내더니 잉어가 물을 차고 뛰어오르듯 힘차게 붓을 놀렸다.

온갖 풍상(風霜)을 거치고도 곧게 자란 노송(老松)같이 당당하면서 얼굴 가득 원만한 미소를 띤 50대 사나이 얼굴이 그려져 있었다. 어디선가 본 듯했으나 생각이 나지 않는 낯선 얼굴이었다.

"이분은 누구십니까?"

담징은 양만춘을 쳐다보고 그것도 모르겠느냐는 듯 빙긋 웃었다. 화가의 눈은 시공(時空)을 꿰뚫어 보는가? 양만춘은 비로소 먼 훗날 자기 모습을 그린 것이란 걸 깨달았다.

위징(魏徵)을 만나보고 양만춘은 실망을 금할 수 없었다. 깐깐하고 강파르게 마른 얼굴에 세상살이에 찌들어 나이보다 겉늙은 초라한 사나이였다. 그러나 술잔을 기울이며 말할 때 강물 흐르듯 힘찬 목소리에는 열정이 넘쳐나고 눈에 불꽃이 이글거렸다.

"부국강병(富國強兵)이 무엇이냐고 물었던가? 부국에는 나라의 부강함과 백성이 잘사는 두 가지가 있네. 두루 갖춘다면 무엇을 더 바라겠는가? 그러나 하나만 가져야 한다면 백성이 잘사는 걸 선택해야 하네. 백성의 곳간에 먹을 게 쌓여 있어야 예절을 알고〔倉庫實而知禮節〕 재산이 있어야 흔들림 없는 바른 마음을 갖게 되지〔有恒産 有恒心〕. 국가가 부강해도 백성이 고달프면 그 나라는 오래 지탱하지 못하네. 진시황의 진나라는 부강했지만, 백성의 삶이 어려웠기에 멸망할 수밖에 없었지. 어떤 통치자라도 백성을 괴롭힌다면 그 운명도 마찬가질 걸세."

양만춘은 문득 거만한 양제의 얼굴이 떠올랐다.

"강병이라고? 나는 백면서생이니 이를 논하기엔 부족함이 많지만 부국을 지키기 위한 강병이라면 말할 수 있지. 자기 삶에 충실하고 가족을 지키기로 마음먹은 백성이 어찌 적을 보고 도망치랴? 지켜야 할 걸 가진 자는 용감히 싸우지 않겠는가!"

"그렇다면 나라를 다스리는 자는 모든 백성이 넉넉한 재산을 갖도록 해야겠군요?"

위징은 얼음같이 냉정한 눈길로 한동안 쏘아보다가 한 마디 한 마디에 힘을 주며 말했다.

"젊은이는 그 말의 참뜻을 알고 묻는 것인가? 나는 묵자(墨子)의 제자처럼 지상낙원을 꿈꾸며 뜬구름 잡는 이상주의자도 아니고, 거짓말로 어리석은 백성을 속이는 혀에 기름 바른 위선자가 아니라 땅을 딛고 사는 현실주의자라네. 하늘이 햇빛과 비를 똑같이 내려도 부지런한 농부는 큰 수확을 거두지만, 게으른 자는 보잘것없는 열매를 거둘 수밖에 없네. 불멸(不滅)하는 하늘도 못 하는 일이거늘, 보잘것없는 지상(地上)의 통치자가 어찌 모든 백성을 똑같이 잘살게 할 수 있단 말인가!

자네 주위를 둘러보게. 하늘조차 인간에게 공평하게 기회와 복을 주는 게 아니란 것쯤은 잘 알고 있겠지. 통치자는 모름지기 겸손해야 하네. 재산을 가진 자가 안심하고 생업(生業)에 종사하게 북돋아 주고, 가난한 자는 열심히 일하고 근검절약해 재산을 모으도록 길을 열어 주어야지. 농부에게 농사지을 땅을, 일하려는 자에게 일터를 갖게 도와주고, 과부와 고아가 굶주리지 않게 한다면 요순시대보다 더 태평성대(太平聖代)가 아닐까?"

위징은 낯선 사나이가 자기 말에 귀를 기울이자 신이 났다.

"젊은이여, 역사를 잘 살펴보게. 맨주먹으로 일어서는 창업(創業 건국이나 혁명) 단계에는 실현 가능성이 있건 없건 무엇이라도 약속하지. 세상을 둘러엎고 새 질서를 세우려면 따르는 자에게 달콤한 미끼라도 던져 주어야 죽을 둥 살 둥 쫓아올 게 아닌가. 실패하면 어차피 역적으로 몰려 죽을 텐데, 갖지도 않은 것을 나눠주는데 무엇을 아끼겠는가?

그렇지만 수성(守城, 나라를 유지하는 것)이란 현실이라네. 피와

땀을 흘려 공을 세운 자의 것을 빼앗아 창업에 참여하지 않은 백성에게도 공평하게 나눠주는 일이 가능하겠는가? 제대로 수성을 하자면 가진 자의 권리도 지켜주고 갖지 못한 자의 불만도 달래면서 백성을 바른길로 이끌어야 하는데, 그것이 어찌 쉽겠는가? 그래서 나는 수성이 창업보다 어렵다고 생각하네."

양만춘은 등에 식은땀을 흘리며 강물처럼 도도히 흐르는 위징의 열변을 들었다. 그것은 공맹(孔孟, 공자와 맹자)의 추상적인 헛소리가 아니라 살아 움직이는 구체적 통치원리였다. 장익이 입에 침이 마르도록 칭찬하던 뜻을 비로소 이해하면서 지그시 눈을 감고 있는 왜소하지만 함부로 넘볼 수 없는 거인(巨人)의 그림자를 보았다.

'수양제 통치 아래에서 저 사나이는 결코 빛을 볼 수 없으리라. 그러나 진정한 주인을 만나 뜻을 펴는 날이 온다면 우리에게 축복일까, 재앙이 될 것인가?'

위징은 처음 만난 젊은이를 너무 심하게 몰아세워 미안했던지 말머리를 돌렸다.

"이곳은 제갈무후(諸葛武侯, 제갈량)의 마지막 꿈이 서렸던 땅이라네. 젊은이는 제갈무후를 어떻게 보는가?"

"그분은 훌륭한 충신이고 출사표(出師表)를 지은 걸출한 문장가지만, 세상 사람들이 말하듯 뛰어난 전략가라 보지 않습니다."

"호오, 왜 그렇게 생각하는가?"

"진정 한나라를 부흥시키고 천하를 통일하려 했다면 건곤일척(乾坤一擲) 진령산맥 자오곡을 넘어 바로 장안을 기습 점령했어야지, 천 리나 멀리 떨어진 기산으로 진격한 것은 방향부터 잘못되었지요. 강한 적을 거꾸러뜨리려면 과감하게 심장을 찔러야 조금이라도 성공 가능성이 있을 텐데, 느슨하게 팔다리를 공격한 꼴이니까요. 옛날 한신이 성공했고 당시 위연이란 장수가 주장했던 것처럼 장안을 정면공격했어야 옳았습니다."

"촉한의 힘이 약했기에 어쩔 수 없는 선택이 아니었을까?"

"그렇다면 아예 북벌(北伐)을 하지 않았어야지요. 한나라 재건이란 그럴듯한 명분을 내세워 성공하지도 못할 전쟁을 일으켜 많은 군사를 잃고 끝내 나라까지 망하게 했기에 현명한 통치자라 할 수 없고, 군사 지도자로서는 시원찮은 인물이라고 생각합니다."

소그드 상인

대상 선발대가 진주에 도착해서 양만춘이 객사(客舍, 여관)로 찾아가니 뜻밖에 카를룩이 손수 마중 나왔다. 그는 서둘러 양만춘을 조용한 찻집으로 안내하더니 목소리를 낮추어 그동안 일어났던 일을 알려 주었다.

장안을 떠나 이틀째 밤. 대상이 무공현에 머물자 금오위가 객사를 포위하더니 모든 사람을 공험과 대조하며 조사하고, 족제비 아랑과 애꾸눈 돌궐인이 이들을 따라다니며 양만춘의 행적을 캐묻더라면서, 믿을 만한 사람만 이끌고 선발대로 왔다고 했다.

"카룰룩, 제가 대상에 너무 큰 짐이 되었습니다. 사마르칸트로 가는 것을 포기하겠습니다."

"무슨 소리를 하는가. 장사꾼에겐 이미 알고 있는 건 위험이 아니고, 예상치 못했던 어려움이야말로 진정한 위험이라네. 자네는 우리 상단의 짐이 아니라 힘일세. 나를 도와주게."

카를룩은 양만춘의 두 손을 잡아 흔들면서 격려했다.

"내일 아침 하주(河州, 현재 임하)로 가게. 이번 여름(608년) 수나라 군이 토욕혼을 대대적으로 토벌한다는 정보가 있네. 그러면 토번(티베트)과 황하 상류의 사향(麝香)은 당분간 시장에 나오지 않을 게야."

임주(臨州, 임조)를 지나 하주로 가는 길로 접어들자 길은 점점 험해지고 나무가 제대로 자라지 않는 황량한 땅이었다.

위수 유역 섬서성이 푸르고 윤택한 평야라면, 이곳 감숙성 고원지대는 눈 덮인 산맥 사이 메마른 땅이다. 3월 중순이니 장안에는 이미 봄꽃이 떨어지고 모란이 한창 필 때건만, 이곳은 세차게 부는 바람이 앙상한 나뭇가지에 쌓인 눈을 흩날리며 울부짖었다.

해가 아직 많이 남아서 길가 민가(民家)에 머물지 않고 길을 서둘렀던 것이 후회되었지만 이미 엎질러진 물이었다. 가도 가도 사람 사는 곳을 찾아볼 수 없는 황야에 어둠이 내리니 초조했다.

그때 나친이 불빛을 발견했다. 멀리 산기슭에 조그만 등불이 반짝이고 있었다.

"이제 살았구먼. 저 집에서 하룻밤 쉬어 가지."

"보기와 달리 저곳은 너무 멉니다. 바람을 피할 만한 곳을 찾아야숙(野宿) 해야 합니다."

길잡이가 무거운 어조로 말했다. 그러나 밝게 빛나면서 어서 오라고 손짓하는 등불의 유혹은 너무나 강렬했다. 그런데 가도 가도 등불이 가까워지기는커녕 멀리서 반짝이고, 지형도 점점 가팔라 밤길을 가는 게 위험해졌다.

양만춘은 할 수 없이 산기슭 큰 바위 밑을 야영장소로 정하고 마른 육포로 끼니를 때우며, 말라 죽은 나무를 잘라 두 군데에 모닥불을 피웠다. 얼마나 시간이 흘렀을까? '히히힝' 말 우는 소리에 잠을 깨니 모닥불 너머 나무 둥지 아래 파란 불빛이 무수히 번쩍거렸다.

"이리 떼다!"

열서너 마리 흑갈색 이리 떼가 모닥불 주위를 둘러싸고 있었다.

"이리는 사람을 보면 피하는데 무척 굶주린 모양이군요."

"그러게 말일세. 모닥불 안쪽으로 말들을 모아 도망치지 못하게 발을 묶게."

"이리 떼는 피를 보면 악착스레 덤벼들지만 싸움을 시작하기 전에는 상대편을 살피고 그 힘을 시험하지요. 우리가 두려워하지 않으면 감히 공격하지 못 하고 틈만 노릴 테니 제가 한번 겁을 주겠습니다."

양만춘이 언제든지 활을 쏠 수 있게 준비하자, 나친이 횃불을 높이 쳐들면서 칼을 빼 들고 이리 떼에게 다가갔다. 나친이 앞으로 나아가자 길을 막고 있던 덩치가 큰 검은색 이리와 그 뒤 서너 마리 이리가 슬금슬금 옆으로 피하다가 그의 주위를 빙빙 돌기 시작했다.

"주인님, 검은 이리가 두목이군요. 이놈을 먼저 처치합시다."

나친이 뒤돌아서자 유난히 몸집이 큰 두목 이리가 비호같이 그의 목을 향해 뛰어올랐다. 나친의 칼이 이리의 목을 내려친 것과 양만춘의 화살이 심장을 꿰뚫은 건 같은 순간이었다. 두목 이리가 비명도 내지 못하고 쓰러지자 다른 이리들은 흩어져 도망쳤다.

다음 날 아침, 어젯밤 등불이 반짝이던 산기슭을 바라보니 험한 골짜기 너머 십여 리나 멀리 떨어진 외딴집이었다.

'어둠 속에서 그렇게 가까이 손짓하던 등불이 저렇게 멀리 떨어져 있었다니 ….'

대하현(영정)을 거쳐 하주로 가는 길은 험한 산과 깊은 계곡을 몇 차례나 가로질러야 했다. 한 곳에 이르니 길이 끊어져 수십 길 깎아지른 절벽 사이로 강물이 흐르고, 건너편 절벽으로 건너가는 구름다리는 칡넝쿨 동아줄로 엮어 만든 출렁다리였다.

열이틀 만에 이수(대하강) 북쪽 기슭에 자리 잡은 성곽도시 하주에 이르니 마침 장날이었다. 여기는 수나라 변방(邊邦).

중국인 옷차림을 한 사람은 드물고 토번(티베트)족, 토욕혼(청해 지역)족, 사라족, 파오난족, 통샹족 같은 온갖 민족이 제각기 고유의 전통의상을 화려하게 차려입고, 황하 상류와 티베트, 청해 지역에서 나는 특산물을 사고파는 시장 풍경이 흡사 축제를 보는 듯하였다.

소그드 상점은 하주 북문 가까이 있었다. 점포 안으로 들어서니 파란 눈과 붉은 수염의 전형적인 소그드 노인이 마중 나왔다. 카를룩의 서신을 읽은 노인이 양만춘을 살펴보다가 고개를 갸우뚱거렸다.

"젊은이가 대리인인 모양이군. 찔러도 피 한 방울 나지 않을 카를룩이 아무나 대리인으로 보낼 리 없는데 어딜 믿고 보냈을까?"

늙은 상인은 부탁받은 물품은 이미 준비했다며, 계약서를 가지고 오더니 서명하라고 윽박질렀다.

"소그드인은 타브가치(중국) 상인과 다르지. 상거래를 하면 형제 사이라도 계약서를 작성한다네."

양만춘은 '수나라가 곧 토욕혼을 토벌한다'는 소식을 전하라는 말만 듣고 왔다가 노인이 서명을 강요하자 완강히 거절했다.

"저는 카를룩으로부터 계약을 대신 맺으라는 말을 듣지 못했고, 소그드 글자를 모르니 계약 내용도 알 수 없습니다."

"편지에 젊은이와 상의해 처리하라 했으니 대리인으로 지정한 셈이고, 소그드어를 모르는 건 자네 사정이지 내 잘못은 아니지."

양만춘은 자기 임무를 자세히 물어보지 못한 게 후회가 되었으나 이미 지난 일이었고, 심술궂게 웃으면서 자기주장만 밀어붙이는 노인을 설득하기는 불가능했다. 문득 쩔쩔매고 있는 그의 모습을 미소 지으며 지켜보고 있을 카를룩 얼굴이 떠올랐다.

"좋습니다. 어르신의 말씀대로 대리인으로서 계약서에 서명을 하지요. 먼저 계약서에 한문 해석을 덧붙여 저도 계약 내용을 알 수 있도록 해 주시고, 정당한 사유가 있으면 계약 내용을 수정할 수 있다는 조건을 붙인 가계약(假契約)이라야 합니다."

늙은 상인은 몇 차례 당겼다 놓았다 실랑이를 벌이다가 이윽고 호탕하게 웃더니 선선히 양만춘의 요구를 승낙하고 그때부터 대등한 상인으로 대접해 주었다.

"카룰룩이 자네에게 낙타 두 마리분 상품교역권(商品交易權)을 허락했더군. 이건 신참(新參)에게는 주어진 적이 없는 대단한 특전일세. 상품은 준비했는가?"

"진주에서 처음 들어 아직 준비하지 못했습니다."

"그러면 상품 구하는 건 내게 맡기게. 토번에서 2년 만에 대상이 왔는데 사향을 많이 싣고 왔거든. 이곳 황하 상류와 토번에서 나오는 사향이 가장 품질이 좋지. 황금 백 냥이면 낙타 한 마리에 실을 만큼 살 수 있을 게야. 돈이 모자란다고 염려 말게. 모자란 건 빌려줄 테고, 물건을 팔아 내 아들에게 갚으면 되니까."

양만춘은 처음 만났을 뿐인데 노인이 무얼 믿고 이렇게 큰 호의를 베푸는지 궁금해 물어보았다. 노인은 빙그레 웃었다.

"카를룩은 마음씨 좋은 자선가가 아니라 이익을 위해선 물불을 가리지 않고, 쓸모 있는 인재가 아니면 곁에 두지 않는 영악한 장사꾼이야. 그런데 대상 경험도 없는 자네 몫으로 낙타 두 마리를 주었다면 그만한 값어치가 있다고 본 것이니 나도 믿을 수밖에."

다음 날 노인은 훤칠한 키에 용모가 빼어난 소년을 데려왔다.

"바얀초르라 부르는 내 아들이지. 천둥벌거숭이로 자라 덤벙대고 부족함이 많지만 마음은 곧은 녀석이라네. 젊은이보다 두 살 아래이니 동생같이 여기고 잘 이끌어 주게. 귀한 자식일수록 타향 살이를 시키고 남의 밑에서 고생을 겪게 해야 사람 구실을 한다지만, 하나뿐인 자식을 떠나보내려니 잠이 오지 않았는데, 자네같이 듬직한 젊은이와 함께 가게 되어 마음이 놓인다네."

그리고는 돌아서서 아들에게 말했다.

"인사드려. 너보다 나이 많을 뿐 아니라 지혜롭고 생각이 깊은 젊은이다. 집에 있을 때는 부모와 의논하고 밖에 나가서는 벗의 말에 귀를 기울이라는 말이 있지 않더냐. 이분을 형님이자 스승으로 생각하고 많이 배우도록 해라."

하주를 나선 양만춘은 강줄기를 따라 용흥사(龍興寺)로 향했다. 용흥사 앞을 흐르는 황하 상류는 맑고 푸른 강물이었다. 돌궐 대초원과 장안으로 오면서 누른 흙탕물 황하만 보았기에 믿기지 않아 바얀초르에게 물었다.

"저 푸른 강물이 정말 황하가 맞아?"

"그럼 황하야. 여기뿐 아니라 상류로 올라갈수록 햇빛에 따라 초록으로 빛나. 그러나 한나절만 북으로 내려가면 황토 고원 진흙을 가득 담은 조하 흙탕물이 흘러들어와 강물이 누렇게 변해."

바얀초르는 손을 들어 남서쪽을 가리켰다.

"형, 저기 저 강물이 오른쪽으로 꺾이는 곳에 우뚝 솟은 한 쌍의 높다란 돌기둥이 보이지. 그게 자매봉. 그 옆 좁은 협곡을 거슬러 오르면 용흥사 대사구(大寺溝)인데 강가 벼랑의 여러 개 석굴 안에 많은 석불이 있어 매년 수천 명 신자가 복을 빌고 가지."

소그드 상인과 토번 대상 우두머리는 잘 아는 사이인 듯 용흥사 마애불처럼 따뜻한 웃음을 나누며 서로 안부를 물었다. 그런데 사향을 보자 그때부터 늙은 상인은 미소를 거두더니 냉정한 얼굴로 혀끝에 대보고 냄새를 맡으며 요모조모 살피다가 수염을 쓰다듬으며 큰기침을 한 후 흥정에 들어갔다.

대상 우두머리가 값을 부르자 늙은 상인이 고개를 젓고 끝없는 실랑이가 계속되었다. 상인은 주위 사람을 물러나게 하고 우두머리에게 귓속말로 무언가 소곤거렸다. 그는 한동안 고민하는 눈치더니 태도가 고분고분하게 바뀌었고 곧 거래가 이루어졌다. 하도 궁금해서 어떻게 흥정을 그처럼 빨리 매듭지었는지 물었다.

"정보의 힘이지. 대상 두목에게 곧 수나라가 토욕혼을 정벌하고 청해 일대가 전쟁터가 될 것이란 정보를 넌지시 알려 주었지. 그들은 수나라 군대가 출동하기 전에 상품을 처분하고 필요한 물품을 구해 귀국해야지. 덕분에 사향값을 크게 깎았네."

소그드인은 흥정을 잘할 뿐 아니라 이익만 있으면 가지 않는 곳이 없는 타고난 장사꾼이다. 그들은 사내아이가 태어나면 꿀을 입에 넣어주고 손바닥엔 아교를 쥐어 주는데, 그 까닭은 항상 꿀같이 달콤하게 말하고 한번 돈이 들어오면 손바닥에 아교가 찰싹 달라붙듯 꽉 움켜쥐어 놓치지 말라는 뜻이라고 했다.

오늘 흥정하는 모습이나 사향을 양만춘에게 넘길 때 5푼의 소개비를 청구하고 빌려준 돈에 대한 차용증(借用證)과 이자를 꼼꼼히

챙기는 것을 보니 그 말에 실감이 났다. 그러나 거짓이 없고 신용을 철저히 지키는 점도 인정하지 않을 수 없었다. 그러지 않고서야 어찌 비단길(실크로드)을 수백 년간 지배하는 상인 민족이 될 수 있었으랴.

양만춘은 늙은 상인의 전송을 받으면서 나루터에서 상품을 말에 싣고 기다리는 목동들을 이끌고 황하를 따라 내려갔다. 강 건너편에는 메마른 붉은바위산이 병풍을 친 듯 이어졌다. 군데군데 밭과 푸른 숲이 나타났다 사라지더니, 멀리 서쪽 하늘에 흰 눈을 머리에 이고 있는 기련산맥 산봉우리들이 햇빛에 반짝였다.

영수하(장랑하)가 황하로 들어오는 나루터에서 강을 건넜으나 강변 마을엔 카를룩 대상이 아직 도착하지 않았다.

양만춘은 오래간만에 가지는 휴식시간을 이용해 나친과 바얀초르를 데리고 누런 흙탕물이 흐르는 강변을 따라 말을 달렸다. 강가에 어마어마하게 큰 물레방아가 강물을 퍼 올려 밭에 물을 대고 있었다. 마을 사람에게 물으니 난주의 명물 좌공거(左公車)라고 했다.

"물레방아를 많이 보았지만 저렇게 큰 건 처음 보는군."

"황하 물살이 빠르기 때문에 저렇게 큰 물레방아를 돌릴 수 있지. 여기는 비가 적게 오는 곳이라 저 물레방아가 없었다면 농사를 지을 수 없었을 거야."

이틀 후 카를룩 일행이 도착했다. 그는 양만춘의 보고를 듣고 나서 빙그레 웃었다.

"영감님이 수업료도 받지 않고 소그드 상술을 다 가르쳤구먼. 돌멩이 하나로 새 두 마리를 잡는다는 말이 있지만 이건 일석삼조 (一石三鳥)야. 자네가 사향을 사서 큰 이익을 얻게 해준 데다, 토번 대상에게 전쟁이 일어나기 전에 장사를 마치고 돌아가도록 했고, 재고상품도 몽땅 팔아 치웠으니 말이야."

"그 노인이 저를 대리인이라 우기면서 계약서에 서명하라 해서 혼이 났습니다."

양만춘이 내놓는 가계약서를 찬찬히 살펴보던 카를룩은 몇 번이나 고개를 끄덕이다가 만족스러운 미소를 지었다.

"그 영감은 좀 괴팍하지만 신용 있는 상인이지. 일 처리 솜씨를 보니 자네도 상인이 될 소질을 타고났구먼."

양만춘은 태연한 카를룩의 표정을 살펴보다가 문득 그런 일이 생길 줄 예상하고도 어떻게 일을 처리하는지 시험해 본 게 아닐까 싶었다.

하루 동안 쉰 후 카를룩은 모든 사람을 불러 모았다.

"이제부터 기련산맥을 넘어야 한다. 지난번 농산산맥보다 길이 더 험하니 준비에 소홀함이 없도록 하라!"

돈황은 어디메뇨

영수하 계곡을 따라 서쪽으로 나아가자 산길은 점점 가팔라지고 인가를 찾기 어려웠다. 나흘째 되던 날, 발아래로 지나온 협곡이 구불구불 펼쳐 있고, 좌우에 새하얀 모모산(毛毛山, 해발 4천 미터)과 만년설에 덮인 기련산맥 봉우리들이 날카롭게 솟아있었다.

"오늘 중으로 저 오초령(烏鞘嶺, 해발 3천 미터)을 넘어야 한다. 저 고개만 넘으면 양주(涼州, 현재 무위)다. 젖 먹던 힘까지 다 내라!"

황하 강변에선 봄이 무르익었지만 오초령은 한겨울이었다. 고갯길 응달은 빙판길이고, 공기가 희박한 탓인지 말들이 숨을 헐떡거렸다. 사람들은 말에서 내려 걷고, 몸 전체가 검고 긴 털에 덮여 있는 마오뉴〔毛牛〕라는 고산지대에 사는 소에게 짐을 옮겨 싣고서 간신히 고개를 넘었다.

몇 굽이 산줄기를 돌아가자 갑자기 전망이 확 트이면서 멀리 북쪽으로 펼쳐진 황량한 회색 들판이 눈에 들어왔다. 고비사막 서쪽 끝머리였다. 땀이 식으니 고개 바람이 칼날같이 매서웠다.

"조금만 더 가면 창송현(고랑)이다. 거기는 쉴 곳이 있다."

어둠이 내릴 때 성곽 같은 담으로 둘러싸인 장보(藏堡)에 닿았다.

양주로 가는 길은 지평선까지 아득하게 뻗은 회색의 고비(황무지)를 지나는 길. 가도 가도 꽃은커녕 시든 풀 덩굴만 이따금 보일 뿐이었다.

이윽고 지평선에 보이던 검은 점이 갈수록 옆으로 퍼지며 숲의

형체를 드러냈다. 드디어 중국문명 서쪽 변두리 하서(河西) 4군(무위·장액·주천·돈황)의 첫 번째 고을 양주에 도착했다.

이곳 산단(山丹)은 풍요로운 목초지. 기련산맥 눈 덮인 흰 봉우리 아래로 끝없이 펼쳐진 대초원엔 엷은 보랏빛 자운영, 흰 꽃 분홍 꽃 토끼풀로 덮이고, 수천 수만의 말 떼가 무리 지어 뛰놀고 있었다. 이곳의 산단마(山丹馬)는 군마(軍馬)로 명성이 높았다.

산단 남쪽 기련산맥에는 유명한 언지산(焉支山)이 있다. 언지산 꼭대기는 항상 눈으로 덮였고, 이 산 바위와 돌은 붉은색을 띠고 꽃도 붉은 꽃이 많은데 이 꽃으로 여자의 얼굴에 바르는 연지를 만든다. 이곳은 소나무와 동백나무 같은 나무와 풀이 우거지고 물이 풍부한 좋은 목초지여서 그 옛날 흉노들이 이 땅을 빼앗긴 후 이곳을 지나면서 울지 않은 자가 없었다고 했다.

감주(甘州, 장액)를 지나니 주천(酒泉). 여기서부터 사실상 중국은 끝나고 서역이 시작되는 곳이었다. 카를룩이 사흘 동안 휴식을 허락해서 시내 구경에 나섰다. 시내에 기련산맥 만년설이 녹은 푸른 개울이 흘러 버드나무와 백양나무가 숲을 이루었고, 거리에는 말보다 낙타가 더 많이 눈에 띄어 이국적인 풍경이었다.

네거리에 우뚝 선 종루(鐘樓)에 '남으로 눈 덮인 기련산맥을 바라보고 북으로 아득히 펼쳐진 사막을 거쳐 몽골로, 동으로 장안을 거쳐 화산까지, 서로는 이오(伊吾, 하미)를 거쳐 서역으로 통한다'는 큰 현판이 걸려 있었다. 종루 옆 2층 술집에 큼지막하게 금빛 글씨로 주천주루(酒泉酒樓)라 쓴 간판이 걸렸고, 출입문 양옆에

"하늘이 술을 사랑하지 않을진대 어찌 주성(술을 맡아 다스리는 별)이 있겠으며, 땅이 술을 사랑하지 않는데 주천(술샘)이 있을쏜가"라고 쓰인 황색 깃발이 펄럭였다. 땅 이름이 주천이고 술집도 주천인데 술 좋아하는 사내들이 어찌 술을 사양하랴.

2층 창가에 앉아 달빛에 빛나는 눈 덮인 기련산 연봉을 바라보고 술잔을 주거니 받거니 한창 기분이 거나한데, 아래층이 시끄러워지며 전쟁터로 출동하는 병사와 이곳 수비대원 사이에 싸움이 벌어졌다. 주먹다짐에서 칼을 뽑아 드는 살벌한 싸움판으로 불똥이 튀자 양만춘 일행은 서둘러 주점에서 나왔다.

심각한 표정을 지은 카룰룩이 양만춘을 불렀다.

"며칠 전 서돌궐 기병대 기습으로 이오(하미)로 가는 길 중간의 쌍천술(雙泉戌) 오아시스에서 수나라 주둔군이 전멸당했네. 원래 계획은 안서(安西)에서 이오를 거쳐 천산산맥 북쪽 초원의 길로 사마르칸트에 갈 예정이었지. 그 길이 전쟁터로 변했으니 부득이 돈황(沙州)에서 사막을 건너 천산산맥을 넘을 수밖에 없네. 그런데 길을 바꾸려면 길잡이와 낙타 구하는 게 가장 큰 문제일세. 내일 자네가 선발대가 되어 돈황으로 가게. 거기에는 소그드인 마을이 있으니 좋은 길잡이와 최대한 많은 낙타를 확보해 주게."

양만춘은 그의 부하와 바얀초르를 데리고, 가장 튼튼하고 날쌘 말 14마리를 골라 아침 일찍 길을 나섰다.

왼쪽에 기련산맥, 오른쪽으로 흑산과 마종산을 끼고 달리는 첫날 하룻길은 그런대로 괜찮았다. 이튿날 고개를 넘으니 그야말로 망망대해같이 넓게 펼쳐진 사막. 눈 닿는 데까지 모래뿐이었다. 바람이 한 번 불면 흙먼지가 치솟아 천으로 입과 코를 막아도 모래가 스며들어 숨이 답답해지고, 바람이 없으면 햇볕이 내리쬐어 눈을 뜰 수 없을 지경이었다. 그래도 몇십 리마다 오아시스가 있어 말을 타고 갈 수 있고, 샘가에 멈추어 목을 축이거나 숲 그늘에 쉴 수 있어 그나마 위안이 되었다.

이 황량한 땅 모래언덕에도 이따금 풀이 나 있었다. 작은 버들인 홍류(紅柳, 타마리스크)가 보이면 물기가 있는 땅이고, 호양(胡楊)●이 자라는 곳이면 오아시스, 그렇지 않으면 샘이라도 있었다.

안서에 가까워졌을 때 멀리 모래언덕 너머 푸른 숲과 호수의 모습이 뚜렷이 떠올랐다.

"왜 호수 쪽으로 가지 않지요?"

"저것은 도수(逃水, 신기루)라고 하는데 사막의 악령(惡靈)이 만들어 내는 환상이랍니다. 갈증에 시달린 대상이 도수를 보고 호수로 다가가면 호수는 더 멀리 달아나서 손짓하다가 홀연히 사라져 버리고, 검은 돌만 끝없이 깔린 '검은 고비'(돌이 많은 사막)에 갇혀 죽게 됩니다. 검은 고비에서는 바람 속에서 악령이 기묘한 소리를 내며 사람을 홀리기에 대상들이 가장 겁을 낸답니다."

길잡이는 두려움에 떨면서 소곤거렸다. 안서를 지나다가 세찬

● 타클라마칸 사막 지대에 자라는 버드나무의 일종으로 밑동이 유난히 굵고 산발한 머리카락같이 가지가 제멋대로 뻗는 기괴하게 생긴 나무. 나뭇결이 단단하고 오래 살아 이곳 사람들은 이 나무가 천 년을 살고 죽어서도 제자리에서 천 년 동안 버티며 썩지 않는다고 말한다.

모래바람을 만났다. 엄청난 바람이었다. 하늘에서 장대비같이 모래가 쏟아져 내리고 짙은 흙 안개로 앞이 보이지 않았다. 안서 지방엔 일 년 내내 이런 바람이 분다고 했다.

안서를 지나 닷새째 멀리 서쪽으로 톱날같이 날카롭게 솟은 봉우리가 뿌옇게 보였다. 길잡이가 기뻐하며 삼위산을 넘으면 돈황이라고 했다.

그 산줄기를 지나자 나무 한 그루 없는 모래산인 명사산(鳴砂山) 아래 초승달 모양의 맑은 호수가 보였다. 월아천(月牙泉) 아름다운 호숫가에 몇 그루 나무가 서 있고 갈대가 무성했다. 사막 한가운데 이렇게 신비로운 풍경이 숨어 있다니.

명사산은 높고 낮게 파도처럼 이어지면서 호수를 둘러쌌는데, 저녁 햇살이 내리쬐는 곳은 노랗게, 반대편 비탈은 검은색으로 선명하게 대비가 되었다. 호수 물은 하늘을 그대로 담은 듯이 푸르게 빛났다.

노을이 지고 밤이 오자 높이 솟은 달은 호수에 잠겼고, 명사산 모래는 서리가 내린 듯 희게 빛났다. 밤이 깊어가자 바람이 불 때마다 악기를 연주하듯 모래 흘러내리는 소리에 잠을 이루지 못했다.

타클라마칸 사막을 넘어서

流砂

타클라마칸 사막은 서쪽에는 파미르고원, 북은 천산산맥, 남으로 곤륜산맥의 거대하고 높은 산줄기로 둘러싸였고, 북동쪽 모퉁이만 고비사막에 이어지는데, 사하라에 이어 세계에서 두 번째로 넓다.

타클라마칸이란 '한 번 들어가면 살아서 나오지 못하는 곳'이란 뜻으로 중국인은 이곳을 유사(流砂), 즉 '움직이는 모래땅'이라 부르며 두려워했다. 쉬지 않고 불어오는 강한 바람으로 모래언덕이 쉴 새 없이 움직이기 때문에 붙여진 이름이다.

가도 가도 나무 한 그루 풀 한 포기 볼 수 없고, 살아 움직이는 것을 찾기 어려운 망망한 모래벌판. 아무리 황량한 땅이라 해도 어찌 이 사막과 견줄 수 있으랴. 이따금 하얗게 바랜 해골만이 길을 가리킬 뿐 새소리 한 번 들을 수 없는 침묵의 땅. 낮에는 뜨거운 열풍이 불었고, 밤이면 칼날같이 매서운 찬바람이 모래와 자갈을 날리며 귀신 울음소리 같은 소리를 냈다.

여기가 바로 죽음의 사막, 타클라마칸.

사막의 길잡이 체리크

사주성(돈황)에는 4천 호가 넘는 사람이 사는데, 수나라 사람보다 다른 종족이 더 많은 낯선 이국(異國)의 도시였다. 동문 밖 강가 언덕에 자리 잡은 안성(安城)은 소그드인이 모여 사는 마을이었다. 이곳 3백여 호 1,400여 명은 사마르칸트 부근에서 온 사람으로 출신지에 따라 강(康, 사마르칸트), 안(安, 부하라), 석(石, 타슈켄트), 사(史), 하(何), 조(曹), 미(米) 같은 아홉 개의 성〔昭武九姓〕을 가졌다.

건물들은 모래 언덕에 바짝 붙어 강을 따라 남북으로 길게 늘어서 있었다. 그 뒤쪽으로 키가 큰 백양나무가 숲을 이루었고 그다음에 사막 보리수 같은 키가 작은 나무들, 모래언덕에는 가시덤불이 자라서 사막에서 불어오는 바람과 모래를 막아주었다.

마을 앞 수로(水路) 옆길을 따라가 촌장 강살보 집을 찾았다. 살구나무 과수원에 들어서니 매부리코에 퉁방울눈을 한 노인이 평상(平床)에 앉아 부채질을 하다가 일어났다. 양만춘은 정중하게 인사하고 카를룩의 선물과 서신을 건네주었다.

"요즈음 카를룩은 이곳을 지나가지 않는 걸로 아는데?"

"수나라와 서돌궐 간에 전쟁이 일어나 이오를 거쳐 초원으로 가는 길이 막혀 부득이 돈황에서 사막을 건너게 되었습니다."

"낙타 4백 마리라…. 낙타 구하기는 그리 어려운 일이 아니지만 좋은 길잡이를 찾기가 쉽지 않아. 더구나 지금은 타클라마칸 사막을 가로질러 가기에 알맞은 계절도 아니거든."

양만춘은 이번 임무 중 가장 중요한 일이 좋은 길잡이를 구하는 것이라고 신신당부하던 것이 생각나서 다급하게 물었다.

"마땅한 길잡이가 없습니까?"

"있기는 한데 오늘 장가를 간단 말이야. 우리 풍속은 장가가서 한 달도 되지 않은 사내는 전쟁이 일어나도 병정으로 잡아가지 않는데 어찌 사막을 건너라고 할 수 있겠나."

"다른 사람은 없습니까?"

"이오 쪽으로 가는 길잡이야 몇 사람 있지만 카를룩이 원하는 길은 그동안 대상이 별로 다니지 않았기에 체리크가 아니면 어려울걸. 낙타주인도 낙타를 빌려주지 않을 테고 ….."

황혼이 되어 날이 선선해지자 정원에 푸른 장막을 치고 초대한 손님이 탁자에 앉으면서 혼례가 시작되었다. 나이가 듬직한 신랑은 눈빛이 날카로웠다. 음악이 연주되자 신랑, 신부는 나무로 만든 기러기 한 쌍을 앞에 두고 맞절을 했다. 들러리가 끈으로 부리를 동여매고 붉은 비단으로 몸통을 감싼 매 한 마리를 신부에게 건네주자, 신부는 이를 신랑에게 주어 하늘로 날려 보냈다. 기러기란 철 따라 남북으로 옮겨 다녀도 암수가 헤어지지 않아 변하지 않는 사랑을 의미하고, 매를 날려 보내는 건 신랑이 매가 창공을 훨훨 날듯 크게 성공하기를 축원하는 뜻이었다.

이윽고 손님들이 신혼부부에게 선물을 주는 순서였다. 강살보를 뒤따라 양만춘이 꽃과 새를 화려하게 수놓은 양주화조문금(楊州花鳥紋錦) 3필을 선물로 내놓았다. 오랫동안 대상 길잡이를 해서 세상물정을 아는 신랑이 깜짝 놀랐다.

"이 비단은 대상이 상품으로 싣고 다니는 비단이 아니라 중국에서도 귀족이나 큰 부호가 아니면 만져보지 못하오. 이런 귀한 물건을 왜 선물하지요? 까닭을 알기 전에는 받을 수 없소."

"나는 카를룩 대상(隊商)의 양만춘이오. 이번에 그대를 길잡이로 삼아 사막을 건너려 했으나 결혼 때문에 함께 가기 어렵다고 해서 실망했소. 그러나 달리 생각해 보니 그대의 경사스러운 결혼식 날이고, 아름다운 신부께 잘 어울릴 듯해 선물하는 것이오. 이것이 옛날 진(陳)나라 황실에 진상되던 귀한 물건임은 사실이오. 이비단을 마음의 선물로 나에게 준 친구도 이렇게 잘 어울리는 신혼부부에게 예물로 드리는 것을 그리 탓하지 않겠지요."

양만춘이 체리크의 눈을 쳐다보며 진지한 표정으로 말했으나, 신랑은 얼굴을 돌려 외면하면서 퉁명스럽게 내뱉었다.

"받을 수 없으니 도로 가져가시오."

신부는 한 번도 본 적 없는 화려한 비단을 넋을 잃고 바라보다가 무척 실망한 표정을 지었다. 양만춘은 담담하게 말했다.

"체리크, 결혼을 축하하는 마음의 선물이니 부담 없이 받으시구려. 이번에는 우리가 운이 없어 당신 도움을 받지 못하지만, 다음에 인연이 닿기를 바랄 뿐이오."

체리크는 양만춘의 얼굴과 신부를 번갈아 쳐다보다가 강살보에게 무뚝뚝하게 물었다.

"어르신, 대상은 언제 출발하지요?"

"자네도 알다시피 멀고 험한 길을 가려면 조수(弔水)를 해야 할 테니 최소한 열흘 여유야 있겠지."

조수란 낙타가 먼 길을 떠날 때면 떠나기 열흘 전부터 낙타에게 물을 먹이지 않고, 방목시간도 줄여서 풀을 통한 수분의 섭취까지 줄이는 것을 말한다. 이렇게 단련해야 낙타의 몸이 굳세지고, 발굽 바닥의 각질이 단단해져서 험한 길을 갈 수 있다. 그리고 출발 직전에야 충분하게 물을 먹인다.

"좋소. 길잡이를 맡겠소. 내일 오후에 우리 집에 들러주시오."

돌아오는 길에 강살보가 양만춘에게 축하했다.

"체리크가 길 안내를 맡았으니 걱정할 게 없네. 그 사내는 최고 길잡이니까. 그런데 자네가 사람의 마음을 사로잡는 솜씨도 여간 아니더군."

그리고는 혼잣말처럼 중얼거렸다.

"길잡이나 낙타몰이꾼이란 사막을 건너다 호된 고생을 치르고서 다시는 이 짓을 않겠다고 굳게 다짐했다가도, 멀리서 낙타 방울소리가 들려오면 무엇에 홀린 듯 대상을 따라 길을 나서는 사내들이지."

돈황은 중국 통치권이 미치는 땅이지만, 봄바람도 넘지 못한다고 시인이 한탄한 옥문관이나 양관을 나가면 거친 황무지 서역(西域)으로 중국말이 통하지 않는 전혀 다른 세계였다.

이른 아침 카룰룩은 공험을 제출하고 국경을 넘는 허가를 얻자, 돈황의 서문을 나서 긴 행렬을 지으며 옥문관으로 향했다.

"딩당, 딩당" 낭랑하게 울려 퍼지는 방울소리를 듣노라니 양만춘은 비로소 카라반(caravan, 낙타 대상)을 따라 사막을 건넌다는 걸 실감했다. 카라반은 낙타 18마리를 1연(鍊), 2개 연을 '파'(把)라 하여 하나의 무리를 이루었다. 카를룩 카라반은 모두 8개 파, 낙타 288마리에 상품을 싣고, 별도의 3개 파에는 식량과 물을 운반하는데, 파마다 '반두'(班頭)라는 노련한 낙타몰이꾼이 행렬을 이끌었다.

낙타 방울은 타원형으로 한 자쯤 될까? 대접만큼 굵은 쇠로 만든 통처럼 생겼는데, 목이 아니라 막대기에 매달아 대열〔把〕맨 뒤 낙타 안장에 꽂아두었다. 낙타몰이꾼은 선두 낙타를 타고 가다가 방울소리가 들리지 않으면 뒤쪽 낙타가 사라진 걸 알고 즉시 찾아왔다.

저녁 무렵 소륵하(疏勒河)에 닿았다. 강폭은 넓었지만 깊이는 무릎에도 오지 않고, 깊은 곳도 허리까지 차지 않았다. 이 물줄기는 기련산맥의 눈 녹은 물이 흘러내린 것으로 사막과 초원을 가로지르면서 때때로 물의 흐름이 바뀌는가 하면, 땅속에 숨었다가 다시 땅 위로 나타나는 변덕 많은 강이다.

카라반 대열은 소륵하 줄기를 따라 옛 한나라 옥문관 터인 무너진 성터를 지나 서쪽으로 나아갔다.

"오래지 않아 돈황에 올 때 경험했다던 어설픈 사막과 다른 진짜 사막을 볼 거요. 저쪽으로 가는 길은 삭간도(莎竿道). 이오까지 700여 리 길에 샘이 두 개 있고. 카를룩이 처음 가려던 막가연도

(莫賀延道) 보다는 험하지만 그런 대로 갈 만한 길이오. 우리가 가려는 대해도(大海道)는 고창국(투르판)에 가는 지름길이고. 전쟁터는 피하지만, 죽음의 사막 타클라마칸을 가로지르는 1,300리 동안 샘다운 샘은 하나도 없소. 낙타는 물 없이도 한 주일쯤 견디지만 열흘 이상은 어려워요."

"체리크, 그렇다면 대해도로 가는 것은 무리이지 않나요?"

"아암, 무리이고말고. 대해도를 가장 잘 아는 나조차도 이번 길에 어떤 어려움을 당할지 장담할 수 없소. 그래도 자네 두목은 예상하지 못한 어려움보다 이미 알고 있는 위험을 피하는 게 쉽고, 전쟁터보다 자연의 난관을 돌파하는 게 더 안전하다고 말했다며?"

양만춘이 근심스러운 낯을 짓자 체리크가 호탕하게 웃었다.

"너무 염려 말아요. 철(鐵)의 사나이 체리크를 길잡이로 삼았거늘 무엇을 두려워해요?"

양만춘이 사막을 건너는 것은 처음이라고 하자, 체리크는 사막을 여행할 때 필요한 요령을 자상하게 설명했다.

"사막 여행자가 머리부터 발끝까지 감싸는 긴 모피 옷을 입는 까닭은 흰색 털이 열을 반사해 한낮 뜨거운 햇빛을 막아주고, 저녁에 뒤집어 입으면 가죽 부분이 밖으로 나오고 긴 털이 몸을 감싸 밤의 추위를 막아주기 때문이오. 더울수록 두꺼운 옷을 입어 땀의 증발을 막아야지 그렇잖으면 몸에 있는 물기를 몽땅 빼앗겨 죽을 거요."

카라반의 선두에 서는 낙타는 가장 강건하고 훈련이 잘된 놈이라야 한다. 선두 낙타가 앞장서면 그 뒤 녀석들은 묵묵히 두목을 따라간다. 또한 낙타는 보기와 달리 더위를 몹시 싫어하므로 사막이 불덩이같이 달궈지는 한여름에는 움직일 수 없고 8월을 지나 선선해져야 사막을 건너기 좋고, 먹이를 먹일 때도 한낮의 풀은 피하고 아침저녁 서늘한 때 먹여야 병에 걸리지 않는다.

"낙타는 워낙 겁이 많은 동물이라서 야생토끼 한 마리가 앞을 가로질러 가도 겁을 집어먹고 미친 듯 날뛰기 때문에 낙타 여행을 제대로 하려면 낙타 방울이 필요해요. 조용한 사막에서 울리는 크고 힘찬 소리는 5리 밖까지 들리는데, 먹이를 찾던 여우나 토끼가 끊임없이 울리는 방울소리를 듣고 멀리 도망치거나 굴속에 숨기 때문이지요."

사흘째 되던 날 풀 한 포기 자라지 않고 거세게 바람만 부는 메마른 고원지대로 들어섰다. 모래벌판에는 괴상하게 생긴 거대한 바위가 수없이 솟아 눈 닿는 데까지 아득히 이어졌고, 바람이 불면 울부짖듯 무시무시한 소리가 들려왔다.

"이 바위기둥은 사막의 거센 바람에 약한 부분이 깎여나가 딱딱한 돌만 남은 것으로 여기서 백여 리까지 이런 풍경이 이어져요."

북풍이 강하게 불자 모래와 작은 돌이 날아와서 얼굴을 때렸다. 모래가 날고 돌이 구른다는 글을 읽은 적이 있지만, 몇 걸음 앞도 보이지 않는 엄청난 바람이었다.

"사막의 첫인사치고는 대단하군."

"이 정도는 어린애 장난이란 걸 곧 알게 될 걸요."

백 척이 넘는 버섯모양 돌기둥들을 지나자, 고원을 따라 계속

가는 길과 아래로 내려가는 갈림길에 부처 모습이 새겨진 돌기둥이 서 있었다. 거센 바람 탓일까? 코는 떨어져 나가고 얼굴 한 모서리도 이지러졌지만 환하게 웃는 밝은 미소와 봉긋한 입술이 보는 이의 마음을 따뜻하게 녹여주었다.

내리막길로 내려가니 푸른 풀밭이 펼쳐지고 맑은 시내가 흘렀다.

"이 시냇물은 소륵하 강줄기 끝머리요. 그동안 땅속으로 흐르다가 사막으로 사라지기 전에 마지막으로 여기서 얼굴을 내밀죠. 내일부터 사막으로 들어가야 할 테니 오늘은 푹 쉬면서 낙타에게 충분히 물을 먹이고 풀을 뜯게 해야 합니다."

잠시 사라졌던 체리크가 '사막의 파'라는 풀을 잔뜩 뜯어왔다.

풀은 부추처럼 생겼으나 잎이 파와 비슷했는데, 소금을 조금 뿌리고 기름에 볶아내니 향긋하고 부드러운 게 입맛을 돋우었다.

"이제부터 타클라마칸 사막이 시작되니, 보름 후 고창국에 닿기 전까지 마지막으로 먹는 신선한 채소이니 많이 먹어두시오."

밤이 되자 한겨울같이 추워졌지만 바람이 멈추자 밝은 달이 시냇물에 비쳐 금빛 은빛 물결이 아름다웠고, 활활 타오르는 화톳불에 몸이 녹아 아늑했다. 양만춘은 눈먼 소그드 노인이 불렀던 노래가 생각나 체리크에게 물어보았다.

"혹시 누란이란 나라를 아시오?"

"내가 어렸을 때 할아버지에게 '전설의 나라 누란' 이야기를 처음 들었소. 오랫동안 꿈속에서 그리다가 몇 해 전 친구와 누란을 찾아 나섰지요. 좀 전에 우리가 지나온 갈림길에서 부처 모습의 돌기둥을 봤나요? 그곳에서 메마른 고원을 따라 남쪽으로 백여 리를 더 가면 백룡퇴(白龍堆)라는 곳에 닿게 되지요."

그곳은 살아있는 건 찾아볼 수 없는 소금벌판이 끝없이 펼쳐지고, 뾰족한 산들이 톱날같이 솟은 텅 빈 세계, 바람소리밖에 들리지 않는 침묵의 땅이었다. 여기저기 쇠못같이 날카로운 돌이 땅에 박혀 있어 낙타 발바닥에 두꺼운 소가죽을 신겼어도 지나기 힘들었다. 무섭게 내리쬐는 햇빛과 무더위, 휘몰아치는 열풍 때문에 물을 마셔도 목마름은 가시지 않고 의식이 몽롱해졌다. 텅 빈 벌판을 휘몰아치는 바람이 친구 목소리로 말을 걸거나 비명을 지르듯 이상야릇한 소리를 내면서 끊임없이 불어왔다.

체리크는 모래 위에 흩어져 하얗게 반짝이는 사람과 낙타 뼈를 길잡이 삼아 죽음의 땅 백룡퇴 3백 리 길을 지나 드디어 전설의 나라 누란에 닿았지만, 푸른 르프노르 호수는 찾아볼 수 없고, 풀 한 포기 없는 모래 언덕에 무너진 성벽과 허물어진 집터만 남아 있었다. 모래 폭풍에 찢겨 나간 호양나무 고사목(枯死木), 땅속에 묻힌 버드나무와 뽕나무, 각종 과일나무의 말라비틀어진 줄기가 한때 사람이 살았다는 흔적을 남기고 있을 뿐이었다.

"한 마리 야생토끼나 사막의 들쥐조차 찾아볼 수 없는 죽음의 땅. 말라버린 강가에 거대한 진흙더미가 있었는데 어쩌면 불탑(佛塔)의 잔해였을까? 거기서 이것을 주웠지요."

체리크가 품속에서 꺼낸 구리거울에는 용과 호랑이 무늬가 놀라울 만큼 아름답게 새겨졌고 사람 얼굴 모습이 비칠 듯 매끄러웠다.

카라부란

파도가 넘실거리는 바다처럼 끝없이 이어지는 크고 작은 모래언덕이 멀리 지평선까지 펼쳐졌다. 이런 풍경 때문에 길 이름을 대해도(大海道)라 한 것일까. 카라반은 갈수록 높아가는 모래언덕을 넘는 일이 여간 고달프지 않았으나, 노련한 길 안내꾼 체리크는 낮에는 해, 밤엔 별을 보고 방향을 정하며 높이 솟은 모래언덕을 피해 북서쪽으로 나갔다.

낙타는 더위를 싫어해 카라반은 밤이나 아침저녁 시원한 때에 움직이고, 낮에는 햇빛을 가릴 차양막이나 천막을 치고 쉬었다.

한낮의 더위는 대단했다. 해는 불타오르고 햇볕은 화살같이 내리쬐어 달아오른 모래의 열기로 차양막이나 천막 아래서도 숨 막히는 더위를 피할 수 없었다. 그러나 밤이 깊어지면 대기는 얼음같이 차가워지고 추위는 뼛속까지 스며들었다.

양만춘이 한밤중 추위로 괴로워하자 체리크는 낙타 두 마리를 서로 마주 보고 엎드리게 하고 낙타 목덜미 아래 길게 늘어진 털로 이불처럼 몸을 덮어주었다. 사람에게 친숙해진 낙타는 자기 주인이 목덜미 아래 잠들면 목을 함부로 움직이지 않았다.

숲도 개울도 없는 갓 태어난 모습 그대로인 원시의 땅은 이를 창조한 절대자의 높고 위대함을 그대로 드러내는 곳이다. 끝없이 펼쳐진 하늘과 모래바다에 서서 인간이 얼마나 하찮은 존재인지 뼈저리게 느꼈다. 여기는 신을 찾고 그분을 만나는 거룩한 장소. 양만춘은 지난날을 되돌아보며 명상에 잠겼다.

숨 쉬는 그 무엇의 삶도 거부하는 황량한 땅에도 아름다움은 살아 있었다. 빛에 따라 순간순간 변하는 사막의 모습은 신비로웠고, 바람이 쓸고 간 모래언덕엔 신의 숨결을 보여 주듯 제각기 다른 섬세한 무늬가 새겨졌다. 불타오르던 해가 진홍색으로 폭발하는 노을도 멋진 풍경이지만, 땅거미가 내리며 사막에 서늘한 기운이 퍼지고 흐릿하던 지평선이 뚜렷하게 떠오르는 광경도 정겨웠다.

밤이 오면 달빛을 흠뻑 머금은 모래가 수정같이 빛나고, 거대한 유르트(천막)의 천장처럼 둥근 밤하늘에 매달린 무수한 별 무리가 손을 내밀면 우수수 쏟아져 내릴 듯 가까이 반짝거렸다. 체리크는 별자리를 하나하나 가리키며 그 이름과 전설을 이야기했다. 별들은 제각기 정해진 자리가 있어 계절에 따라 자리가 달라지고 시간이 지나면 위치도 바뀌므로 사막을 건너는 사람에게 길잡이고 계절과 시각까지 알려 주는 친구였다.

대해도에 들어선 지 닷새째. 모래언덕이 점점 낮아지더니 바위산이 보였다. 바위산 아래 샘이 있고 풀밭이 펼쳐졌는데, 샘 근처에 야생 파가 자라고 가까이 다가가니 유황 냄새가 짙어졌다. 샘물은 유난히 맑았으나 주위엔 짐승 발자취도 없고 물속에 벌레 하나 찾아볼 수 없었다. 체리크가 달려와 양만춘을 가로막았다.

"이건 먹을 수 없는 물이야. 물속에 풀이 자라고 소금쟁이가 떠다니면 마실 수 있지만, 벌레도 살지 않는 샘은 조심해야 하네."

며칠 동안 싱싱한 풀을 먹지 못한 낙타에게는 뜻밖의 행운이었다. 그는 낙타를 순서대로 앉히고 짐을 풀어 쉬게 했다. 해가 지고

서늘해지자 낙타를 풀어놓아 실컷 풀을 뜯어 먹게 하였다. 체리크
는 사막에도 몇 년에 한 번 비가 내리고, 그런 곳에는 씨앗이 앞다
퉈 싹을 틔우고 자라서 이런 풀밭이 생긴다고 했다.

성싱한 풀을 먹고 휴식을 취한 낙타가 원기를 회복해 순조롭게
여행을 계속한 지 사흘, 바람 한 점 없이 숨 막히게 무더운 낮이었
다. 오전 행군을 마치고 체리크와 양만춘은 천막 그늘에 앉아 말
린 고기와 물을 마시며 쉬었다. 갑자기 낙타가 귀를 쫑긋 세우고,
고개를 흔들며 놀란 눈으로 북동쪽을 바라보고 안절부절못했다.

낙타의 심상찮은 움직임을 본 체리크가 한참 동안 북동쪽을 살
펴보더니 얼굴이 새파랗게 질려 다급하게 외쳤다.

"카라부란(검은 모래폭풍)이다, 카라부란! 모래언덕 남서쪽으로
빨리 피하라. 짐을 붙들어 매고 낙타끼리 밧줄로 연결해 단단히
잡아매라."

구름 한 점 없던 하늘이 동쪽으로부터 새까맣게 변해갔다. 먹물
같이 시커먼 동쪽 하늘과 눈부시게 파란 서쪽 하늘로 나눠진 것도
잠깐, 순식간에 칠흑같이 어두워지고 검은 폭풍이 무서운 힘으로
덮쳤다. 채찍을 휘두르듯 날카로운 바람소리가 대기를 가르며 점
점 가까워졌다. 시커먼 모래 기둥이 소용돌이치며 다가오면서 엄
청난 양의 모래와 자갈이 하늘로 솟구쳐 올라 휘돌다가 사람과 낙
타 위로 쏟아져 내렸다. 뒤이어 으르렁거리는 땅울림과 함께 카라
부란은 성난 파도처럼 거대한 모래벽을 일으켜 세우며 밀려왔다.

모두 두꺼운 털 담요를 뒤집어쓰고 머리 위로 쏟아지는 자갈과

돌에 다치지 않도록 낙타 옆에 납작 웅크렸다. 미친 듯이 사방에서 휘몰아치는 모래바람에 고개를 들거나 눈을 뜰 수 없었고 한 치 앞도 보이지 않는 어둠 속에서 숨을 죽였다.

영원히 계속될 것같이 길게 느껴지던 검은 모래폭풍의 거센 바람이 점차 잦아들더니 눈앞이 조금 밝아왔다.

"카라부란이 지나갔소. 일어나 낙타와 짐을 살펴보시오."

카라부란이 휩쓸고 가자 주위의 풍경이 변했다. 얕은 모래언덕이 높고 거대하게 부풀어 올랐는가 하면, 모래언덕이 있던 곳이 평평해져 낯선 모습을 보여 주었다. 움직이는 모래땅〔流砂〕이라더니 카라부란이 불자 반나절도 되지 않아 땅 모양이 이렇게 변하다니. 체리크가 이끄는 선발대와 카를룩의 본대(本隊)는 큰 피해가 없었지만 식량과 물을 운반하던 후발대가 엄청난 재난을 당했다. 바얀초르는 다행히 목숨을 건졌지만, 2개 파의 낙타와 짐이 모래에 파묻혔고 낙타몰이꾼 두 사람도 사라져 버렸다.

"카라부란을 만나면 카라반 모두가 모래 속에 파묻힐 때도 있는데 이만하기 다행이지."

체리크는 애써 명랑하게 말했으나 표정은 어두웠다. 사라진 파(把) 중 하나가 물을 운반했기에 당장 내일부터 물 배급량을 줄여야 하는 게 카라반 모두에게 큰 고통이었다.

카라부란이 지나자 먼지로 뿌옇게 덮여 밤에 별이 보이지 않고 아침이 되어도 해를 볼 수 없어 동서남북을 짐작할 수 없었다. 체리크는 해의 높이와 그림자, 별자리와 모래언덕 모양을 살펴보고 방향을 정했다. 모래언덕은 바람이 불어오는 쪽은 완만한 경사를 이루고 바람이 지나는 쪽은 가파른 경사를 짓는데, 대해도에는 항상 북서쪽 천산산맥에서 강한 바람이 부니까 모래언덕이 완만하면 북서쪽을 가리키지만, 카라부란으로 이마저 믿을 수 없게 되었다.

모래먼지가 가라앉자 불볕더위가 몰아쳤다. 체리크가 입버릇처럼 "해는 악신(惡神)이고 달은 자비로운 어머니〔善神〕"라던 말이 피부에 와 닿았다. 태양은 바위 그늘 하나 없는 사막 위로 뜨겁게 내리쬐고 모래는 숯불처럼 열기를 내뿜었다.

체리크가 낮 휴식을 취하고 있는 양만춘을 찾아왔다. 언제나 자신만만하던 사나이가 풀이 죽어 어두운 얼굴로 소곤거렸다.

"주위를 좀 살펴주겠소? 카라부란으로 길이 어긋났나 봐요. 제대로 왔다면 작년에 비가 내려 풀밭이 된 곳에 닿았어야 하는데."

양만춘은 가장 높은 모래언덕에 올라가 사방을 내려다보았지만 눈길 닿는 곳은 모래바다가 하늘과 맞닿아 있을 뿐, 체리크가 말한 풀밭이나 흰 눈 덮인 천산 봉우리를 찾을 수 없었다. 체리크는 당황하더니 물의 양을 정확히 알아보라고 부탁했다. 남아있는 물은 예상보다 적었다. 출발할 때 충분한 물을 준비했지만, 카라부란으로 1파의 물을 잃어버렸고, 남은 물 부대 중에도 양가죽이 찢어진 게 많았기 때문이었다. 그는 심각한 얼굴로 모두 한마음이 되어 이 어려움을 헤쳐 나가자고 호소했다.

"오늘부터 선발대와 본대, 후발대가 모여 함께 움직이고 물 배급량도 반으로 줄이겠습니다."

사막에서 가장 견디기 어려운 건 목마름이었다. 이런 더운 계절엔 하루 8리터 이상 물을 마셔야 하는데 반으로 견디려고 하니 자나 깨나 물 생각만 났다. 사흘이 지나자 목구멍이 바짝 말라 마른 육포 조각을 삼키기가 힘들고 온몸이 나른해졌다.

모든 얼굴에는 짙은 그늘이 드리웠고 점점 말을 잃어갔다. 사람뿐 아니라 낙타도 나날이 쇠약해졌다. 쉴 때도 고개를 축 늘어뜨린 채 엉거주춤 서 있는가 하면, 마른 풀을 내밀어도 코를 킁킁거리면서 먹지 않았다. 오래지 않아 약한 놈은 쓰러질 것 같았다.

낙타는 한꺼번에 다섯 말 이상 물을 마실 수 있고, 물 없이 칠팔일은 견디지만, 이슬 젖은 풀을 먹은 지 벌써 여드레나 지났다. 이제 낙타에게 물을 주어야 할 때였다. 체리크는 사막을 벗어나려면 낙타가 살아남아야 한다면서, 우선 한 마리에 세 말씩 물을 나누어 주고, 한 주일 안에 물을 발견하지 못하면 강한 놈에게만 충분히 물을 주고 나머지 낙타와 상품은 포기할 수밖에 없다고 선언했다.

닷새 후 낙타몰이꾼이 고함을 질렀다.

"타마리스크〔紅柳〕다! 타마리스크."

체리크를 비롯해 모든 사람이 모여들었다. 싱싱한 초록색 잎을 단 타마리스크 한 그루가 자라고 있었다. 주위를 아무리 둘러보아도 풀 한 포기 찾을 수 없었지만 모두 희망에 부풀었다. 아직 어려움이 끝난 건 아니지만 모래바다〔流砂〕를 벗어나 물이 있는 땅에 가까워진 것이다. 사람 얼굴에만 생기가 돈 것이 아니라 낙타에게도 그 기분이 전달된 것 같았다.

북서쪽으로 나아갈수록 모래언덕의 높낮이가 완만해지고 낮은 언덕이 계속되면서 낙타 발걸음도 한결 빨라졌다. 다음 날 체리크는 호양(胡楊) 몇 그루가 서 있는 곳을 발견했다. 샘은 없었지만 선두 우두머리 낙타가 그 자리에 멈추어 서서 움직이려 하지 않았다.

"틀림없이 물이 있을 것이오. 이곳을 파봅시다."

모래를 다섯 자 정도 파 내려가자 물이 고였다. 물에 소금기가 많아 사람은 마실 수 없었지만 낙타에겐 문제가 되지 않았다.

고창성 高昌城

고원지대 마루턱에 올라서자 멀리 북서쪽으로 머리에 흰 눈이 덮인 험준한 천산산맥 봉우리들이 솟았고, 그 앞에 아침햇살을 받아 반짝이는 호수가 있었다.

"고창성이다!"

"하늘이시여, 감사합니다. 저를 믿고 따라준 여러분께 실망을 주지 않게 해주셨으니."

풀이 죽고 초췌했던 체리크 얼굴에 환한 웃음이 피어났다. 자신을 되찾더니 악단 지휘자처럼 능숙하게 카라반을 이끌었다.

"저 아래 보이는 계곡으로 가면 시원한 샘이 있을 것이오."

두 시간도 채 지나지 않아 풀이 무성한 계곡에 도착하니 절벽 아래 바위틈에서 맑은 샘이 솟아 실개천이 흐르고 있었다. 그 옆에 백양나무가 가지를 드리워 고사리와 고비가 우거졌고, 잠자리가 날아다니고 놀란 개구리가 뛰는 게 보였다. 샘이란 이렇게 많은 생명을 기르는 것일까? 그 주위엔 온갖 새를 비롯해 사슴과 야생 당나귀, 여우와 토끼 발자국이 어지럽게 찍혀 있었다. 체리크가 뛰어가 한 바가지 샘물을 퍼서 양만춘에게 내밀었다.

"마셔보세요. 얼마나 좋은지."

달고 차가운 물은 목마름뿐 아니라 마음의 갈증조차 씻어주는 감로수(甘露水)였다.

흰 눈 덮인 천산산맥을 뒤에 두고, 아이딘 호수 너머 불길에 휩싸인 듯한 화염산(火焰山, 쿠즈로다고) 기슭에 고창성(高昌城, 투르판)이 자리 잡았다. 눈이 시릴 듯 푸른 하늘 아래 우뚝 솟은 붉은 화염산(해발 851m). 그 강렬한 색깔의 대비가 그림같이 아름다웠다. 듬성듬성 풀이 나 있는 황무지를 지나 아이딘 호수●로 나아갔다. 호숫가 진흙땅은 거북이 등짝처럼 갈라졌는데 하얀 서리가 내려 있었다. 소금이었다. 하얀 소금 띠와 여러 가지 모양의 결정체인 염정(鹽晶)이 아름다운 무늬를 이루었는데, 낙타가 걸어가면 빠드득빠드득 소리를 내어 흡사 눈을 밟고 지나가는 기분이었다. 이 호수는 지금 물이 조금밖에 없으나 초가을부터 물이 고이기 시작해 겨울에는 큰 호수가 되는데 호수가 얼면 그 위로 지나갈 수 있지만 지금은 진흙구덩이였다.

● 아이딘 호수의 수면은 해발 -154m로 지구에서 사해(死海) 다음으로 낮음.

고창성은 동서 1.4km, 남북 1.5km 정사각형 성벽으로 둘러싸인 인구 6만의 큰 성으로 성안에 30개 사원이 있는 불교국가였다.

국왕 국백아(麴伯雅, 재위 601~623년)는 카간의 딸을 왕후로 삼았고, 토둔(돌궐의 벼슬아치)이 성에 머물며 세금을 거둬 서돌궐의 영향력 아래 있었다. 하지만 서돌궐의 묵인 아래 수나라에도 조공을 바쳐 이들 양국 사이에 줄타기 외교를 하면서 독립을 유지했다. 이 도시국가는 카라반으로부터 거둬들이는 통행세가 국가재정의 큰 몫을 차지했고, 이들을 상대로 장사와 숙박업을 하는 국민이 많아 카라반은 항상 반가운 손님으로 대접받았다.

낙타 3백 마리가 넘는 큰 규모의 카를룩 카라반이 오자 고창성 남문에는 관리와 주민들이 마중 나왔고, 열두 명 소녀가 달려와 카를룩과 체리크의 목에 꽃다발을 걸어주었다. 사막을 건너온 자에게 시끌벅적한 도시는 너무나 정답게 느껴졌다.

남문에 들어서니 나무 한 그루, 풀 한 포기 없는 거대한 붉은 사암(砂岩)의 화염산이 눈앞으로 다가왔다. 강렬한 햇살로 검붉게 타오르는 거대한 불꽃 같은 아지랑이가 산을 휘감아 불길이 너울거리는 듯 보였고, 산기슭을 따라 늙은 고목의 억센 뿌리같이 깊게 패인 수백 수천 가닥 주름이 흘러내렸다.

이 웅대한 화염산을 배경으로 궁성과 황금빛의 원추형 스투파〔佛塔〕가 우뚝 서 있었다. 마차 4대가 나란히 달릴 수 있을 만큼 넓은 길이 궁성 앞까지 시원하게 뚫려 있었고, 시렁 위로 뻗어 올라간 포도넝쿨이 그늘을 드리운 인도(人道)에는 사람 왕래가 끊이지 않았다.

시장 옆 카라반 세라이●에 짐을 풀고 오랜만에 마음 편히 쉬었다. 뒤뜰에는 맑은 실개천이 흘러내려 장미와 포도 넝쿨이 무성한 작은 연못으로 들어갔다. 사막지대에 웬 시냇물인가 싶어 물었더니 멀리 천산(天山) 눈 녹은 물을 수십 리나 되는 지하수로인 카레즈(坎兒井)를 통해 끌어온다고 했다.

체리크가 소개한 노인의 안내로 카레즈를 둘러본 양만춘은 거대한 규모와 시설을 보고 입을 다물 수 없었다.

"우와, 정말 대단하군요. 사막 땅속으로 강물이 흐르다니."

노인은 놀라서 빛나는 양만춘의 눈을 보고 만족스러운 듯 흰 수염을 쓸어내리며 미소를 지었다.

"물은 사막에 사는 사람에게 생명 그 자체라네. 우리 조상님은 페르시아에서 카레즈를 보고 와서 수백 년 동안 계속 건설해 왔지."

"어떻게 이처럼 풍부하고 맑은 물을 얻을 수 있나요?"

"아무 곳이나 물이 솟는 건 아니지. 카레즈의 핵심은 풍부한 물이 솟는 샘을 찾는 게야. 땅속엔 우리가 모르는 신비한 강이 흐르고 있네."

노인은 목소리를 낮추어 큰 비밀을 알려 주었다.

"물줄기를 찾는 건 아무나 할 수 없다네. 끊임없는 수련도 필요하지만, 하늘이 준 재능을 타고난 사람만이 가능한 일이야."

고창국은 생명줄인 카레즈가 막히지 않고 계속 흐르게 하려고

● 카라반 세라이(caravan serai)란 낙타 대상이 머무는 여관. 2층은 숙소이고 1층은 창고나 낙타 마구간임.

수로에 백 자마다 따로 보조 우물을 파서 여기에 도르래를 설치했다. 이 도르래에 매인 밧줄에 바구니를 달아 수로에 내려주면, 인부(人夫)들이 수로를 막는 흙과 자갈을 바구니에 퍼 담고, 소가 밧줄을 앞으로 끌어 바구니가 땅 위로 올라오면 그 흙과 자갈을 버린다. 소가 뒷걸음질 치면 바구니가 다시 지하수로로 내려가 청소를 계속하는데 보조 우물 중 깊은 곳은 3백 자나 되었다.

양만춘은 사막을 건너면서 물의 귀중함을 뼈저리게 느꼈다. 고창국의 카레즈를 둘러보면서 위험한 유사(流砂)를 건너온 것이 결코 헛된 일이 아니었음을 깨달았다.

"앞으로 내가 성(城)을 세우게 된다면 고창국 제일의 우물 파는 기술자를 불러 물이 끝없이 솟는 우물을 파리라."

다음 날 고창국 포도 골짜기를 찾았다. 천산산맥 눈 녹은 물을 수원(水源)으로 삼아 카레즈로 물을 끌어들여 폭 5백 미터, 길이 8km에 달하는 거대한 포도농장을 만들고, 모양과 맛이 다른 수십 종 포도를 재배하고 있었다. 장안에서는 황제나 맛볼 수 있다는 포도, 부호나 귀족이 아니면 구경하기조차 어렵다는 포도주를 마시면서 생각에 잠겼다.

'고창국도 카레즈가 막혀 버린다면 그 번영을 잃고 말겠지.'

문득 숲을 베고 크루크강 물줄기가 계속 흐르도록 관리하지 않아 멸망당했다던 누란의 전설이 떠올랐다.

사막을 함께 건너는 동안 깊은 정이 들어 체리크는 강철 사나이답지 않게 눈물을 글썽이며 양만춘과 헤어짐을 슬퍼했다.

"처음 만났던 날 자네에게 내 마음을 사로잡는 신비한 힘을 느꼈어. 신혼이었으나 길잡이로 나섰던 건 그 때문이고. 만나면 언젠가는 헤어지지만 너무 짧은 시간이어서 안타깝구먼."

그는 목걸이를 벗어 양만춘의 목에 걸어주었다.

"형제여, 먼 길 잘 다녀오시게. 이 조그마한 백옥(白玉) 부처상은 내가 항상 걸고 다니던 부적(符籍)이라네. 험한 길 온갖 위험에서 자네를 지켜줄 걸세."

체리크는 양만춘이 황하 상류 장터에서 구해 선물한 티베트산 흑수정(黑水晶) 안경을 흔들며 외쳤다.

"다시 보세, 형제여. 나를 잊지 말게나."

"잘 가시오, 체리크. 행복하게 살기를."

고창성을 나와 서쪽으로 가니 카레즈의 물이 공급되는 땅은 초록으로 빛났지만 그렇지 않은 곳은 누런 사막이었다. 밝은 태양 아래 선명한 초록과 황토색의 대비가 너무나 뚜렷했다.

다음 날 저녁 무렵 30m가 넘는 절벽 위에 우뚝 선 교하성(交河城)이 보였다. 인구 1만 7천의 고창국 영토였다. 이곳은 다허(大河)와 옌허(沿河)라는 두 개의 강이 흐르면서 깎이고 또 깎여 만들어진 험한 절벽 위 큰 배 같은 평평한 대지에 도시를 세웠다. 오랜 세월 자연이 조화를 부려 만든 난공불락의 요새였다. 그러나 사람이 이를 지키지 못한다면 무슨 소용이 있으랴.

절벽 아래 강가에는 버드나무 숲과 밭이 펼쳐졌고, 성안 대불사 큰 탑이 멀리 보였다. 교하성을 지나 은산도(銀山道)로 들어섰다.

은산도는 타클라마칸 사막을 가로질러 횡단했던 대해도와 달리 오른쪽으로 천산산맥 산줄기를 보면서 사막 변두리를 따라가는데, 곳곳에 작은 오아시스가 있어 여행길은 어렵지 않았다. 황량하지만 곳곳에 낙타 풀을 볼 수 있는 황야를 지나니 다시 사막길이었다.

만남과 배움 끝이 없어라

天山山脈

　서역 한가운데 자리 잡은 쿠차[龜玆國]는 인구 10만이 넘는 서역에서
가장 크고 번영한 도시국가로, 눈 덮인 천산산맥을 넘거나 메마른 사막
을 건너온 카라반에게 젖과 꿀이 흐르는 오아시스였다. 스와르나 가문
이 지배하는 불교왕국으로 천축과 페르시아 영향을 받아 독특한 문화를
발전시켰고, 고유의 언어와 문자를 사용했다. 불교예술의 꽃인 키질계
곡 천불동도 유명하지만, 동양 3국 음악에 큰 발자취를 남긴 쿠차악[龜
玆樂]의 본고장이기도 하다.

　고구려 예술가와 음악가들이 이곳까지 찾아와 새로운 영감을 찾고 서
쪽 나라 문화를 익혔다. 거문고와 비슷한 완함과 다섯 줄 비파, 공후(하
프) 같은 현악기, 보기와 달리 음색이 짙고 소리가 큰 필률(胡茄, 피리) 같
은 관악기, 장구처럼 생긴 요고 같은 타악기들이 고국에서 본 악대와 너
무도 닮아 친근감을 느꼈다. 머나먼 낯선 땅의 밤, 홀로 듣는 피리소리는
짙은 향수를 자아냈다.

쿠차의 늙은 현자

양만춘은 체리크에게 들었던 쿠차의 현자(賢者)를 찾아 나섰다. 푸른 초원을 지나니 천산(天山)으로 가는 골짜기 시냇가에 곧 쓰러질 듯한 암자가 보였다. 머리가 새하얀 노인이 김을 매고 있다가 밝은 얼굴로 빙긋 웃었다.

늙은이 모습이 이렇듯 꽃다울 수 있을까? 검은 눈동자와 흰자위는 어린애처럼 맑았고, 눈가 주름살도 햇살같이 빛났다. 바다처럼 깊은 눈이 다가와 그를 살펴보더니 두 손을 모아 합장했다.

"선재(善哉, 좋구나)로다, 선재. 어젯밤 신기한 꿈을 꾸었는데 반가운 인연을 만나는구나. 어디서 왔는고?"

"동쪽 바다 너머 고구려에서 왔습니다."

"코레(고구려)라고. 하늘을 받드는 사람들이 산다는 나라 말인가?"

"우리나라를 잘 아시는군요."

"그럼 알다마다. 30년 전이던가? 천축으로 수행 가던 늙은 사문(沙門, 스님) 한 분이 이 암자에 묵고 간 적이 있었지."

현자는 젊은 시절을 떠올리는 듯 눈을 지그시 감고 햇빛에 반짝이는 물결 같은 미소를 지었다.

"지혜로운 분이시여, 어떻게 해야 바르게 살겠습니까?"

누란에 관해 궁금한 걸 물어보려 했는데 까맣게 잊고, 생각지도 않은 말이 불쑥 튀어나왔다. 현자는 감았던 눈을 뜨며 빙그레 웃었다.

"나도 잘 모른다네. 스스로 깨우쳐야 할 거야. 때때로 멈춰 서서 자신을 되돌아보게. 특히 모든 일이 잘 풀려 자고(自高, 스스로 교만한 마음으로 뽐내는 것) 하는 마음이 생길 때에는 … . 내가 보기에 젊은이는 부처와 인연이 깊구먼. 그 가르침을 따라 살아가게나."

"저더러 출가하라는 말씀이신가요?"

"머리를 깎아도 마음속 욕심을 떨쳐버리지 못하면 겉모습만 비구(比丘)지 아무것도 아니라네. 머리를 기르고 세속에 머물러도 올바르게 살려 힘쓴다면 불제자(佛弟子)고, 몸은 세속에 매였어도 무상심(無常心)을 이루겠다는 마음을 일으킨다면 참된 출가이지. 부처님 살아계실 때 머리를 깎지 않고서 백의출가(白衣出家) 하신 유마거사(維摩居士)는 그 수행이 높아 불제자도 미칠 수 없었네."

"저는 보잘것없는 욕심 많은 사나이고, 적을 만나면 죽여야 하는 싸울아비이니 그 말씀을 감당할 수 없습니다."

"부처의 가르침은 먼 곳이 아니라 머물고 있는 자리에서 바른 길을 찾는 삶이라네. 어린 시절 겪은 고난은 사람을 강하게 하나 편협한 마음도 갖게 하는데, 다행히 젊은이는 자신의 모자람을 부끄러워하고 부족함을 고치려 애쓰는구먼. 중생을 구하는 길이 어찌 하나뿐이랴. 잘못된 자를 바로잡고, 굶주린 사람에게 먹을 걸 주는 것도, 살생을 삼가서 죽여야 할 원수조차 살리는 활인검(活人劍)도 모두 부처의 길일세."

현자는 낡은 양피지로 엮은 한 권의 책을 품속에서 꺼냈다.

"옛날 이곳에 구마라습이란 위대한 스님이 계셨지. 이 경전은 그분이 번역하신 《유마경》(維摩經)이라네. 유마거사처럼 낮아져 항상 마음의 거울을 닦게나. 사문(沙門)이 되면 세상 얽매임에서 벗어날 수 있지만, 백의출가하면 부모를 모시고 처자식과 정분(情分)을 나누고 사람과 더불어 살아야 하니 마음 닦기가 더 어렵네. 때때로 넘어지더라도 실망하지 말게. 부처조차 많은 좌절 끝에 이루신 길이니."

늙은 현자는 그의 손에 《유마경》을 쥐어 주며 목소리를 높였다.

"사람을 떠나서 홀로 진리를 찾아 헤매는 건 부질없더군. 젊은 날 부처를 찾아 천축(天竺)을 헤맨 적이 있었지. 그러던 어느 날 불가촉천민(不可觸賤民) 수드라의 비참한 삶을 보고 충격을 받아 수행을 그만두고 돌아왔다네. 부처의 길은 벽만 쳐다보고 좌선(坐禪)하는 게 아니라 깨달은 대로 행동하는 삶이라네. 현실 세계를 외면하고 부정해 버린다면 부처가 존재할 까닭이 어디 있겠나. 연꽃의 씨앗을 허공에 뿌린들 무슨 열매가 맺히겠나. 번뇌가 가득찬 진흙탕에서라야 불법(佛法)의 꽃이 피어난다네. 젊은이여, 어지러운 세상이지만 하늘을 두려워하며 바르게 살려 끊임없이 몸부림치게나!"

현자의 말이 왠지 양만춘의 가슴속 깊은 곳을 울렸다.

"어떻게 하면 하늘의 뜻을 따를 수 있습니까?"

"사람에게 가장 큰 적은 자기 자신이야. 헛된 욕망을 떨쳐버리고 마음을 올바로 다스리는 게 진정 하늘을 받드는 삶이 아닐까? 장사꾼이 저울을 속이지 않고, 농부가 땀 흘려 밭을 일구며, 장인이 정성껏 물건을 만들고, 학문을 닦는 자가 두려움 없이 당당하게 진실을 밝히는 용기, 이 모두가 하늘에 바치는 기도인 것이야.

하루하루 충실하게 사는 것이 부처 앞에 향을 사르는 것보다 백 배좋고, 삐뚤어진 인간을 두들겨 바로잡고 깨우칠 수만 있다면 하늘에 제사드리는 것보다 천 배 더 큰 공덕을 쌓는 게 아니겠나. 사람이 욕심을 버리면 부족함을 느끼지 않게 되고, 성주(城主)가 마음을 비우면 온 고을이 잘살고, 임금이 헛된 생각을 떨쳐 버린다면만백성이 평안해질 것이라. 사람 위에 올라서려는 자일수록 먼저마음속에 뱀같이 똬리 틀고 있는 탐욕을 떨쳐 버려야 하네. 그것이 하늘의 뜻에 따라 사는 길이고, 그 길을 묵묵히 걷는다면 하늘의 노여움을 벗어날 수 있다네."

양만춘이 엎드려 인사드리고 일어나려 하자 늙은 현자는 손을저어 막더니 벽장에서 두루마리를 꺼냈다.
"젊었을 때 코레에서 온 늙은 사문께 가르침을 청하자 말없이 써주신 화두(話頭, 깨우침을 주는 글)라네."
힘차게 웅크렸다 뻗은 굵은 갈필(葛筆)●의 인(人) 자가 30년 세월을 건너뛰어 양만춘의 가슴에 강하게 박혔다.
"인정향투(人靜香透, 사람은 가만히 있으나 그의 향기가 상대방 마음을꿰뚫음)로군요."
"젊은이, 코레에는 해님의 사자(使者) 황금삼족오의 전설이 있다지. 지난밤 그 신조(神鳥)가 내 집으로 날아 들어오는 꿈을 꾸었다네. 오랜만에 흐뭇한 인연을 만났으니 어이 한마디 남기지 않을

● 거친 빗자루로 쓴 듯 먹의 흐름이 갈라지고 터져 힘찬 붓놀림이 그대로 드러나는 붓글씨의 서체.

수 있겠나."

현자는 모든 것을 꿰뚫어 보는 듯한 불꽃같은 눈으로 쳐다보았다.

"나 같은 사문의 눈에는 세상일이란 덧없고 그 명성이나 성취도 하찮게 여겨지지만, 그래도 사람이 바르게 살려고 애쓰면서 꿈을 이루려 몸부림치는 모습은 아름답게 보인다네. 사람의 삶은 베틀과 흡사하지. 운명이란 굵은 날줄을 바탕으로 자신의 의지와 노력이라는 섬세한 씨줄을 끊임없이 엮으면서 제각기 자기만의 무늬로 인생이라는 옷감을 짜는 것이라네. 젊은이는 많은 사람을 죽일 운명을 타고났네. 사자(獅子)로 태어난 자에게 어찌 풀을 먹으라 하겠는가만, 다행히 열린 마음, 측은히 여기는 동정심을 갖고 있구먼. 그 마음의 향기가 '좋은 만남'이란 인연을 가져올 테니 그 인연을 소중하게 가꾸고 항상 자비(慈悲)라는 두 글자를 가슴속 깊이 새기시게나."

늙은 현자는 두 손을 가슴에 모으며 양만춘을 바라보았다.

"초원은 만 가지 꽃을 피우고 바다는 천 줄기 강물을 모두 받아들이네. 싸울아비가 적에게 관용을 베푸는 게 어찌 쉽겠는가. 그러나 주어진 운명 때문에 죽일 수밖에 없는 사람보다 가슴속에 깃들인 자비로 더 많은 사람을 살리고, 백성의 하소연에 귀를 기울여 너그럽게 끌어안고 굶주림에서 벗어나게 한다면 얼마나 아름다운 일이겠는가. 사람 속엔 거룩한 신이 깃들어 삶과 죽음을 함께하나니, 아무쪼록 착한 씨앗을 뿌리고 소중히 가꾸게. 그러면 가는 곳마다 주인이 되고, 서는 곳마다 진리의 땅이 되리니〔隨處作主 立處皆眞〕,

나라와 백성에게 기쁨이 되고 천 년이 지나도 잊히지 않을 것이네. 이 늙은이는 곧 피안(被岸)으로 건너가지만, 젊은이가 진흙탕 속에서 한 송이 연꽃을 활짝 피우는 걸 지켜보겠네!"

늙은 현자의 얼굴에 잔잔한 미소가 번져갔지만, 눈에서 번개 같은 섬광이 쏟아져 나와 머리를 꿰뚫는 충격을 받았다.

산적의 습격

카라반 세라이에는 카라반만이 아니라 거만한 관리, 값비싼 옷을 입은 상인, 승려와 마술사, 노름꾼에서 사기꾼까지 온갖 사람이 머물렀다. 짙은 화장을 한 여인이 야릇한 눈웃음을 흘리며 사람을 홀리기도 했다. 이런 손님 가운데 사람 모인 곳에 어김없이 나타나 다른 사람의 거동을 살피고 엿듣는 자가 있었다.

"누초님, 저 사내가 아무래도 수상합니다."

양만춘은 구루가 가리키는 얼굴이 긴 말상의 사내를 살펴보았으나 눈초리가 매서운 것 외에 별다른 점을 발견하지 못했다.

"너무 신경 쓰는 게 아닐까? 찜찜하거든 잘 살펴보게."

저녁 무렵 카를룩이 양만춘을 조용히 불렀다.

"제대로 쉬지도 못했을 텐데 부탁만 해서 미안하이."

"무슨 일이 생겼습니까?"

"다른 대상들은 이오(하미)로 가다가 전쟁 때문에 길이 막혀 지금 사마르칸트는 비단이 금값이라는군. 장사란 때를 맞추어야 큰 이익을 얻으니 어떤 일이 있어도 올해 안에 사마르칸트로 가야 하네. 그런데 천축(인도)으로 가는 카라반이 사흘 전 카슈가르로 떠났다는군. 그들은 이곳에 하루밖에 머물지 않았다니 올해 안에 총령(파미르고원)을 넘어 천축으로 가려고 길을 서두르는 걸세."

카를룩은 양만춘의 두 손을 힘껏 쥐고 흔들었다.

"그들보다 앞질러 카슈가르에 가서 천산산맥을 넘을 야크와 인부를 확보하지 못하면, 그동안의 모든 고생이 물거품이 될 판일세. 험한 산을 넘을 체력과 흥정을 제대로 할 지혜를 갖춘 사람은 자네밖에 없네."

선발대는 양만춘 일행, 바얀초르 부하와 현지 길잡이까지 9명이었다. 첫날은 백양나무 가로수 길 따라 드문드문 마을도 보이고 나귀가 끄는 수레와 주민도 이따금 마주치더니, 황량한 초르타크 기슭으로 들어서자 산길은 점점 험해지고 사람 왕래조차 끊어졌다. 천산산맥 골짜기로 접어드니 거대한 바위산이 길을 막고, 내려다보이는 계곡 바닥은 하얀 소금으로 덮여 있었다.

황갈색 바위산엔 나무 한 그루, 풀 한 포기 보이지 않았다. 칼날같이 날카롭게 솟은 바위들은 햇빛이 비치는 부분은 밝게 빛났으나 깊게 패인 골짜기는 어두컴컴해 살벌한 기운이 서렸다. 여기저기에 뚫린 깊이를 모를 바위 동굴에서는 금방이라도 요괴(妖怪)가 튀어나올 듯 음산했다. 그러나 눈을 돌려 서쪽을 바라보니 검은 산 너머 파랗게 빛나는 하늘 아래 엷은 푸른색 산봉우리가 겹겹이 층을 이루어 기막히게 아름다운 풍경을 보여 주었다.

"누초님, 말상의 사나이가 우리 뒤를 따라오고 있어요."

"조금 더 가면 천불동(千佛洞)이라던데 그리로 가는 게 아닐까?"

"순례자라면 이렇게 외진 길에선 쫓아와 함께 갈 텐데 저놈은 우리가 쉬면 자기도 쉬면서 일정한 거리를 두고 뒤따라옵니다."

"좋아, 구루. 우리와 떨어져 저 사내 움직임을 살펴보게."

천불동 가는 갈림길의 카라반 세라이에 구루가 찾아왔다. 양만춘이 머무는 숙소에서 조금 떨어진 은행나무 아래 말상과 순례자 차림의 사내가 숙소를 가리키며 쑥덕거리는 모습이 달빛에 비쳤다.

"저 사내도 쿠차에서 본 적이 있습니다."

"정말 수상하군. 내일 저 말상 뒤를 따르게. 저 사내가 천불동으로 가지 않고 우리 뒤를 따른다면 다음 고갯길에서 잡아야겠네."

키질계곡 천불동은 약 2백 년 전 구마라습(鳩摩羅什, 343~413년)이란 고승(高僧)이 창건한 유서 깊은 사원이었다. 이곳은 천축을 오가는 스님과 수행자는 물론 쿠차에 살고 있는 불교 신도들이 많이 찾아와 참배했다. 무자르트강 변 밍우타거[明屋達格]산 붉은 절벽 따라 3km에 걸쳐 펼쳐진 동굴벽화는 서역에서 가장 아름다운 예술작품이니 쿠차에 들르면 꼭 찾아보라던 담징 스님의 말씀이 떠올랐지만, 카슈가르로 가는 길이 급해 그냥 지나는 게 무척 아쉬웠다. 고갯마루에서 내려다보니 멀리 북쪽에 무자르트강 물이 굽이굽이 흐르고 그 너머 눈 덮인 천산산맥 연봉(連峰)들이 웅장하게 솟아있는데, 뒤따라오는 말상의 사내는 산에 가려서인지 보이지 않았다.

"그대로 가게. 나와 나친이 고개 어귀에 숨었다가 사로잡겠네."

사내는 고갯마루가 가까워지자 말에서 내려 조심스럽게 살펴보다가 일행이 길을 계속 가는 것을 확인하고 말을 몰아 고갯마루로 왔다. 양만춘은 나친에게 신호를 보내고 바위 그늘에서 뛰어나와 길을 막고 활을 겨누었다. 옆과 뒤를 돌아보고 도망치기 어려운 걸 알자 말에서 내려 유들유들하게 웃으며 다가왔다.

"길 가는 나그네에게 무슨 짓이오. 당신들은 산적이오?"

"그 자리에서 무릎을 꿇어라. 아니면 왼쪽 귀가 날아갈 게다."

주춤하던 사내가 한 걸음 더 다가오는 순간 왼쪽 귓바퀴로 화살이 스쳐가고 어느 틈에 양만춘의 활에 다음 화살이 채워졌다.

"다음은 네 입이다."

놀란 사나이는 한 손으로 왼쪽 귀를 감싸 쥐며 무릎을 꿇었고 뒤쫓아 온 구루가 사내를 묶었다.

"누초님, 뒤따르는 자는 없었습니다."

"구루, 그 사내를 심문하라. 다른 사람들은 마차에 싣고 온 갑옷을 꺼내 입고 사방을 경계하라."

말상의 사내는 산적 수는 20명이고 이곳에서 30리 더 가면 10리가 넘는 붉은색 깎아지른 큰 협곡이 있는데 그곳에 산적이 숨어 있고, 순례자 차림 사내는 지금쯤 두목에게 가 있을 것이라 했다.

"구루, 수고했다. 덕분에 위험을 피하게 되었군."

양만춘은 길잡이에게 산적이 숨은 곳을 피해갈 수 있는지 물었으나 협곡을 지나지 않고서 카슈가르로 갈 수 없다고 했다.

"산적이 20명밖에 안 된다면 정면으로 돌파합시다."

"우리 모두 용사인데 그까짓 산적을 두려워할 것 없습니다."

나친에 이어 바얀초르까지 한마디 거들었다.

"이제 싸움을 피할 수 없게 되었군. 내가 저 사내를 끌고 앞장서 겠으니 다들 마차를 방패삼아 뒤따르라."

한 사람이 겨우 지날 만큼 좁은 협곡 입구로 들어서자 까마득히 치솟은 절벽 사이로 구절양장(九折羊腸) 꼬불꼬불한 벼랑길이 끝 없이 이어졌다. 군대가 포위한다면 죽음의 골짜기가 되겠지만 20 명 산적이 포위 공격하기에 지형이 너무 험준했다.

협곡을 벗어나자 지대가 높아진 탓인지 공기가 서늘해지면서 초 원이 펼쳐지고 멀리 서쪽으로 천산산맥 산봉우리가 보였다.

"앞에 보이는 작은 고개만 넘으면 사카족이 사는 초원입니다."

꽁무니만 빼던 길잡이가 희망찬 목소리로 말했다. 어디선가 화 살이 날아와 맨 뒤 바얀초르의 목동이 맞아 쓰러졌다.

"흩어져, 사방을 경계하라!"

깜짝 놀라 주위를 살펴본 양만춘은 자신의 경솔함을 후회했다.

'싸워야 할 때는 먼저 주변의 지형부터 살펴야 하거늘.'

그곳은 냄비 모양의 움푹 꺼진 지형으로 한쪽은 나무와 넝쿨이 빽빽하게 우거진 숲이고 다른 쪽은 깎아지른 낭떠러지. 그 옆에 작은 언덕이 보였다. 자신의 부주의로 이미 한 사람의 아까운 생 명을 잃어버렸다. 스승의 엄한 얼굴이 떠올랐다.

"무예를 좀 한다고 좋은 장수가 되는 건 아니다. 천기(天氣)를 살피고 지형을 이용해야 한다. 낯선 곳 특이한 지형을 만나면 멈추어 주변을 살펴라. 가까운 곳에서 먼 곳으로, 적이 어디 숨었는지, 어떤 작전을 펼칠지 먼저 생각하고 행동하라."

길잡이가 양만춘의 눈치를 살피다가 협곡으로 말을 채찍질해 도망쳤다. 거의 협곡 입구에 닿은 길잡이는 날아온 화살을 맞고 말에서 떨어졌다. 뒤이어 북소리가 울리며 작은 고개로부터 오륙십 명 기마대가 쏟아져 나오고, 어디 숨어 있다 나왔는지 협곡 입구에도 20여 명이 목책을 세워 달아날 길을 막았다.

"남쪽 언덕, 소나무 아래로 빨리 피하라."

언덕은 20여 장이 넘는 가파른 절벽이어서 뒤에서 공격받을 염려가 없었다. 앞에는 물이 흐르지 않는 마른 개울이 있고 개울가에 큰 소나무 몇 그루가 서 있어 그런 대로 방어하기 좋은 지형이었다.

양만춘은 뒤쫓아 오는 산적 기마대를 향해 연이어 화살을 쏘아 추격을 막으며 말을 달렸다. 선두에서 쫓아오던 산적 다섯이 눈 깜짝할 사이 화살에 맞아 말에서 떨어지자 적의 공격이 주춤해졌고, 그 사이 7명 용사는 남쪽 절벽을 등지고 소나무와 마차를 방패 삼아 방어진을 펼쳤다.

"저 거짓말쟁이 산적 놈을 마차바퀴에 묶어 화살받이로 삼아라."

검은 말을 탄 메기입 두목이 앞으로 나서더니 고함쳤다.

"너희는 완전히 포위되어 도망칠 길이 없다. 짐을 모두 내놓고 내 부하를 풀어준다면 목숨만은 살려주겠다."

아무런 반응이 없자 산적은 자기네 숫자를 믿고 일제히 돌격했다. 양만춘과 바얀초르, 달가가 활을 쏘고 나친과 나머지 부하가 장창을 휘두르며 맞섰다. 소나무 아래에서 싸우던 구루가 산적의 창에 옆구리를 찔려 부상을 입었다. 양만춘이 급히 구루에게 달려가 산적을 무찌르자 달가가 구루를 마차 뒤로 옮겼다.

열두 명 산적이 화살에 맞아 죽고 예닐곱이 창에 찔려 말에서 떨어지자 산적은 힘으로 밀어붙이는 게 어렵다고 판단했는지 작전을 바꾸었다. 산적은 정면공격 대신 너구리를 굴에서 몰아내듯 화공(火攻) 작전을 펴려고 마른 나뭇가지와 풀을 개울 바깥쪽에 쌓기 시작했다.

"이 위기를 어떻게 벗어나지요?"

"나친, 싸움에서 확실히 이길 방법이 어디 있던가? 주어진 상황에서 최선을 다하다가 형편에 따라 임기응변으로 맞설 수밖에. 그러다 보면 빈틈이 생기겠지."

저녁 무렵이 가까워오니 천산에서 불어오는 산바람이 강해졌다. 두목의 신호에 따라 산적들이 쌓아놓은 마른 나무와 풀에 불을 붙이자 산바람을 타고 연기와 불이 언덕으로 밀려왔다.

"수건으로 코를 막아라. 불길이 10장 앞으로 다가오면 그때 움직인다. 선두는 나친과 바얀초르. 협곡으로 도망치는 척하다 방향을 바꿔 서쪽 고개로 달려라. 나는 구루를 데리고 뒤따르겠다."

바람을 타고 연기가 자욱하게 퍼지면서 불길이 소나무 쪽으로 접근해 탈출명령을 내리려는데 서쪽 고개를 넘어 흰옷 입은 백여 명 말 탄 사내들이 창을 높이 쳐들고 달려오는 게 보였다.

'우리 운명도 여기서 끝나는가?'

양만춘은 나친의 얼굴을 쳐다보며 말없이 작별 인사를 나눴다.

정말 뜻밖의 사태였다. 흰옷 입은 기병대는 전속력으로 말을 달려와 긴 창을 수평으로 겨누며 산적을 공격하는 게 아닌가!

"작전을 변경한다. 바얀초르는 마차를 몰아 나를 따르고, 나머지 사람은 그 사이 협곡 입구를 빼앗으라."

산적이 등 뒤에 기습을 당해 우왕좌왕하는 틈에 양만춘 일행은 손쉽게 협곡 입구를 차지해 산적이 도망갈 길을 막아버렸다. 싸울 마음을 잃은 산적들은 기병대 창에 찔려 죽거나 항복했다.

양만춘은 황금빛 고수머리에 푸른 눈의 사카족 부족장에게 다가가 정중하게 허리를 숙이고 감사 인사를 했으나, 늙은 부족장이 하는 말을 전혀 알아들을 수 없었다. 양만춘이 소그드말로 거듭 감사인사를 하자 한 젊은이가 나서서 통역했다.

"골칫거리 산적을 소탕해서 쿠차로 가는 길이 안전하게 되었으니 오히려 우리가 당신들에게 감사하오."

늙은 부족장은 양만춘을 포옹하고 양쪽 뺨에 입을 맞췄다. 통역하던 부족장의 아들 에치게가 부족장의 인사는 양만춘 일행을 친구로 맞이하는 뜻이라고 설명했다.

"친구여, 당신네 포로 중 두목과 마차에 묶여 있는 말상의 사내를 넘겨 달라. 그들은 반드시 죗값을 치러야 한다. 그 대신 우리가 사로잡은 포로 중 10명을 마음대로 골라가져라."

"우리는 여행 중이다. 포로 모두를 당신에게 넘겨주겠다."

"사카 부족은 남의 것을 탐내지 않는다. 당신 몫은 마음대로 처리하라. 다만 그냥 풀어줘 다시 나쁜 짓을 하게 하는 건 옳지 않다."

사카족의 결혼풍속

천산 기슭 넓은 초원에 수천 수만의 말과 양이 무리를 지어 풀을 뜯고 시냇가에 수백 개 원뿔모양 유르트가 흩어져 있었다.

오늘 밤부터 한 주일 동안 사카족의 축제기간인데 성인식(成人式)을 치른 젊은이가 짝을 짓는 날이었다. 늙은 부족장은 마을 처녀보다 이웃 부족 총각이 더 적어 걱정했는데 때 맞춰 귀한 손님이 왔다면서 양만춘 일행도 축제에 참가해 달라고 간청했다. 양만춘이 손짓 발짓까지 하며 그럴 수 없는 사정을 설명하자 늙은이는 아쉬운 듯 입맛을 다시며 한숨을 쉬더니 최후통첩을 했다.

"나친과 바얀초르 두 사람이라도 축제에 참여하라. 그것도 안된다면 우리를 모욕하는 것으로 알겠다. 당신이 사카족을 모욕하면 우리는 친구가 아니니 당장 이곳을 떠나라. 내 요청을 받아준다면 우리는 친구이니 내일 아침 카슈가르로 가는 지름길을 안내하고 마차로 짐 운반을 도와주겠다."

보름달이 떠오르면서 축제가 시작되었다. 개울가 이쪽엔 머리에 꽃을 꽂고 예쁜 옷을 차려입은 아가씨들이 말 위에 걸터앉았고, 건너편에는 수십 명 젊은이가 자기 말 곁에 줄지어 섰다.

마을 사람은 제각기 손에 악기를 들고 달처럼 아름다운 신부의 모습을 노래하는 흥겨운 민요를 합창했다. 모두 카룽과 러와프, 다프 같은 악기를 신나게 연주하고 박자를 맞추며 서로 어울려 흥겨운 화음을 이루었고, 기쁨에 벅찬 노랫가락이 밤하늘로 울려 퍼졌다.

노래를 부르자 매혹적인 아가씨가 흰말을 몰고 개울로 다가왔다. 사람들이 손뼉을 치며 "하릭치, 아름다운 하릭치"라고 외쳤다. 그녀는 두 손을 높이 들어 마을사람 환호에 답례하고, 여왕처럼 당당하게 개울을 건너 줄을 짓고 선 젊은이들 주위를 천천히 한 바퀴 돌았다. 그리고 나친 앞에 멈추어 달콤한 미소를 던지더니 말채찍 끝으로 그의 가슴을 살짝 찌르고 말을 달려 초원으로 향했다. 나친이 즉시 말에 뛰어올라 뒤쫓자 그녀는 말을 채찍질해 전속력으로 도망쳤다. 거리가 멀어지는 듯하자 말을 멈추고 뒤돌아보며 기다리다가 나친이 가까이 다가가자 깔깔 웃으면서 다시 재빠르게 달아났다. 때로는 그에게 다가가 채찍으로 등을 찰싹 때리고 온갖 아양을 떨면서 초원 멀리로 달려갔다.

두 번째 아가씨가 바얀초르를, 다음 아가씨도 미리 점찍은 사내 가슴을 말채찍으로 찌르고 초원으로 달리는 술래잡기 경주를 계속했다. 아가씨가 사내를 유혹하면서 사랑의 보금자리로 달려가면, 사내도 사랑을 나누려 뒤쫓았다. 사내가 채찍을 맞으면서도 아가씨를 말에서 끌어내려 땅에 눕히면 용감한 남자로서 인정받아 결혼할 수 있지만, 끝내 잡지 못하면 졸장부로 수치를 당하게 된다.

마지막 아가씨가 짝을 이뤄 술래잡기를 떠나자 마을사람은 축제 잔칫상에 모여 고기를 뜯고 마유주를 마시며 춤과 노래를 즐겼다.

달빛 아래 기쁨에 가득 찬 웃음소리와 이따금 뒤쫓아 가는 젊은이 고함소리도 들렸다. 아가씨들은 제각기 미리 보아두었던 은밀한 보금자리로 사내를 끌고 가느라 웃음소리가 사방으로 흩어지더니, 마침내 뜨거운 초원의 열기 속에 밤이 깊어갔다.

다음 날 아침 사카족 부족장의 아들 에치케와 젊은이들의 도움을 받아 양만춘은 험준한 고갯마루를 넘어 카슈가르로 가는 지름길로 들어섰다. 높은 산마루를 오르니 살을 엘 듯 차가운 바람이 불어왔고, 공기가 희박한 탓인지 숨쉬기가 힘들었다. 푸른 하늘과 맞닿은 하얀 산봉우리 아래 눈 속에 놀랍게도 하얀 작은 꽃이 피었다.

"이것은 눈꽃, 눈 속에서만 피어나지."

내려가는 길도 만만치 않았다. 계곡 시냇물은 폭이 그리 넓지 않았으나 물살이 거센 격류여서 말에서 내려 조심스럽게 건너야 했다. 거친 개울 건너기를 몇 차례, 어두울 무렵에야 시냇가 너럭바위 아래 천막을 치고 쉴 수 있었다.

"이 지름길은 무척 험하지만 느림보 낙타를 타고 사막으로 가는 것보다 열흘 이상 빨리 카슈가르에 닿을 거야."

"에치게, 결혼축제에 참가한 친구가 한 주일 지나면 돌아올까?"

"사카족은 한 번 한 말을 절대로 어기지 않는다네."

에치게는 무엇이 그리 우스운지 킥킥거렸다.

"아버지가 자네를 보며 입맛을 다시던 모습이라니. 천리마(千里馬)를 눈앞에 두고도 씨를 받지 못해 애태우던 표정이었지."

양만춘이 고개를 갸우뚱거리자 에치게는 진지하게 설명했다.

"유목민의 삶은 가혹하네. 강한 부족은 좋은 초원을 차지하지만 힘이 약하면 삶의 터전조차 빼앗긴다네. 뛰어난 억센 아들을 얻는 일은 부족의 흥망이 걸린 중대사지. 열 배가 넘는 적과 마주친 싸움터에서 활을 잘 쏠 뿐 아니라 재빠르게 상황을 판단해 기막힌 작전을 펼치는 청년을 보고 어찌 침을 안 흘리겠나? 자네의 두 친구도 아버지가 선택한 우리 부족의 종마(種馬)라네. 축제 때 맺어진 남녀 사이에 태어난 자식은 부족 전체의 자식으로 귀여움을 받는다네. 그뿐 아니라 종마를 택한 아가씨에게 명예와 특권이 주어지지. 다음해 축제 때 가장 먼저 마음에 드는 짝을 선택할 권리를 누리게 되네."

"그렇지만 한 주일 만에 자식이 생길까?"

"사카족은 유목민일세. 축제 석 달 전부터 마을 늙은 여인이 아가씨 생리를 세심하게 관찰해 임신할 조건을 갖추고 아름다운 아가씨 순서로 종마 선택권을 주기 때문에 자식이 생길 가능성이 아주 높지. 우선 아버지가 한 주일짜리 종마에서 태어났으니까."

에치케는 무엇이 그리 유쾌한지 껄껄 웃더니 장난스럽게 한쪽 눈을 감았다가 떴다.

눈 덮인 천산산맥

늙은 소그드 상인 차하르가 양만춘에게 말했다.

"카를룩의 편지는 잘 보았네. 마땅한 사나이를 소개해 줄 터이니 서로 상의해 보게."

얼마 후 곰같이 건장한 털북숭이 타리크가 들어와 흘깃 쳐다보더니 심드렁한 얼굴로 미덥지 못하다는 표정을 지었다.

"젊은이는 카라반과 함께 높고 험한 산맥을 올라가 보았나?"

"아닙니다. 그래서 당신 도움을 받으려 합니다."

"며칠 지나면 8월이야. 천산은 눈이 쌓여 얼어붙었어. 내년 봄 길이 열릴 때까지 기다려야지, 지금 산을 넘는 짓은 자살행위야."

검은곰 타리크는 퉁방울 같은 눈알을 데굴데굴 굴렸다.

"쉬운 일이 아닌 건 잘 압니다. 허나 카를룩은 어떤 일이 있어도 금년 안에 사마르칸트에 닿아야 한다고 했소."

"카를룩이라니, 혹시 카를룩 장군님을 말하는 것인가?"

검은곰이 존경하는 낯으로 묻기에 고개를 끄떡였다.

"그렇소. '아무리 개가 짖어도 카라반은 간다'고 하셨다오."

"그분이라면 누구보다 이 길을 잘 아시는데 …."

검은곰은 몇 번이나 고개를 갸우뚱거리며 중얼거리다가 양만춘을 돌아보았다.

"좋네, 젊은이. 이 일을 맡겠네. 그런데 카라반은 언제 도착하고 짐은 얼마나 되는가?"

"열흘 안에 도착하오. 짐은 낙타 3백 마리쯤 실을 분량입니다."

"뭐 3백 마리? 이건 숫제 군대가 이동하는 것이나 다름없잖아."

검은곰의 눈이 등잔같이 커지면서 투덜거렸다.

"카를룩은 비용을 아끼지 말라면서 야크와 나귀도 여유 있게 준비하고 숙영지(宿營地) 건설도 소홀히 하지 말라고 했습니다."

"알았네. 염려 말게. 이거 카슈가르의 야크를 다 모아도 모자라겠네. 빨리 이웃 고을에도 연락해야겠군."

양만춘이 품속에서 돈주머니를 꺼내자 곰은 손을 저었다.

"차하르 영감에게 맡겨두게. 필요할 때마다 찾아 쓸 테니."

"혹시 제가 도울 일이 없겠습니까?"

"왜 없겠나. 고양이 손발이라도 빌리고 싶을 만큼 바쁠 텐데. 오늘은 늦었으니 카라반 세라이에 쉬게. 내일 사람을 보내겠네."

검은곰은 부하에게 뭐라고 빠르게 지시하고 뛰어나갔다. 양만춘이 맡은 일은 산맥을 넘는 데 필요한 물품을 갖추는 것이었다.

두꺼운 옷과 마른 식량에서 동상(凍傷)을 예방할 돼지기름까지 검은곰이 적어준 물품은 백 가지가 넘었다. 차하르의 도움을 받아 물품 준비가 거의 끝날 무렵 카를룩의 카라반이 도착했다.

"세상살이에 좋은 만남보다 값진 게 없다지만 자네를 만나고 그 말을 실감했네. 여기 와서 들으니 천축에 가려던 카라반이 야크를 구할 수 없어 내년 봄까지 발이 묶였다더군."

카를룩은 너털웃음을 터뜨리더니 포도주잔을 내밀었다.

"내가 천수(天水)에서 첫 심부름을 보낼 때부터 줄곧 지켜보았지. 자네는 장사꾼으로 크게 성공할 자질을 갖고 있네."

엄격하기 짝이 없던 카를룩이 마음을 풀었다. 일찍이 술을 입에 대는 걸 본 적이 없었는데, 한 번 마시기 시작하자 술고래였다. 술잔이 거듭되자 젊은 날 서돌궐 장군으로 서역을 누비며 여러 곳을 정복했던 무용담(武勇談)에서 시작하여, 양만춘에게 소그드 카라반에 남아 자기 뒤를 이어 달라는 부탁으로 끝을 맺었다.

"전쟁이나 장사나 원리는 같더군. 다만 장사꾼은 열에서 아홉을 잃어도 나머지 하나만으로 열 배, 백 배 이익을 올려 다시 일어설 수 있지만, 장군은 승리하더라도 많은 부하를 잃어버리면 다시 일어서기 어렵다는 점이 다를 뿐이야."

카를룩은 옛날을 회상하는 듯 말없이 허공을 노려보다가 머리를 흔들고는 양만춘에게 잔을 권했다.

"성공하는 자에게는 운이 따르지. 오늘 차하르 영감에게 들으니 동로마제국과 페르시아 왕실에서 공주의 결혼식이 있어 사마르칸트 사향값이 금값이라더군. 자넨 이제 돈방석에 앉았네. 하긴 행운이란 끊임없이 노력하는 사람을 따르기 마련이지."

카슈가르(소륵국, 카스)는 페르시아 말로 '구슬이 모이는 곳'이란 뜻의 도시국가로서 서쪽으로 천산산맥을 넘으면 사마르칸트로 가게 되고 남서쪽 총령(파미르고원)을 지나면 천축, 남동쪽으로 가면 옥(玉)의 산지 호탄에서 티베트까지, 동쪽으로는 쿠차와 고창국을 거쳐 중국에 연결되는 십자로에 자리 잡고 있었다. 소륵이란 말은 '물이 많은 고장'이란 뜻으로 물이 풍부하고 기름진 땅이어서 농장과 과수원이 많아 살기 좋은 고장이었다.

거리에는 소그드인을 비롯해 온갖 인종이 보였으나 유독 중국인만은 찾기가 어려웠다. 시가지 가운데로는 붉은 흙탕물 강이 흘러가고 강을 건너는 다리를 중심으로 바자르(시장)가 길게 펼쳐져 있었다.

"형, 이곳 천축산 강철로 만든 칼은 녹이 쓸지 않아 세계 최고라고 하던데요."

바얀초르의 말을 듣고 바자르 뒷골목에 들어서니 길을 따라 늘어선 수백 개 공방(工房)에서 쇠, 구리, 금은, 돌, 유리와 옥을 재료로 수백 가지 물건을 만들어 팔았다. 나친이 회색빛이 도는 묵직한 검은 단도(短刀)를 보더니 입을 딱 벌리고 값도 흥정하지 않고 덥석 집어 들었다. 모두 웃다가 천축 강철칼을 하나씩 골라잡았다.

양만춘은 카슈가르를 떠나기 전 차하르 영감 가게에 들렀다. 나친이 데리고 왔던 산적들의 뒤처리를 알아볼 겸 그동안 신세 진 것을 감사했더니 품위 있게 생긴 늙은이와 젊은 제자를 소개했다.

"마침 잘 왔네. 두 분은 마기(조로아스터교 사제)신데 급히 사마르칸트로 가야 하네. 비용은 책임질 테니 데리고 갈 수 없겠나?"

"잘 아시겠지만 이런 일은 제가 결정할 수 없습니다. 카를룩 대장께 말씀드려보지요."

"젊은이, 하늘의 복을 받으시기를. 우리가 카라반에 동행할 수 있도록 잘 주선해 주기 바라네."

지친 표정의 늙은 마기가 두 손을 모으며 간곡히 부탁했다.

카를룩은 이런 계절에 늙은이가 산맥을 넘는 것은 무리라면서 달갑지 않게 여겼고 검은곰도 고개를 저었지만, 양만춘은 늙은 마기의 간절한 눈빛이 생각나 두 사람에게 간청하여 허락을 받았다.

천산산맥 가는 길은 아름다웠다. 추수철에 접어든 비옥한 농지와 과수원을 지나 얕은 개울을 건너자 머리에 흰 눈을 인 천산산맥 연봉이 구름 위로 머리를 내밀었다. 가까이 다가가자 깎아지른 바위산과 험준한 산봉우리가 앞을 가로막았다.

다음 날 계곡에 들어서니 길은 점점 험해지고 개울물도 급류로 변했다. 카슈가르를 떠날 때 무더위에 시달렸는데 계곡의 숲은 울긋불긋 단풍이 들어 가을 모습을 나타냈고, 한낮인데도 찬바람이 불어왔다. 맑은 날씨가 오후가 되자 어디서 몰려 왔는지 검은 먹구름이 삽시간에 골짜기를 가득 메우더니 번개가 치고 천둥소리가 울리면서 장대비가 쏟아졌다. 한 시간도 지나지 않아 언제 그랬느냐는 듯 비가 그치고 밝은 해가 쨍쨍 내리쬐었다.

검은곰 타리크가 투덜거렸다.

"여기 날씨는 하루에도 열두 번 변하지. 조금 전 폭우는 산신(山神)의 가벼운 첫인사일 뿐이네. 저 산모롱이를 돌아가면 통나무로 엮은 양치기의 산막(山幕)이 있으니 오늘은 거기서 쉬자구."

해가 지자 기온이 내려가 한겨울같이 추웠다. 다행히 산막에 장작이 쌓여 있어 불을 피우고 더운 음식을 먹으니 살 것 같았다.

"모두 신발을 벗어 잘 말리고, 발도 물기 없이 잘 닦아야 하오. 천산산맥을 넘고 못 넘는 건 발에 달려 있으니까."

"타리크, 저기 난로 옆에 쓰인 글은 무슨 뜻입니까?"

"나그네여, 다음 사람을 위해 사용한 땔감만큼 보충하고 떠나 달라는 뜻일세. 이건 천산 산막마다 지키는 불문율(不文律)이지."

산을 올라갈수록 나무는 모두 잎이 떨어져 가지만 앙상하게 드러났고, 주변 산기슭과 봉우리에 눈이 쌓여 있었다. 산길은 갈수록 험해져 우르그가트에 닿으니 하늘은 손바닥만큼 작아지고 사방은 깎아지른 산봉우리로 둘러싸였다. 개울가 평지에 검은곰 타리크의 지시에 따라 일꾼들이 미리 세워둔 유르트가 여기저기 흩어져 있고, 풀밭에는 수백 마리 야크와 나귀가 눈을 헤치며 풀을 뜯어 먹었다.

야크는 티베트나 천산산맥같이 3천 미터 이상 높은 고원지대에서만 사는 소와 비슷하게 생긴 거대한 동물로 등 윗부분을 제외하면 온몸이 세 뼘 이상 긴 털로 덮여 있는데, 고산지대에서 무거운 짐을 운반할 때 사용된다. 검은곰은 지금처럼 눈이 쌓인 계절에는 야크나 높은 고원지대에서 자란 말과 나귀가 아니면 짐을 싣거나 사람을 태우고 천산을 넘을 수 없다고 했다.

"내일은 푹 쉬게. 모레부터 눈 덮인 천산을 넘어야 하니."

그리고는 손을 들어 서쪽 산골짜기를 가리켰다.

"저쪽으로 계속 가면 총령(파미르고원)을 넘어 천축으로 갈 수 있고 철문(鐵門)에서 오른쪽으로 꺾으면 페르시아로 가는 길이지. 우리는 북쪽 골짜기로 올라가 산을 넘을 것이네."

얼음같이 차가운 새벽이 밝아오고 있었다. 주변은 어둠에 싸였지만 흰 눈이 쌓인 천산 봉우리는 새벽 햇빛을 받아 밝게 빛났다. 땅에 닿을 듯 긴 털로 눈과 다리가 가려진 털북숭이 야크는 무거운 몸무게 때문인지 느릿느릿한 걸음으로 나아가기 시작했다. 말과 나귀 등에도 짐을 단단히 매어 야크 뒤를 따르게 했다. 눈 쌓인 길은 점점 가팔라지고 골짜기로 올라갈수록 나무의 키가 작아졌다. 맑게 갰던 하늘이 오후가 되자 컴컴해지며 눈이 내리더니 점차 눈발이 굵어지다가 거센 바람과 함께 폭설이 쏟아졌다. 기온이 급격히 떨어져 온몸이 싸늘하게 얼어왔지만, 그보다 휘몰아치는 눈보라 때문에 숨쉬기가 고통스러웠다.

"미리 준비한 대피소까지 아직 10여 리가 남았네. 한 치 앞도 보이지 않는 눈보라 속을 뚫고 가는 건 무리야. 여기에 천막을 치고 눈이 그치기를 기다릴 수밖에."

검은곰의 지휘 아래 즉시 유르트를 세우고 벽에는 두꺼운 펠트를 이중으로 둘러치고 바닥에는 야크의 털가죽을 깔았지만 바닥에서 올라오는 한기(寒氣)를 막을 수 없었다.

"동상을 입지 않으려면 마른 수건으로 발을 잘 닦은 후 신발을 바꿔 신으시오. 눈이 좀 그치면 땔감을 구하겠소."

거센 바람과 눈보라는 그칠 기미도 없었고, 얼어붙은 눈 위로 새 눈이 쌓이고 살을 에는 추위는 점점 심해졌다. 비상용 땔감으로 겨우 물을 끓여 뜨거운 물 한 잔에 마른 과일과 고기 조각으로 끼니를 때웠다. 검은곰은 곯아떨어져 코를 골았지만 양만춘은 밤새 눈 한 번 붙이지 못했다. 아침이 되어 바람이 자고 눈보라가 조금 약해지자 엄청나게 쌓여 천막 입구를 막은 눈을 치웠다.

"대피소에 다녀오겠소."

검은곰은 설피(雪皮)를 꺼내 신발에 매고는 아직도 쏟아지는 눈보라 속으로 사라졌다. 두 시간쯤 후 네 사람의 길잡이를 데리고 눈썰매 위에 먹을 것을 가득 싣고 나타났다.

"대피소로 가는 데 큰 어려움은 없겠지만 밤새 내린 눈 때문에 가파른 절벽에서 눈사태가 날 염려가 있으니 소리를 내지 마시오. 모두 설피를 신고 앞선 길잡이를 따라 조심조심 움직여야 하오."

골짜기는 눈이 쌓여 설피를 신었음에도 발목까지 파묻히고, 길잡이를 뒤따라가는데도 때로는 허벅지까지 눈 속에 빠졌다. 사람 다음에 말과 나귀, 마지막으로 야크가 따라왔으나, 야크는 무거운 몸과 짐 무게로 눈 속에서 허우적거렸다.

검은곰은 행렬을 이끌면서도 이따금 불안한 눈초리로 길 양쪽 절벽 위를 살펴보았다. 한낮이 지나서야 대피소에 닿았다. 장작불을 활활 피우고 뜨거운 음식을 먹자 사람들은 기력을 되찾았으나 얼었던 몸이 녹자 쏟아지는 잠을 이기지 못했다.

다음 날 아침 눈이 그치자 아름다운 설경이 펼쳐졌다. 먼 산과 가까운 봉우리들이 신부가 하얀 혼례복을 차려입은 듯 아름답게 빛났다. 화창하게 갠 날씨도 유난히 포근해 어제까지의 추위가 먼 옛날 일처럼 느껴졌다. 모두들 상쾌한 기분으로 밝은 얼굴이었으나 검은곰만은 어두운 표정으로 말했다.

"오늘 가장 위험한 길을 지납니다. 산신령께서 노하지 않게 조용히 가야 하오. 눈사태는 보통 눈이 녹는 봄철에 잘 일어나지만 오늘 같은 날씨도 조심해야 합니다. 모두 내 지시를 잘 따르시오!"

사람은 검은 천으로 눈을 가리다시피 하고, 눈을 가린 선두 말에 맨 줄을 따라 말이나 나귀가 따라가게 했다.

"눈 덮인 풍경을 오래 보면 반사된 햇빛 때문에 눈이 멀게 되니 앞사람 등만 보고 뒤따라가시오."

검은곰은 매 시각마다 선두에 선 길잡이와 말을 바꾸어가면서 길을 헤쳐 나갔다. 드디어 계곡이 좁아지면서 나귀 한 마리 겨우 지나갈 수 있는 꾸불꾸불한 좁은 길로 들어섰는데, 길 양편에는 깎아지른 높은 벼랑이 계속되는 협곡의 입구였다.

벼랑 위에 두껍게 쌓인 눈을 보고 검은곰의 표정이 심각해지더니 입술에 둘째손가락을 가져가 소리를 내지 말라고 경고했다. 외나무다리를 건널 때처럼 긴 열을 지은 카라반은 조심스럽게 협곡을 지나갔다. 먼저 사람이 건너고 말과 나귀가, 또 사람이 지나면 다시 나귀와 말, 그리고 야크가 나아갔다. 육중한 몸집의 야크는 위험을 너무나 잘 아는 듯 숨소리도 내지 않고 무사히 건넜다. 이제 마지막으로 길잡이 한 사람과 두 명의 마기만 남았다.

늙은 마기는 눈보라가 치던 날 감기에 걸려 이따금 기침을 했기에 검은곰이 대피소에 남았다가 카슈가르로 되돌아가라고 권했다. 늙은이가 눈물을 흘리면서 간청하므로 양만춘이 보다 못해 검은곰에게 간곡히 부탁하자 주저하다가 늙은 마기가 카라반 맨 끝에 따라오는 조건으로 허락했다.

젊은 마기, 말 탄 늙은 마기 그다음 길잡이가 협곡 속으로 조심스레 들어왔다. 모두 숨죽이며 지켜보았다. 협곡을 거의 다 지날 무렵 갑자기 늙은 마기가 심하게 기침하자 말이 놀라 뛰었다.

 "우르릉" 땅이 떨며 진동이 퍼지더니 수백 개 벼락이 한꺼번에 내려치는 듯한 천둥소리와 함께 벼랑 위에 쌓인 눈 더미가 협곡으로 쏟아져 내렸다. 눈앞에 하얀 눈의 장막이 내려 덮이고 눈가루가 하늘로 치솟아 해를 가리면서 연이어 아래쪽 골짜기에도 거대한 폭발음이 계속되었다. 협곡은 물론 아래쪽 계곡까지 엄청난 눈사태가 일어나 산과 골짜기 모습이 알아볼 수 없게 변하고, 여기저기 굴러 내린 바위들이 눈 위에 놓여 있어 낯선 풍경을 보였다. 천만다행으로 눈사태가 쏟아지기 직전, 길잡이가 목숨을 걸고 두 마기를 말에 태운 다음에 채찍질을 하여 가까스로 목숨을 구할 수 있었으나, 용감한 길잡이 모습은 어디에도 찾아볼 수 없었다. 검은곰은 얼굴이 백지처럼 하얗게 변한 늙은 마기를 부축했다.

 "산 것이 기적입니다. 그러나 저러나 내년 봄 눈이 녹을 때까지 카슈가르로 돌아가긴 틀렸군."

 검은곰은 입으로는 별일 아닌 듯 투덜거렸지만, 죽은 부하를 생각하는 산(山)사나이의 고통스런 표정과 굵은 눈물방울이 모든 사람에게 진한 슬픔을 전했다.

 산마루로 올라갈수록 칼바람과 추위는 점점 매서워졌다. 숨쉬기조차 어려워져 모두 기진맥진해 주저앉아 쉬고 싶었다. 지금 따끈한 차 한 잔 마실 수 있다면 천만금도 아깝지 않으리.

 "여러분, 힘을 내시오. 고갯마루가 얼마 남지 않았소. 거기 휴게소에 뜨거운 물과 쉴 곳이 있소!"

검은곰이 지친 사람들을 돌아보며 외쳤다.

얼마 가지 않아 눈앞이 확 트였다. 고갯마루에 올라선 것이었다. 푸른 하늘 아래 멀리 남쪽으로 총령(파미르고원)의 흰 봉우리들이 거대한 벽처럼 구름 위로 솟아 있고, 서쪽으로 파도치듯 펼쳐진 여러 겹 산 너머로 꿈속처럼 희미하게 페르가나의 푸른 계곡이 내려다보였다. 이제 사마르칸트로 가는 마지막 고비를 넘었다.

붉은 암벽 골짜기를 내려가 산모롱이를 돌자 돌돌돌 소리 내며 흘러가는 개울가 숲속에 오두막이 보였다. 10여 일간 지긋지긋했던 눈과 얼음의 나라를 지나 이제 인간이 사는 땅에 들어선 것이다. 슬픔에 잠겨 침통한 모습을 보이던 검은곰도 표정이 한결 누그러지고, 추위와 피곤에 절었던 카라반 일행도 웃음꽃이 피어올랐다. 오두막 주인은 산을 내려오는 카라반을 보고 눈이 동그래졌다.

'이런 계절에 천산 험한 길을 넘어오다니!'

주인은 집으로 달려가 쿠미즈 부대를 가져와서 사람들에게 권하고 식사 준비를 하느라 부산을 떨었다. 납작한 둥근 빵과 자르마●를 푸짐하게 가져왔고, 떠날 때에는 염소가죽 부대에 가득 담은 쿠미즈를 선물로 주었다. 그러나 음식값으로 돈 받기를 한사코 거절했다.

길은 가파른 내리막이었다. 몇 굽이 산기슭을 돌자 석양 속에 빛나는 광활한 페르가나 계곡이 눈앞에 펼쳐졌다.

● 우유, 밀가루, 요구르트를 넣은 짜고 차가운 스프

머나먼 사마르칸트

新世界

모든 카라반의 길이 시작되고 끝나는 사마르칸트.

서양인에게 꿈과 환상을 자아내는 황금의 도시인가 하면, 동양인에겐 서쪽 땅끝 미지의 세계. 30개 언어가 사용되고 수많은 민족이 모여 제각기 자기네 종교 사원을 세워 처마를 맞대고 사이좋게 살아가는 국제도시 사마르칸트는 인구 50만. 당시 동쪽 장안, 서쪽 콘스탄티노플과 더불어 세계에서 가장 번영하는 도시였다. 이곳은 먼 옛날(기원전 3세기) 소그디아의 서울이었고 지금도(7세기) 소그드인이 세운 모든 도시국가의 맹주(盟主)였다. 알렉산더 대왕 이래 돌궐제국까지 허다한 강대국에 의해 끊임없이 정복당했지만, 이곳 주인은 여전히 소그드 상인이었다.

정복제국의 서울이 '왕의 도시'라면 이곳은 문화가 꽃피는 '여왕의 도시'이고, 동서 세계가 만나는 길목이며 두 문명을 잇는 다리였다. 동서 문화는 이 거대한 용광로에서 융합되고 숙성되어 다시 동과 서로 전파되었다. 먼 훗날(15세기) 바닷길이 활짝 열려 낙타 대신 돛단배가 오대양(五大洋)을 누비게 되는 그날까지.

노예시장

　천산산맥을 넘어 페르가나 분지로 들어서니 풍경이 완전히 변했다. 산맥 동쪽이 사막과 메마른 황야라면, 이곳은 축복받은 초록의 세계였다. 이 분지는 북쪽에 천산산맥 산줄기인 크라민산맥, 남으로 총령의 알라이산맥에 둘러싸인 동서 300km, 남북 150km나 되는 넓은 계곡이다. 만년설이 덮인 높은 산들이 병풍처럼 둘러싸 찬바람을 막아주어 따뜻한 데다가, 나린강과 카라다리아강이 합쳐진 시르다리아강이 흘러 땅이 비옥했다.

　시르다리아강은 황하와 위수를 건넌 후 처음 보는 강다운 강이었다. 맑은 물이 포플러 숲과 초원 사이로 유유히 흐르고 물총새가 강물 속 물고기를 찾아 두리번거리는 모습이 한 폭의 그림을 보는 듯했다. 사막을 건너온 사람의 눈에는 숲과 초원, 호수와 강물이 이렇게나 아름답게 보이는 것일까. 문득 요동성 풍경이 그립게 떠올랐다.

　'고향 땅이 얼마나 아름다운 곳인지 여태까지 모르고 살았구나. 멀리 떠나와서야 이처럼 사무치게 그리워지다니 ….'

　이 페르가나 분지는 천마(天馬)의 고향 다완(大宛)의 옛 땅이기도 하다. 푸른 초원에 농경지와 과수원이 흩어져 있었고 군데군데 숲이 우거진 풍요로운 고장이었다. 이곳 서쪽 끝자락에 사마르칸트가 있었다. 양만춘은 페르가나 계곡을 내려다보며 깊은 생각에 빠져들었다. 문득 스승 무념 선사에게 들었던 이야기가 떠올랐다.

　한나라 무제가 꿈속에서 보고 기뻐했다던 천마(天馬, 천리마).

'초원 유목민의 기병대에 끊임없이 시달리던 무렵, 한무제가 흉노를 무찌르는 데 최고의 무기가 되었던 천마를 여기서 얻었다. 지금 수나라는 백만 대군을 동원해 우리를 침략하려고 호시탐탐 노리는데, 나는 이곳에서 무엇을 찾을 수 있을까?'

사마르칸트는 제라프샨강 옆 아프라시아브 언덕 위 왕궁을 중심으로 발달한 성벽도시로 10m가 훨씬 넘는 높은 성벽이 둘레 8km로 도시를 둘러싸고 있었다. 성안은 남쪽 왕궁 지역, 상인과 수공업자가 모여 사는 동쪽 바자르(시장) 지역, 사원과 주택이 모인 서쪽 지역으로 나뉘었고, 과수원과 농장 주인들은 성 밖에 살았다.

양만춘은 늦가을 햇살에 밝게 빛나는 흰색과 녹색 벽돌로 쌓은 반원형(아치)의 동문 앞에 섰다. 세계 각지에서 온갖 상품을 싣고 온 카라반과 순례자들이 성문 앞 광장을 가득 메워 웅성거리면서 성문이 열리기를 기다렸다. 제라프샨강에서 물을 끌어와 성안 광장에 연못과 수로를 만들었고 그 주위에 나무를 심어 그늘을 드리웠다. 큰길에는 카라반의 행렬, 마차와 수레, 말과 낙타를 탄 상인과 바쁘게 오가는 사람들로 벌집이라도 쑤신 듯 시끄럽고 활기찬 도시였다. 화려한 복장의 차카르(근위병, 페르시아어로 용사란 뜻)가 진땀을 흘리면서 이들을 정리하느라 허둥거렸으나, 장안의 금오위처럼 근엄한 표정이 아니라 흰 이를 드러내며 웃는 모습이 인상적이었다.

바자르에 들어서니 그야말로 온 세계 인종들의 전시장이었다.

소그드인은 물론 멀리 대진(로마제국), 대식국(아라비아), 천축, 페르시아에서 온 상인, 돌궐인과 근처에 사는 유목민들, 심지어 새까만 얼굴의 곤륜노(흑인)도 보였다. 붉은 머리칼과 황금빛 머리, 갈색이나 검은 머리에다, 갖가지 색깔의 피부를 가진 사람들이 제각기 고유의 옷을 차려입고 바자르를 누볐다.

사마르칸트의 수공업은 뛰어난 기술로 예로부터 세계에 널리 알려졌다. 황금을 얇게 펴고 각종 보석을 박은 화려한 갑옷, 사치스럽게 수놓은 옷과 융단 그리고 금, 은, 구리 주석으로 만든 아름다운 술잔과 유리그릇은 보는 이의 눈을 동그랗게 만들었다. 이집트의 청금석(靑金石), 천축과 남쪽 바다에서 싣고 온 새빨간 루비와 흰 진주, 나뭇가지 모양 산호며 페르시아의 초록빛 슬슬(에메랄드)과 향료, 호탄의 옥, 티베트의 사향, 아라비아의 유향, 중국의 비단과 도자기, 북쪽 숲의 나라 모피가 사람의 눈을 어지럽게 했다.

큰길 안쪽 먹자골목은 바자르 중의 바자르. 산같이 쌓인 과일과 채소, 꽃들이 다양한 색깔과 향기를 뿜어냈고, 구수한 빵과 숯불에 지글지글 타는 양꼬치 냄새에다 장사꾼 열기까지 보태져, 사마르칸트의 바자르는 그야말로 색(色)과 소리와 향기가 소용돌이치는 현란한 마법(魔法)의 세계였다. ●

사마르칸트의 노예시장은 소문난 구경거리였다. 시장은 매월

● 알렉산더 대왕 페르시아 원정 이후 건설된 7세기 무렵 고대도시로 그리스 문화의 영향을 크게 받아 다신교(多神敎)가 융성한 자유분방했던 사마르칸트는 13세기 초 칭기즈칸 군에 의해 불타버렸다. 현재의 사마르칸트는 14세기에 티무르에 의해 재건된 이슬람(唯一神敎) 색채가 짙은 분위기가 전혀 다른 도시임.

첫째 날과 보름날 바자르 옆 공터에서 열렸는데 많을 때는 수천 명 노예가 매매되었다. 높다란 전시대를 세우고 그 뒤에 쇠사슬에 묶인 수백 명 노예들이 땅바닥에 앉아 있었다.

처음 올라온 노예는 새까만 피부의 곤륜노(흑인) 아가씨였다.

"이 눈부신 흑진주는 몇 년에 한 번 만날 귀한 물건이오."

노예상인은 말[馬]을 경매하듯 그녀의 젊음, 늘씬한 몸과 불루칸(검은담비) 털같이 부드러운 피부를 손짓 발짓까지 섞어 자랑하고, 이 아가씨가 오늘의 최고 상품이라 선언했다. 그러더니 온갖 기묘한 자세를 취하게 하여 돈 많은 구매자의 흥미를 돋우다가 살 생각이 있으면 전시대로 올라와 만져보라고 했다.

뒤이어 황금빛 머리칼이 어깨를 덮은 예쁜 백인 아가씨가 전시대에 올랐다. 부자들은 물론 구경꾼까지 호기심으로 술렁거리며 앞으로 다가섰다. 슬픈 표정과 체념에 젖은 얼굴이 애처롭게 보였다. 노예상인은 갖가지 모습을 보여 준 다음 젊은 그녀의 아름다움을 입에 침이 마르게 칭찬하고 경매에 들어갔다. 거간꾼이 황금 25냥을 부르자 치열한 경쟁 끝에 40냥에 낙찰되었다. 사람들이 웅성거리는 가운데 배불뚝이 늙은 상인이 돈이 가득 찬 가죽주머니를 들고 의기양양하게 걸어 나왔다.

인기 있는 노예가 팔릴 때마다 앞쪽의 귀빈석에 앉았던 부유한 구매자들은 퇴장하고 구경꾼 수도 줄어들었다. 오후가 되자 한꺼번에 3명의 노예를 전시대에 세워 경매를 진행했다. 이윽고 파장(罷場) 분위기로 접어들 무렵, 양만춘의 눈길을 끄는 사나이가 한 명 있었다. 대진(大秦, 로마) 사람으로 전쟁에서 포로가 된 늙은 백인 노예였다.

뺨의 칼자국, 가운데 홈이 팬 사각형의 억센 턱과 완강한 어깨가 한때 용감했던 병사의 그림자를 보여 주었으나, 백발이 섞인 머리카락과 이마에 깊이 새겨진 주름은 지친 삶을 드러내고 있었다. 거간꾼이 은화 10냥을 불렀으나 더 비싼 값으로 사려는 사람이 없었다. 양만춘은 그 사나이의 고뇌에 찬 눈동자와 자존심을 잃지 않으려는 필사적 표정에 끌려 자기도 모르게 11냥이라고 외쳤다.

"당신은 소그드어를 말할 수 있소?"

양만춘은 고개를 끄덕이는 사나이에게 노예 매매계약서를 넘겨주며 이제 자유인이라고 말했다.

"왜 이런 호의를 베푸시오?"

"나는 싸울아비(武士)요. 같은 무사로서 불행한 운명에 빠진 당신을 안타깝게 여긴 것뿐이라오."

"내가 비참한 처지에 놓여 있지만, 처음 보는 분에게 동정을 받을 정도는 아니오. 무엇인가 값을 치른 다음 자유를 얻고 싶소."

양만춘은 비록 늙고 초라한 모습이지만 당당하려고 애쓰는 사나이 얼굴을 다시 한 번 쳐다보았다.

20년 전, 카시우스는 로마 군 백인대장으로 페르시아와 전쟁 때 (571~590년) 포로가 되었다. 몇 차례 탈주를 시도하다 실패하고, 여기저기 노예로 끌려다니다 사마르칸트까지 오게 되었다.

"고향에 돌아가고 싶지 않소?"

"세월이 너무 흘렀소. 돌아간다 해도 반겨 줄 사람도 없으니 여기에 뼈를 묻을 수밖에 없소."

카시우스는 체념한 얼굴로 먼 산만 쳐다보았다. 바자르 야시장(夜市場) 탁자에 양꼬치 요리인 샤슬릭이 지글지글 익어가고 삭사울나무 뿌리 타는 냄새가 구수했다. 사람 마음을 사로잡는 건 호화로운 접대가 아니라 진정으로 대해주는 것. 독한 포도주잔이 오고 가자 옛 백인대장의 눈이 빛나고 말수가 많아졌다.

"몸을 녹여주는 것은 불과 술 그리고 여인의 품속이라지만, 오늘 당신의 따뜻한 대접에 몸뿐만 아니라 마음조차 녹는군요."

카시우스는 타고난 이야기꾼이었다. 콘스탄티노플에서 자란 어린 시절, 백인대장이 되어 폐허가 된 예루살렘 성터에서 들었던 목수 아들 예수란 분의 놀라운 기적, 페르시아 군과 무시무시했던 전투까지 실감나게 이야기했다.

그는 역사에도 밝았다. 9백여 년 전(기원전 329년) 알렉산더라는 영웅이 페르시아제국을 정복하고 이곳 소그디아까지 왔다가 소그드 전사의 완강한 저항을 받았고 소그드 왕녀인 절세미녀 로크사네와 결혼했으나, 젊은 나이로 죽자 제국이 4개 나라로 분할되었던 일이며, 외눈박이 장군 한니발이 알프스산맥을 넘어 칸나에(Cannae)에서 얻은 큰 승리, 로마제국 군대의 강력함, 위대한 장군이자 황제 카이사르와 그의 뛰어난 전술과 전쟁 이야기.

양만춘은 카시우스 이야기를 들으면서 이제까지 몰랐던 새로운 세계를 보았다. 그것은 그의 눈을 활짝 열어주는 깨달음이었고, 하늘이 내려준 계시였다.

'세계는 한없이 넓구나. 중국 못지않게 크고 강력한 로마제국과 페르시아가 있다니 … .'

서방세계의 빛

카를룩이 유서 깊은 상업도시 펜지켄트에 함께 가자고 권했다. 새벽 동이 트자 황금의 강이라 불리는 제라프샨강을 따라 동쪽으로 달렸다. 강변에서 거대한 양수기가 강물을 퍼 올려 수로(水路)에 쏟아붓는 광경이 인상적이었다.

"저 양수기는 사람의 힘도 빌리지 않고 물을 퍼 올리고 있군요."

"내가 어릴 때만 해도 소를 이용했지. 그런데 어떤 젊은이가 소의 힘을 빌리지 않고 물을 끌어올리는 장치를 만들었다네. 사마르칸트의 번영 밑바탕에는 그 천재의 공이 크지."

수많은 수로에는 물이 넘쳐흐르고, 이 물줄기가 주변의 황토를 기름진 옥토로 바꾸었다. 평소 말이 없고 근엄하던 카를룩도 10년 만에 가는 고향이라며 들떠 있었다. 강을 따라 아름다운 과수원과 푸른 목장이 펼쳐진 평야지대를 지나니, 황혼 무렵 멀리 우뚝 솟은 펜지켄트가 보였다.

이 도시는 험준한 산맥 사이 넓은 골짜기로 흐르는 제라프샨강가 언덕 위에 자리 잡았는데, 소그드인에게 마음의 고향인 오래된 도시였다. 서문으로 들어가니 광장을 끼고 왕궁과 바자르가 펼쳐졌고, 왕궁 옆에 유난히 눈에 띄는 흰 대리석 저택이 소그드 최고 상인이던 마니아크의 기념관이었다.

사산조 페르시아 황제 아누시르반은 동서 비단교역의 이익을 독점하려고 페르시아를 거쳐 동로마에 싣고 가던 비단 공급의 길을 막아 소그드 상인을 파산시키고, 중계무역에 크게 의존하던 돌궐에 타격을 주려 했다. 거상(巨商) 마니아크는 서돌궐의 야브구(카간 다음의 지위) 이스테미의 허락을 받아 동로마와 직접 비단무역을 하기 위해 사절단을 이끌고 콘스탄티노플로 갔다.

사절단은 동로마제국 유스티니아누스 2세를 만나 페르시아를 거치지 않고 직접 비단무역을 하는 것은 물론 동로마와 서돌궐 간에 우호협정까지 맺었다. 그 후(569년 8월) 동로마 사절단이 천산산맥 기슭 백산(白山)에 머물던 이스테미를 방문해 양국관계는 더욱 강화되었다. 지금도 콘스탄티노플에는 수백 명 소그드 상인이 머물며 비단무역에 종사하는데, 그들은 마니아크의 공적을 기려 그의 고향 땅에 기념관을 세웠다.

다음 날 아침 양만춘은 자스미 공주의 큰오라버니를 찾아갔다. 작은 도시국가 왕궁이라 규모는 크지 않았으나, 소그드인은 집안을 그림으로 장식하기 좋아하는지 응접실 안쪽 벽이 온통 벽화였다. 상단에는 여러 신들이 등장하는 신화(神話), 중단엔 흥겨운 축제장면, 아랫부분은 포도무늬와 인동(忍冬) 덩굴을 그렸고, 다른 쪽 벽에는 창문 사이 공간마다 초상화가 걸려 있었다.

자스미와 무척 닮은 귀부인이 하프를 켜고 있는 그림 옆에 걸린 소년의 초상화가 유난히 눈에 익었다. 은빛 갑옷 위 붉은 망토를 날리면서 한 손에 긴 창을 들고 백마를 탄 소년 얼굴이 자스미의 접견실에서 보았던 소년 무사와 흡사했다.

"그 소년은 동생이라네. 오래 전에 낙원으로 갔지만."

묵직한 목소리에 뒤돌아보니 고귀한 기품을 지닌 중년 사나이가 십오륙 세는 됨직한 소녀를 데리고 방으로 들어왔다.

양만춘이 공주의 서신과 선물을 전달하자 펜지켄트 군주는 기뻐하면서 여동생 자스미 소식을 이것저것 자세히 물었다.

군주는 포도주를 권하면서 소그드인의 현재 상황을 이야기했다. 정복자 알렉산더가 죽은 후 소그드인은 소그디아 왕국의 독립을 위해 투쟁했다. 그러나 몇 차례 좌절한 후 그들은 정치적 독립을 포기하고 동서양을 잇는 세계의 상인으로 변신했다. 그때부터 수백 년 동안 초원을 지배하는 세력과 타협하며, 동서 세계의 교역을 장악하고 경제를 원활하게 이끄는 중심축으로 활동해 왔다.

초원의 지배자들은 강한 군사력을 가졌으나, 정복한 민족을 다스리려면 소그드인의 협력이 필요하였기에 이들 간의 협조와 공생(共生)은 자연스러운 결과였다. 그러나 초원의 세력판도가 바뀔 때마다 신구 세력의 틈바구니에 끼어 어쩔 수 없이 희생자가 나오는데, 동생의 죽음도 그러한 격동기에 생긴 비극이었다.

펜지켄트는 사마르칸트 같은 들뜬 분위기나 번화함은 없었으나, 역사가 오랜 도시가 갖는 우아함과 안정감이 있었다. 바자르에는 금은세공이나 보석가공에 뛰어난 장인(匠人)이 많았다.

양만춘은 로마 군에서 무기를 제작했던 사나이를 찾아 나섰다.

백발의 사내는 카시우스의 편지를 읽고 기뻐하면서도 자유롭지 못한 노예 신세를 한탄했으나, 펜지켄트 왕의 주선으로 헐값에 넘겨받았다.

펜지켄트에서 돌아온 며칠 후 젊은 마기가 찾아와서 늙은 마기가 양만춘을 만나고 싶어 한다는 말을 전했다. 그분은 오래지 않아 삶이 끝날 것을 한눈에 알아볼 만큼 몹시 쇠약해 있었다.

젊은 마기가 향기로운 냄새가 나는 검고 쓴 맛이 나는 음료를 권했다. 시바의 여왕이 술레이만(솔로몬) 대제에게 바친 이래 소수의 왕후(王侯) 귀족이나 사제계급이 애용하는 음료(커피)라고 했다.

"그대는 이 늙은이를 그리던 고향에 돌아오게 하고, 나 때문에 죽은 길잡이 유족에게 많은 돈을 베풀어 주어 내 마음의 빚을 갚고 허물을 덮어 주었으니, 진심으로 감사하오. 사제(司祭)란 남에게 받는 게 버릇이 되어 도움을 받고도 신에게만 떠넘기고 은혜를 갚을 줄 모르는 뻔뻔한 족속이긴 하오만, 한 번 만났을 뿐인 이교도(異敎徒)에게 너무 큰 빚을 졌구려. 조금이라도 보답할 길이 없겠소?"

늙은 마기는 고목같이 앙상한 손으로 그의 손을 굳게 잡았다.

"좋은 씨앗을 뿌리면 풍성한 열매를 거둔다오. 이 늙은이는 아후라 마즈다께서 백배로 갚아주시길 간절히 빌겠소."

조로아스터교 사마르칸트 총본산은 규모도 크거니와 화려하고 장엄한 사원이었다. 젊은 마기의 안내를 받아 둘러보다 모퉁이에 자리 잡은 도서관을 보고 황금노다지를 발견한 느낌이었다. 이곳이야말로 낯선 문명세계를 들여다 볼 수 있는 창(窓)이요, 이를 이해할 열쇠가 아닐까? 양피지며 파피루스, 얇은 목판과 금속판에 쓰인 수천 권 책과 두루마리가 선반에 잘 정돈되어 있었다. •

"사마르칸트 왕께서 다른 나라 문물과 기술에 관심이 많으시어 수십 년간 동로마와 페르시아에서 사들인 책이지요. 왕실 소유지만 우리가 관리하여 학자들 연구에 도움을 주고 있답니다."

젊은 마기가 자랑스럽게 말했다. 한 두루마리를 펼치니 낯선 문자가 빽빽이 적혀 있었다.

'책 속에 귀중한 게 담겼다면 알지 못하는 글자로 쓰였다고 무슨 문제가 되랴. 해석할 사람을 찾으면 될 뿐.'

카시우스가 놀라워하며 종교나 철학은 몰라도 기술에 대한 실용서(實用書)는 성(聖) 소피아사원 도서관 못지않다고 단언했다.

양만춘의 눈길이 이상야릇한 기계 그림에 멎었다.

"이 기계가 무엇인지 알 수 있소?"

"주인나리, 이것은 로마군이 적의 성이나 요새를 공격할 때 사용하는 바리스타(投石機)의 제조방법 설명서로군요. 로마 군 군단에는 이런 바리스타가 60개씩 배치되었지요."

카시우스는 옛날 백인대장 시절이 떠오르는 듯 눈을 빛냈다.

"돌을 얼마나 멀리 날려 보낼 수 있나요?"

"저 로마 군단의 이동식 바리스타는 80보쯤. 그런데 콘스탄티노플 성벽에 설치한 거대한 고정식 바리스타는 300보 이상 날릴 수

• 종이가 사마르칸트를 거쳐 서양에 전래된 건 140년이 지난 탈라스전투 후임.

있답니다."

"뭐라고! 300보라고?"

우수하고 새로운 무기라니까 눈이 번쩍 띄었다. 더구나 그가 가장 관심을 갖고 있던 투석기가 아닌가. 투석기란 성벽이나 한곳에 모여 있는 적군을 공격하는 데 가장 위력적인 무기이지만, 수나라 대진관(大震關)에서 본 거대한 투석기는 백수십 명 병사가 밧줄을 당겨 돌을 날려 보내야 하므로, 병력에 그리 여유가 없는 고구려 군에겐 그림의 떡일 수밖에 없었다.

그런데 로마군의 바리스타는 지렛대 원리를 이용해 겨우 두세 명만으로 충분했다. 양만춘은 신비로운 '운명의 손길'을 느끼며 가슴이 벅차올라 터질 것만 같았다.

'간절히 원하면 이루어진다더니 드디어 찾았구나. 하늘이 머나먼 사마르칸트로 이끌어 주신 뜻은 바로 이것이었구나!'

사향을 팔아 수십 갑절 이익을 남겼건만, 돈 버는 데는 관심이 없고 서양 무기에 정열을 쏟으며 돈을 물 쓰듯 뿌리는 걸 지켜보다가, 어느 날 카를룩이 양만춘을 불렀다.

"자네는 장군의 길을 택한 것 같군."

카를룩은 벽장에서 콘스탄티노플 삼중성(三重城)의 성벽을 자세히 그린 양피지 두루마리를 꺼냈다.

"동로마에 사절단으로 갔을 때, 난공불락으로 소문난 콘스탄티노플 성벽을 둘러보고 모든 방어시설을 그리게 했지. 이제 나에겐 쓸모없는 젊은 날 추억거리였는데 자네에게 필요할 것 같군."

어제까지만 해도 자기의 뒤를 이어 소그드 카라반을 맡아달라고 권유하던 카를룩의 갑작스러운 말에 양만춘은 깜짝 놀랐다.

"어찌 생각을 바꾸셨습니까?"

"오늘 아침 문득 자네는 장군이 더 어울리겠다는 생각이 들었지. 사실 나도 말 위에서 천하를 호령하던 때가 더 신났거든. 여인이 자기를 사랑해 주는 남자 품에 안기듯, 황금도 진정으로 아껴주는 사람에게 모일 것 아니겠나. 그래서 생각을 바꾸었다네."

카를룩은 양만춘의 마음을 안다는 듯 빙그레 웃었다.

"모든 유목민족이 그렇듯 돌궐 군의 강점은 정복한 민족을 이용하여 자기네 군사력을 강화하고 그 힘으로 다른 적을 정복하지. 그래서 돌궐 군은 민족이나 인종을 가리지 않고 능력만 있으면 누구든지 사령관이 될 수 있네. 소그드 사람인 나도 그런 사람 중 하나였지."

카를룩은 옛날을 떠올리다가 쓰라린 기억이 떠올랐는지 갑자기 얼굴이 굳어졌다.

"잊지 말게. 전쟁과 장사가 다른 점은 장군은 크게 승리해도 자기를 따르는 부하들을 잃으면 다시 일어서기 어렵네. 자네가 장군이 되거든 크게 이길 수 있다는 확신이 들더라도 많은 희생이 따를 전투는 피하게. 그것이 지혜로운 장군이 가질 마음의 자세야."

온 세상을 둘러보고 안목(眼目)을 넓힘이 만 권의 책을 읽는 것보다 더 값어치가 있다던 카를룩의 말은 옳았다. 그러나 구슬이서 말이라도 꿰어야 보물이 될 게 아닌가.

양만춘은 서양의 새로운 기술을 제대로 활용할 방법을 찾느라 머리를 싸맸다. 젊은 마기의 도움으로 로마 군 투석기 도면을 그리고, 사마르칸트성 밖에 대장간을 차렸다. 그리고 카시우스와 무기제작 경험이 있는 펜지켄트 사나이에게 투석기를 만들게 하여 여러 차례 시험발사까지 했지만 기대한 만큼 만족스러운 성과가 없었다.

'씨앗은 뿌렸으나 과연 열매를 거둘 수 있을까?'

때때로 좌절감에 빠졌지만 결코 희망의 끈을 놓지 않았다.

고구려사람 없는 곳 어디 있으랴

아프라시아브 언덕의 왕궁을 구경하고 돌아오다가 바자르 지역과 거주 구역이 만나는 길가에서 불교 사원을 보았다.

천산산맥을 넘은 후 처음으로 불교 사원을 보니 호기심이 나서 둘러보다가 우연히 사원 옆에 '뵈클리식당'이라고 내건 간판을 발견했다. 아직 이른 시간 탓인지 손님은 없었고 양만춘 일행을 본 중년의 주인이 반가운 얼굴로 달려왔다. 그가 내민 식단(메뉴)에는 여러 가지 음식 이름이 쓰여 있었다.

"손님께서는 어떤 음식을 원하십니까?"

주인은 유창한 돌궐말로 물었다.

"뵈클리 정식이라 쓰인 음식이 있는데 어떤 것이 나옵니까?"

주인은 뜻밖이라는 듯 눈을 동그랗게 뜨더니 음식 재료를 준비하려면 하루 전에 예약해야 한다며 불고기, 된장국, 각종 나물과 생선 구이, 동동주와 식혜 같은 게 나온다고 했다. 고국에서 수만 리 떨어진 곳에서 푸짐한 고향음식을 맛볼 수 있다니. 양만춘은 준비되지 않은 건 내놓지 않아도 좋다며 뵈클리 정식을 시켰다. 주인이 머뭇거리다가 혹시 고구려 사람이냐고 묻기에 그렇다고 하자 눈물을 글썽거리며 얼싸안고 한동안 잡은 손을 놓지 않았다.

"고국을 떠난 지 10년 만에 고향 사람을 만나다니 … ."

강마루는 안으로 들어가 장끼 꼬리 깃털을 두 개 꽂은 조우관●(鳥羽冠)을 쓰고 검정 동정 붙인 흰 두루마기에 바지를 입은 당당한 무사 차림으로 부인과 아들을 데리고 나와 자랑스럽게 말했다.

"이놈이 내 아들 강요하이고 집사람은 여기서 만났다오."

양만춘이 모두 자리를 함께하자고 하자 강마루는 그의 부탁을 기꺼이 받아들여 아들 요하를 그 곁에 앉혔다.

삭사울나무 뿌리가 이글이글 불타는 화로 위에 푸짐하게 익어가는 불고기며 맑은 된장국과 물김치, 고사리와 고비, 도라지와 실파를 참기름에 맛있게 무친 나물이 큰상 위에 가득 놓였다. 나친은 수십 개 접시를 보고 눈이 둥그레졌다. 양만춘은 동동주잔을 들어 건배하고 시원한 동치미 국물을 연이어 두 그릇이나 들이켰다.

598년(영양왕 9년) 수문제가 고구려를 침략했던 때 고구려 군은 요하 강변에서 총사령관 강이식(姜以式)●● 장군 지휘 아래 수나라

● 세모꼴 고깔모자에 새의 깃털을 꽂은 고구려 싸울아비가 즐겨 쓰던 모자.
●● 진주 강씨(晋州 姜氏)의 시조. 국내에서 고구려인을 족보(族譜)에 시조로 내세운 유일한 가문으로 알려짐.

군사와 싸웠다. 전쟁에는 승리했으나 최전선 무려라를 지키던 요서 방어군은 많은 병사가 전사하고, 백인대장 강마루는 부상한 병사 10여 명과 함께 포로가 되었다. 적군에게 끌려가는 동안 혹독한 학대로 포로의 반이 죽고 일곱 명이 노예로 서역에 팔려갔다.

힘든 노역(勞役)에 시달리다가 서역을 탈출하여 사마르칸트로 오던 중 두 명은 사막과 천산을 넘다가 죽고 다섯 명만 이곳에 도착했는데, 매년 설날에 모여 먼 이국땅에서의 외로움을 달랜다고 했다.

"저의 부친께서도 무려라에서 싸우시다 전사하셨답니다."

양만춘이 말하자 강마루가 놀라 펄쩍 뛰었다.

"뭐라고? 그러면 무려라성 양 가라달(可邏達, 중급 지휘관) 님 자제분이란 말인가! 세상이 이렇게 넓고도 좁다니. 자네 아버지는 우리 직속상관으로 큰형님 같으셨지. 우리가 강변에서 포위되었던 사흘 동안 가라달님께서는 밤이 되면 적 진지를 습격해 싸우시다가 마지막 날 장렬하게 전사하셨네. 그분은 엄격한 지휘관이었지만 마음씨 따뜻한 장군이셨어. 한 번은 적 진지에서 빼앗은 먹을거리를 굶주린 병사들에게 골고루 나누어 주셨지. 걸신들린 듯 음식을 삼키는 우리를 안쓰럽게 바라보던 얼굴이 지금도 눈앞에 어른거린다네."

강마루의 이야기를 들으면서 양만춘은 그동안 아슴푸레 흐려져 가던 아버지 얼굴이 기억의 여울을 넘어 생생하게 떠올랐다.

전쟁의 불길이 타오르자 어머니와 어린 양만춘을 요동성 고향집에 피란 보내며 머리를 어루만지다 말없이 돌아서던 모습, 수나라

30만 대군을 무찌르고 요동성이 승리의 기쁨으로 들끓던 날 무려라성 성주와 동료들이 찾아와 제사상에 차린 위패를 보고 안타까워하며 아버지의 무훈을 기리던 일, 뒤이어 어머니가 돌아가시고 경당 특기생으로 뽑혀 묘향산에서 조의선인에게 피나는 훈련을 받던 고된 하루하루가 주마등같이 떠올랐다.

양만춘은 추억에 잠겨 멍하니 있다가 강마루가 고향에 남아있는 가족을 걱정하는 것을 보았다.

"염려 마세요. 전쟁이 끝나자 기습군을 이끌었던 영웅 을지문덕 장군께서 전공(戰功) 일등을 사양하시면서, 이번 싸움 일등공신은 소신이 아니라 얼마 되지 않은 병력으로 끝까지 요하를 지킨 요서 방어군이라고 말씀드렸지요. 총사령관 강이식 원수께서도 이들이 적을 굳게 막아 요하 방어선을 지키지 못했다면 결코 전쟁에서 승리할 수 없었을 것이라며 을지 장군을 거들었어요. 태왕께서는 요서 방어군 전사자는 물론 마지막까지 싸우다 포로가 된 병사들까지 모든 유족에게 고루 포상을 내리셨답니다."

정월 초하루. 사마르칸트 부근에 흩어져 살던 옛 전우들이 고구려 전통복장을 갖추어 입고 강마루 집에 모여들었다. 차례(茶禮)를 지내자 고국이 있는 동쪽을 향해 큰절을 올렸다. 푸짐한 설음식에, 어디서 구했는지 이곳에서 보기 어려운 흰 쌀밥까지 나왔다.

"여보게, 고국에서 오신 귀한 손님을 소개하겠네."

강마루는 양만춘과 구루, 달가를 인사시킨 후 손을 잡았다.

"이 젊은 분은 우리가 존경하던 양 가라달님 아드님이라네."

"가라달님 아들이라고? 이렇게 반가울 수가."

텁텁하게 생긴 사나이가 손을 잡더니 놓을 줄 몰랐다.

"대장장이 석마리라네. 자네 부친이 아니었다면 오래 전 이 세상 사람이 아니었을 걸세. 강마루 형님에게 이야기를 듣고 얼마나 기뻤던지. 우리의 만남을 기념하려고 내가 밤을 새워 쇠토시 여러 벌을 만들어 왔네. 모두 하나씩 가지게."

"저도 가라달님 은혜를 입었습니다. 요하 공방전에서 부상을 당했을 때 얼마나 따뜻하게 보살펴 주셨는지 … ."

그중 가장 어린 소년병 출신 사나이가 눈물을 글썽였다.

세상이 좁다더니 여기 모인 이들은 아버지 밑에서 싸우다 포로가 되어 머나먼 사마르칸트까지 흘러온 사람들이었다.

군대생활을 한 사내가 모여 술잔을 기울이면 으레 그렇듯, 수나라와 싸웠던 무용담을 자랑하느라 열을 올렸다.

"지금 또다시 수나라와 싸움이 다가왔습니다. 이번에는 양제가 백만 대군을 동원해 침략할 것이라는 소문이 자자합니다."

양만춘이 말하자 흥겨웠던 좌중은 물을 끼얹은 듯 조용해졌다.

"멀리 떨어져 사는 우리는 어찌하면 좋을까?"

백인대장을 했던 강마루가 근심스럽게 말하자 소년병 출신 청년은 두 주먹을 불끈 쥐고 귀국해서 싸우겠다고 열을 올렸다.

"이곳은 고국에서 수만 리 밖. 고국으로 돌아갈 수는 없습니다. 그러나 조국을 도울 길은 있을 것입니다. 저는 장안에서 여기까지 오는 동안 많은 것을 보고 느꼈습니다. 카슈가르 시장에서 세계 최고 품질의 천축 강철로 만든 칼도 보았고, 조로아스터 사원에 쌓인 수천 권 책도 보았습니다. 이곳은 수나라와 전혀 다른 새로운 문명세계입니다. 여기서 그들을 무찌를 더 나은 기술과 무기를 찾을 수 있다면 침략자를 막는 데 큰 힘을 보탤 수 있을 겁니다."

즐거운 설날 기분이 되살아나자 석마리가 자리에서 일어났다.

"다른 이야기 때문에 발표가 늦었군. 얼마 전 내가 아버지가 되었네. 아직 아들 이름을 짓지 못했는데, 오늘 가라달님 자제분을 모셨으니 좋은 이름을 지어주었으면 하네."

대장장이 석마리가 첫아들 얻은 것을 알리자 모두 일어나 축하하며 아기의 장래를 축복하는 덕담을 나누었다.

"이름을 고려라 지으면 어떻겠습니까?"

"석고려라. 부르기 좋고 근본도 잊지 않을 테니 좋은 이름이군."

오후가 되자 강마루의 제안에 따라 바자르에서 열리는 축제행렬에 참가하기로 의견이 모아졌다. 사마르칸트는 온갖 인종과 민족이 모여 사는 국제도시답게 새해 첫날 여러 민족들이 제각기 특색 있는 전통의상을 차려입고 춤추고 노래하는 축제가 열렸다.

행렬 선두에 사마르칸트 궁정악대가 음악을 연주하고 붉은 제복의 차카르 기병대가 보무당당하게 행진하면, 여러 민족에서 뽑힌 미녀들이 꽃마차를 타고 아름다움을 겨루기에 이를 구경하려고 사람들이 구름같이 모여들었다.

그동안 사람 숫자가 적어 행렬에 낄 엄두도 못 냈는데 세 사람이 고국에서 왔으니 맨 끝머리에 끼어들기로 하였다. 모두 조우관을 쓰고 고구려 전통의복을 갖추어 입었다. 행렬이 바자르 광장을 지나가자 낯선 사람이 하나둘 뒤따르더니, 행진이 끝났을 때 20여 명이나 모여들어 강마루 일행을 둘러싸고 얼싸안았다.

"우리나라 사람이시군요. 반갑소. 나도 고구려인이라오."

뜻밖에 사마르칸트에는 적지 않은 고구려 사람이 살았다.

강마루는 감격에 겨워 외쳤다.

"이렇게 많은 사람이 이 땅에서 살고 있는 줄 몰랐다니. 서로 왕래하며 지냅시다. 오늘 여러분을 우리 집으로 모시겠소."

새로 모인 사마르칸트 거주 고구려인은 강마루처럼 전쟁터에서 포로가 되어 흘러 들어온 사람도 있었지만, 장사하러 왔다가 이곳이 좋아 머물게 된 노인, 쿠차에 음악공부를 하러 왔다 새로운 세계와 문화에 끌려 여기까지 오게 된 중년 사나이, 씨름선수로 고구려에 왔던 서역인을 따라온 청년까지 제각기 다른 사정으로 이곳 땅끝까지 흘러온 사람들이었다.

이들은 부지런한 데다가 열심히 저축하여 튼튼한 생활기반을 다지고, 자녀교육에 유난히 힘썼으며 한결같이 고국을 잊지 못했다. 소그드 문자를 깨친 중년 사내가 서기를 자원하여 이들의 주소를 적으면서 고구려인 모임이 만들어졌다.

소문이 나자 여기저기 흩어져 살던 사람들이 모여들었다. 총무를 맡은 강마루는 본업인 식당보다 모임에 시간을 더 쓰면서도 언제나 즐거운 얼굴이었다.

돌아오는 길은 즐거워

歸 路

사마르칸트의 2월은 봄이 시작되는 계절.

초원에는 새싹이 돋아나고 얇은 얼음 아래로 물이 흘렀다. 봄이 되면 온화한 날씨가 계속되고 비도 오지 않아 여행하기에 알맞기 때문에 사마르칸트의 모든 카라반이 길을 나섰다. 카를룩은 서돌궐과 수나라 사이에 평화가 돌아왔다는 소식을 듣자 천산산맥 서쪽 '초원의 길'을 따라 장안에 돌아갈 준비를 서둘렀다.

양만춘은 반년도 머물지 않았지만 정이 깊이 들었던 도시를 떠나려니 진한 아쉬움에 몇 번이나 되돌아보았다. 사마르칸트의 고구려 친목회에서도 강마루가 앞장서서 삼족오(三足烏) 깃발을 흔들며 수십 명 동포들이 나와 헤어짐을 아쉬워했다.

사마르칸트로 왔던 '사막의 길'에서는 많은 고생을 겪었지만 돌아갈 때는 믿을 수 없으리만큼 수월했다. 초원의 길은 전쟁의 불길이 휩쓸면 유목민이 약탈자로 변해 카라반에게 무척 위험했지만, 평화로운 때는 물과 풀이 무성한 초원으로 가는 편한 길이었다.

초원의 길

    치르치크강 가에 자리 잡은 자드(타슈켄트)는 사시왕국〔石國〕서울로 소그드인이 세운 도시인데, 천산에서 생산되는 금이 모이는 곳이고 금은세공이 발달한 큰 도시였다. 도착한 날 저녁 대장장이 석마리가 백일 된 아들을 안고 카라반 세라이로 찾아왔다.

    "이놈이 석고려라네. 잘 키워서 언젠가 고국에 보내겠네. 그때 자네가 거두어 주게. 이 쇠토시가 내 아들이란 증거가 될 테지."

    석마리는 양만춘에게 준 것과 똑같은 쇠토시를 흔들었다.

    "언제쯤 사마르칸트로 떠날 예정입니까?"

    "여기 일이 정리되는 대로 자네가 만든 사마르칸트 대장간으로 가겠네. 2, 30년 지나면 서양 기계와 무기에 가장 밝은 대장장이를 만날 걸세."

    석마리는 아들을 들어 올리며 너털웃음을 터뜨렸다.

    카를룩이 양만춘을 불렀다.

    "사막에서 자네를 너무 괴롭혔지. 이번 초원의 길에는 내 옆에서 편히 쉬며 유람여행 하듯 경치나 즐기게."

    타슈켄트를 떠나 초원의 길로 들어서자 마치 군대행렬처럼 선두에 '카를룩 카라반'이란 큰 깃발을 휘날리며 소그드 용병(傭兵)이 앞장섰고, 그다음 카를룩이 이끄는 마차 2백 대가 뒤따랐다. 탈라스로 가는 초원길에서 카라반 행렬이 지나가기를 기다리며 길 옆에서 쉬고 있는 낙타 떼를 만났다. 무리 중에 외혹낙타뿐 아니라 쌍혹 낙타들이 한데 섞여 있었다. 사마르칸트는 동서세계가 만나는 곳이라더니 낙타조차 두 세계의 경계선을 이루는 곳이던가?

"초원엔 비밀이 없네. 내일이면 대상 소식이 쫙 퍼지겠지."

"그러면 옛날 원정할 때 적의 눈을 피하기 어려웠겠군요."

"그랬지. 유목부족은 자기네 삶의 터전을 빼앗기지 않기 위해 바깥 움직임에 아주 예민하다네. 초원에서는 은밀한 야간 이동조차 사람 눈을 피하기가 쉽지 않았었지."

오른쪽 멀리 흰 눈 덮인 천산산맥을 보면서 탈라스강 변 탈라스 성•에 닿았다. 산맥의 눈 녹은 물을 모아 북서쪽으로 흘러가는 강가에 넓은 초원이 펼쳐져 양과 낙타가 흔해 융단(양탄자) 생산이 많았다.

융단이란 여름엔 더운 열기를 겨울에는 추위를 막아줄 뿐 아니라 양털 냄새를 싫어하는 전갈이나 뱀의 접근을 막아주어 사막과 초원의 생활필수품이다. 바자르에는 온갖 동물무늬가 새겨진 유목민이 짠 융단과 꽃과 나무를 수놓은 농민의 융단이 쌓여 있었다. 탈라스에서 북동쪽으로 나아갈수록 눈 덮인 천산 봉우리가 가까이 다가왔다.

어두워지자 두건으로 얼굴을 가린 키얀이 그림자같이 나타나 카를룩에게 천산 기슭 유목민의 움직임을 보고하고 사라졌다.

"저 사나이는 여태껏 한 번도 얼굴을 내보이지 않는군요."

• 140여 년 후 이곳에서 고선지(高仙之, 고구려계 유민)가 이끄는 당나라 군과 회교 군이 충돌하였다(751년 7월). 이 싸움 결과 중앙아시아는 중국의 영향력에서 완전히 벗어나 이슬람문화권에 편입되었음.

"임무 탓이니 이해하게. 키얀 같은 사내를 '카라반의 눈'이라 하지. 겉으로 보면 초원은 평화롭게 보이지만 유목부족 간에 끊임없이 풀밭 쟁탈전이 벌어지네. 패배한 부족은 쫓겨나 다른 곳으로 이동하거나 도적이 될 수밖에 없어. 카라반에게 가장 위험한 자들은 이 도적들이네. 키얀의 가장 큰 임무가 이들의 움직임을 살피는 것이지. 최근 이리 지방에서 부족 간에 큰 다툼이 일어났다는군."

'빛나는 강'이라 불리는 이리강 가에 닿았다. 해가 솟아오르며 붉게 물든 하늘과 그 하늘을 담은 붉은 강물, 흰 눈을 머리에 인 천산 봉우리가 어울려 눈부시게 아름다웠다. 별은 스러지고 동쪽 산 위엔 붉은 해가, 서쪽 초원 하늘에는 하얀 달이 서로 마주보는 환상적인 풍경이 펼쳐졌다. 카를룩은 하늘에 해와 달이 동시에 떠 있는 놀라운 일은 북쪽 나라에서만 드물게 볼 수 있는 희귀한 광경으로 행운을 가져오는 상서로운 징조라며 즐거워했다.

초원을 벗어나 천산산맥 서쪽 끝자락에 들어섰다. 카를룩이 카라반보다 한나절 앞질러 계곡길로 올라가 도적의 습격이 염려되는 산길을 살펴 달라고 해 양만춘은 길잡이를 앞세워 출발했다.

계곡 산등성이 수천만 평 넓은 지역에 능금과 살구 같은 야생(野生) 과일나무가 숲을 이루고, 나무마다 어지럽게 꽃이 피었다. 이다로이 계곡 과일나무 숲은 누가 돌보지 않아도 가을이 되면 열매를 가득 맺어 꿔저꺼우(열매의 계곡)라고 불렸다.

계곡을 올라갈수록 물살은 점차 거세지고 좁은 골짜기로 변했다. 천산 눈이 녹는 5월에서 7월까지는 무서우리만큼 거센 물결이

286

계곡을 휩쓸기에 때때로 카라반의 통행이 막힌다.

골짜기를 계속 올라가자 북쪽 산기슭에 거대한 소나무와 잣나무가 우거졌는데 백 척이 넘는 거목의 숲이었다. 여기저기 골짜기에서 물줄기가 모여 천둥 치듯 소리를 내며 용솟음치다가 바위와 부딪혀 흰 물보라를 흩뿌리며 흘러내려갔다.

갑자기 길이 가파르게 변해 한쪽은 수백 길 깎아지른 낭떠러지고, 다른 쪽은 금방이라도 머리 위로 바위가 굴러 떨어질 듯한 높은 절벽을 끼고 돌아가는 험한 산길이 몇십 리나 계속되었다. 모두 말에서 내려 부들부들 떨면서 간신히 지나갔다.

산자락을 오르자 경사진 초원에는 난쟁이처럼 키 작은 야생박하와 앉은뱅이 들꽃이 어울려 꽃동산을 이루었다. 높이 오를수록 초목은 키가 작아지고 황갈색 메마른 이끼가 바위에 엉켜 있었다. 눈 덮인 산길을 8, 90리 더 가서야 고갯마루에 닿았다.

삼나무가 우거진 숲길을 따라 내려가자 눈앞이 확 트이면서 호수가 나타났다. 둘레가 250리나 되는 그림 같은 세림호는 물에 독이 있어 마실 수 없고 물고기도 살지 않는 죽은 호수였다. 그러나 눈 덮인 천산산맥 산봉우리 그림자를 담은 푸른 호숫가에는 경사가 완만한 풍요로운 초원이 펼쳐져 말과 양떼가 무리 지어 풀을 뜯고 유목민의 유르트가 여기저기 흩어져 있었다.

호숫가 봄 교역시(交易市)엔 커다란 천막이 수십 개 세워졌고, 상인들이 제각기 천막 앞에 빨강, 노랑, 파랑, 오색 깃발을 내걸었다. 그리고 오래지 않아 초원 언덕 너머로 말을 탄 유목민들이

잇따라 모습을 드러내더니, 한산하던 호숫가는 사람과 말 떼로 가득 찼다.

매년 4월과 7월에 열리는 교역시는 천산북로에 사는 유목민이 몰려와 말과 양 같은 가축을 팔고 생필품을 사갔다. 페르가나 분지처럼 이곳도 몸집이 크고 빨리 달리는 천마(天馬)의 본고장이어서 카를룩은 싣고 온 상품을 팔고 건장한 천리마를 고르느라 분주했다.

카를룩의 부탁으로 양만춘은 훗날 카라반 두목이 될 바얀초르와 침식을 같이했는데, 장사에 타고난 재주를 가진 데다 성격이 밝아 그에게 짐이 되기보다 좋은 길동무였고, 무엇을 가르치기보다 오히려 배우는 게 많았다.

여러 날 초원을 가로질러 남동쪽으로 나아가자 우뚝 솟은 하얀 산이 눈앞을 가로막았다. 천산산맥 주봉인 보그다의 웅장한 산봉우리가 모습을 드러내자, 마부들은 말에서 뛰어내리더니 경건하게 엎드려 절했다. 굽이굽이 산길을 올라가자 눈앞이 훤히 트이면서 수풀 사이로 반달 모양의 초록색 호수가 눈앞에 펼쳐졌다.

천지(天池)였다. 동방 고구려의 백두산에 성스러운 천지가 있다면 서쪽 이곳에는 돌궐인의 천지가 있었다.

호수 너머 산들이 천지를 감싸 안듯 겹겹이 둘러싸고 그 뒤 보그다산 눈 덮인 봉우리가 호수를 굽어보듯 장엄하게 솟아 있었다. 거울같이 잔잔한 수면에 거대한 산봉우리가 잠겨 있었는데, 이따금 불어오는 바람에 흔들려 그 모습이 깨어졌다가 바람이 그치니 물에 다시 떠올랐다. 한낮 무더위도 천산 맑은 공기와 차가운 냉기 때문인지 가을 날씨같이 선선했다.

만수사 술집

감주(甘州, 장액)는 남쪽에 기련산맥이 병풍같이 길게 뻗었고 북으로 합려산 산줄기가 북풍을 막아주는 데다, 흑하(黑河) 강변을 따라 비옥한 농경지가 펼쳐진 곡창지대고, 산단까지 뻗은 푸른 초원에는 수많은 가축이 뛰노는 풍요로운 지역이어서 금(金) 장액이라 불리는 하서회랑의 중심도시였다.

기련산맥 높은 산줄기는 일 년 내내 눈과 얼음이 덮여 빙하가 수없이 많은데, 이 빙하 녹은 물이 메마른 화서회랑을 적셔주는 젖줄이다. 장액 쪽을 흐르는 흑하와 주천 쪽 백하(白河)가 합류해 약수(弱水, 에티나강)가 되어 몽골의 거연해로 흘러간다.

609년(대업 5년) 7월. 수양제는 장액 근처 연지산 기슭에 화려한 육합성을 세웠다. 고창국 왕 국백아와 지난해 서돌궐과 싸워 빼앗은 이오(하미)의 통치자는 물론 서역 27개국 왕과 추장을 초대해 알현하고, 서역 평정과 동서교통로 개통을 축하하는 잔치를 열었다. 양제의 고질병인 허영심이 또다시 발작했다.

감주와 양주(涼州, 무위)에 사는 수천 명의 처녀 총각을 길가에 모아 명절에 입는 옷차림으로 향을 피우고 악기를 연주하며 춤추게 하는가 하면, 할 일이 없음에도 말과 수레를 징발해 길을 가득 메우고 왕래케 해 수나라의 강성함을 보여 주게 했다. 또한 서역에서 온 상인을 위해 감주 만수사 옆에 화려한 교역시장을 세웠다.

넓은 공터에는 수백 개 가게가 들어서고 말과 낙타가 쉴 곳과 임시숙소를 세웠는데, 외국인에게 음식과 술을 마음껏 먹게 하면서 한 푼도 돈을 받지 않았다. 그러나 경비하는 병사들은 보급을 제대로 받지 못해 굶주림에 시달렸다.

카를룩 카라반도 만수사 옆 숙소에 짐을 풀었다. 양만춘은 푸짐한 음식과 술을 배부르게 먹은 후 음식점을 나오다가, 경비하는 소년병의 애처로운 눈빛을 보고 마른 음식을 몰래 주었다. 소년병은 재빨리 주위를 살피더니 씹지도 않고 마파람에 게 눈 감추듯 삼켰다.

양만춘은 소년병과 낯이 익자 사정을 알아보았다. 소년의 고향은 천수로 지난 5월 양제의 서역순행을 경비하려 소집되었다. 군대에 들어왔으니 기련산맥 험한 길을 넘는 것이야 당연히 견뎌야겠지만, 식량이 제때 보급되지 않았다. 사막과 초원지대는 인가가 드물어 구걸하거나 훔쳐 먹는 것도 쉽지 않아 굶주렸다. 게다가 7월 중순에 접어들면서 사막의 밤 기온은 살을 에어 낼 듯 추워지는데, 홑옷인 여름옷으로 견디기 어려워 병들고 굶어 죽는 자가 적지 않았다. 집을 떠날 때 머리를 쓰다듬으며 '무사히 살아서 돌아오라' 던 부모님 말씀이 귀에 쟁쟁하다면서, 소년병은 죽지 않고 다시 고향 땅을 밟는 게 소원이라며 눈물을 흘렸다.

수양제가 서역에서 온 상인들을 접견한다기에 양만춘은 단풍이 들기 시작한 기련산맥 기슭에 갔다. 육합성은 2년 전 돌궐에서 보았던 때보다 화려하게 치장했고 근위병 차림새도 더욱 사치스러웠다. 전보다 더 뚱뚱해진 독재자는 좌우에 고창국 왕과 서역의 왕후(王侯)들을 늘어세우고 호탕하게 웃으며 한껏 위엄을 뽐냈다. 이제 그도 양제의 참모습을 꿰뚫어 보았다. 유들유들한 얼굴을 보노라니 길가에 늘어선 허기진 병사들의 초점 잃은 눈과 소년병의 애처로운 모습이 떠올라 쓴웃음이 나왔다.

양제의 허세가 가련하게 여겨지면서 그의 군대를 허약한 허수아비라고 혹평하던 샤드 시빌의 말이 떠올랐다.

'이 무슨 어처구니없는 광대놀음인가?'

돌궐에서 온 상인이 자스미 공주의 편지를 전했다. 날짜가 많이 지난 편지에서 자스미는 아들을 낳았다는 소식을 전했고 애타는 사랑을 호소했다. 멀리 떨어진 서역 한 모퉁이에서 휘영청 밝은 달을 바라보니 벌써 돌이 지났을 텐데 아직 얼굴도 보지 못한 아들 생각에 마음이 울적했다.

달빛을 따라 거닐다 보니 만수사(582년 창건) 입구 느티나무 아래 술집이 보였다. 술집에는 유난히 눈길을 끄는 사람이 있었다. 선비 옷차림의 젊은 사나이는 재기 넘치는 귀공자 모습이었는데 짙은 눈썹과 예리한 눈매가 인상적이었다.

그와 마주앉아 이야기를 듣고 있는 기골(氣骨)이 장대한 중년 사나이는 털북숭이 얼굴에 착 가라앉은 맑은 눈빛과 여유로운 몸가짐으로 보아 무예가 뛰어난 고수(高手) 같아 보였다. 술상 옆에 세워 둔 자루 속에는 장검이 들어있을 테지.

몇 잔 술에 거나해진 양만춘은 술집을 나와 만수사로 들어섰다. 밤이 깊어서일까? 8각 9층 목탑(木塔)은 20여 년이 지났는데도 향나무 향내를 은은히 풍겨 정신을 맑게 해주었다. 문득 인기척에 뒤돌아보니 대웅전 그늘에서 맹수같이 빛나는 눈동자의 사나이가 나타났다. 주점에서 본 털북숭이였다.

"젊은이, 초면에 무례한 부탁이오만 한 수 가르침을 바라오. 당신 같은 무사와 한번 겨루어 보는 게 소원이었소."

"잘못 보셨습니다. 저는 대상을 따라다니는 평범한 장사꾼일 뿐 무예를 모릅니다."

"겸손한 말씀. 그대는 무인이오. 그중에도 뛰어난 달인(達人)."

털북숭이 사나이는 사람을 압도하는 기세를 내뿜으며 다가왔다.

"무인이란 언제 어디서 습격당하더라도 즉시 칼을 뽑을 수 있게 몸의 중심을 잡으면서 걷는 법이지요. 술집에 들어오던 그대 눈빛과 자세, 은연중에 뿜어내던 기세에서 뛰어난 검객임을 알아보았소. 그래도 혹시나 해서 뒤를 밟으며 살펴보았지만 걸음걸이에 한 치의 빈틈도 없었다오."

사나이 얼굴에 무예의 길을 걷는 자에게만 볼 수 있는 한 점 사심(邪心)도 없는 순수한 열정이 배어 있었다. 그러나 적국의 한가운데, 더구나 황제가 거동하여 사람 눈이 쏠려 있는 이곳에서 자신의 참모습을 보일 수 없는 노릇이었다.

"어린 시절 몸이 약해 건강을 위해 잠깐 운동한 적은 있지만 단지 그뿐입니다. 무사님과 겨룬다는 건 생각조차 할 수 없습니다."

292

양만춘은 두 손을 마주잡고 고개를 숙였다. 그 순간 사나이는 번개같이 칼을 뽑아 양만춘의 머리로 내리쳤다.

"어찌하여 칼을 피하지 않았소?"

"무사님 눈에 악의가 없고 칼끝에 살기(殺氣)가 없는데 구태여 피할 까닭이 있나요?"

양만춘은 사나이의 놀란 눈을 마주보며 빙그레 웃었다.

"내 칼에 살기가 없었다고?"

사나이는 양만춘의 정수리 바로 위에 멈춘 칼을 거두어 칼집에 넣으며 허리를 깊숙이 숙였다.

"졌소. 칼을 휘두른 지 30년. 여태껏 젊은 그대처럼 부동심(不動心)을 지닌 검객을 만난 적이 없소. 오늘 깊은 가르침을 받았구려."

그때 목탑 그늘에서 선비옷을 입은 사내가 껄껄 웃으며 나타났다.

"영웅이라야 영웅을 알아본다더니 과연 그러하군요. 오늘같이 젊은 호랑이를 만난 날 어찌 한잔 술을 마다하겠소?"

선비옷 사내 안내로 세 사람은 절에서 떨어진 한적한 장원(莊園)에 들어갔다.

사내는 명문귀족 이밀(李密). • 털북숭이는 촉한 명장 관우의 후손으로 대대로 무인 집안 출신인 관평이었다. 이밀은 양제가 황태자였을 무렵 호위를 맡은 적이 있었으나, 날카로운 눈빛 때문에

• 이밀(581~618년)은 수나라 지배계급이던 관롱군벌 출신 귀족으로 양제의 제2차 고구려 정벌(613년) 때 반란을 일으킨 양현감의 참모였고, 후일 수나라 멸망 당시 가장 강력한 반란집단인 와강군을 이끌던 풍운아였음.

의심을 받고 쫓겨나 천하를 방랑하며 숨은 인재와 사귀고 꿈을 키우던 한량(閑良)이고, 관평은 공무가 아니면 수수한 평민의 옷을 입는 게 마음 편하다는 중랑장 계급의 군인이었다.

술잔이 거듭되자 세 사람은 서로 마음이 통했다. 술이 취하면서 이밀은 말이 많아졌다. 그는 양제의 대운하 건설과 지나친 사치로 백성의 괴로움이 하늘에 닿았다고 탄식하더니, 양만춘의 가슴을 서늘하게 하는 말을 거침없이 뱉어냈다.

"양제가 고구려를 침략하다 망하는 꼴을 빨리 보고 싶다네. 그래야 새로운 세상이 오지 않겠나?"

"고구려와 싸운다고 망하기까지 하겠어요?"

"암, 망하고말고. 양제란 자는 주제넘게도 한무제보다 더 위대한 황제가 되고 싶어 하는 정신병자라네. 두고 보게. 그자가 떠들어대듯 백만 대군을 일으켜 친정(親征)을 하며 뽐낼 것일세. 그러나 원정을 위한 준비는 허술하기 짝이 없을 테지."

이밀이 양제를 측근에서 모시고 있었다기에 양만춘은 양제의 약점을 좀더 알고 싶었다.

"군사를 백만이나 동원한다고요? 그렇다면 고구려쯤이야 쉽게 정복하지 않을까요?"

"그자는 시(詩) 나부랭이나 읊을 줄 알지 군사에는 먹통인 데다, 아랫사람 고통은 조금도 아랑곳하지 않는 멍텅구리야. 머릿수만 많다고 전쟁에 이기는 것은 아니지 않나. 길도 없는 요동 땅에서 무엇으로 그 많은 군사를 먹이겠나?"

"원정에 실패하면 큰 타격이야 입겠지만 그렇다고 나라가 망하기까지야….."

양만춘은 이밀의 생각을 더 알고 싶어 일부러 어깃장을 놓았다.

"자넨 양제를 잘 몰라서 그런 소리를 하네. 그놈은 자기 실수를 절대로 인정하지 않는 외고집쟁이야. 체면을 세우기 위해서라면 나라야 망하건 말건 열 번이라도 원정을 해서 제 무덤을 팔 걸세."

이밀은 눈을 빛내며 단언했다. 침울한 얼굴로 이밀의 말을 듣고 있던 관평도 한숨을 쉬며 거들었다.

"그를 황제로 추대하는 데 큰 공을 세운 명장 양소조차 제거하고, 지나친 낭비와 사치를 비방했다고 명재상 고경과 하약필 같은 개국공신과 관롱군벌●의 핵심까지 죽여 버려 이미 수나라 지배층은 분열되었소. 지금 조정엔 충직한 신하는 사라지고 간신들만 우글거리오."

이밀이 취해 잠들자 두 사람은 서로 지난 이야기를 나누었다. 관평은 양만춘의 서역 여행에 귀를 기울이다 눈 덮인 천산산맥을 횡단했던 과감한 모험에 큰 관심을 보였다.

"양 형, 다음 달 황제를 호위해 기련산맥을 넘어야 하오. 그곳도 천산 못지않게 험한 곳인데, 제대로 준비하지 않고 산을 넘다가 헐벗고 굶주린 병사들에게 무슨 일이 벌어질까 두렵다오."

● 관롱군벌이란 북위(北魏)에서 북주(北周)를 거치는 동안 무진천(현재 내몽골 지역)을 중심으로 형성된 선비족 출신 군벌. 수나라와 당나라 초기까지 중국을 지배한 권력 실세였고, 수당(隋唐) 황제 역시 이 군벌 출신이었음.

양만춘은 충직한 관평의 얼굴에 떠오르는 슬픔을 보면서 저런 순수한 사나이에게조차 신분을 숨기고 진심을 드러낼 수 없는 처지에 가슴 답답함을 느꼈다.

사나이 삶이란

장안은 봄도 아름다웠지만 가을 역시 아취가 있었다. 9월 9일 중양절(重陽節). 진무는 일 년 반 만에 돌아온 양만춘을 가을이 깊어가는 곡강지(曲江池)로 초대했다.

진무는 우문화급이 현상금을 걸고 양만춘을 끈질기게 추적했으나 별다른 성과가 없자 얼마 전부터 조용해졌다고 했다. 그는 서역에서 겪은 신기한 경험담을 묵묵히 듣다가, 이밀과 관평에 대하여 유난히 관심을 기울이면서 최근 장안에 떠도는 소문을 전했다.

"양제의 북서순행에 따라갔던 군대가 8월 말 기련산맥을 넘어 청해(靑海)로 가다가, 대두발곡(大斗拔谷, 감숙성 산단 남쪽)에서 큰 눈보라를 만났지. 군사 태반이 얼어 죽고 말과 나귀도 열 마리 중 여덟아홉이 쓰러진 데다 후궁의 비빈들조차 산속에서 심한 고생을 했네. 이 일로 중랑장 한 사람이 군 수뇌에 항명하다가 처형당한다던데, 그 사람이 관평이 아닐까 싶군. 자네 이야기를 들으니 멋진 사내 같은데 정말 안타깝군."

양만춘은 만수사에서 헤어질 무렵 관평의 침통한 표정과 울분에 찬 목소리가 들리는 듯했다.

"군인이란 명령에 따라 살고 죽는 게 당연하오. '예로부터 전쟁터에 나갔던 자 몇이나 돌아왔던고[古來征戰幾人回]'라는 시구처럼 나라를 지키려 싸우다 죽는다면 어떤 군인이 이를 마다하겠소. 그러나 여름옷 입은 굶주린 병사들이 눈 덮인 산맥을 넘다가 희생된다면 개죽음일 뿐이오. 군 수뇌란 자들이 황제에게 아첨만 하고 병사의 딱한 사정을 헤아리지 않으니 정말 답답하다오."

양만춘이 관평의 기구한 운명을 슬퍼하는데, 진무에게 부하가 달려와 무애대사가 왔다고 알리니 황급히 뛰어나가 마중했다. 우람한 체구에 머리를 빡빡 깎은 털북숭이는 스님보다 백정에 어울릴 듯한 모습으로 무거운 철장(鐵杖)을 가볍게 들고 있었다.

"대사님께 인사드리게나. 소림사 무승(武僧)으로 진(陳)나라 표기장군이셨던 소마가 장군 아드님이시라네."

"대사(大師)는 무슨 얼어 죽을 대사. 굶주리는 백성과 동고동락하는 혜고 스님 같은 분이라면 몰라도, 손에 피 칠이나 하고 술 좋아하는 돌중에게 당치도 않는 소리야."

털북숭이 승려는 손을 휘휘 내젓다가 양만춘을 돌아보았다.

"이 젊은이가 자네가 항상 이야기하던 그 호걸인가? 반갑네."

무애대사는 종소리같이 울리는 목소리로 양만춘에게 알은체하더니 스스럼없이 자리에 털썩 앉았다. 그러더니 진무에게 술을 가져오라 재촉해서 큰 사발에 독한 술을 가득 부어 세 사발이나 연거푸 들이켜고서야 사방을 둘러보았다.

"대사님, 어쩐 일로 소식도 없이 여기까지 … ."

"달마조사(達磨祖師)처럼 면벽(面壁) 9년 좌선(坐禪)해 깨달음을 얻기는 애당초 틀린 몸. 하는 일 없이 절에 엎드려 있으려니 몸이 근질근질해 견딜 수 있나. 요즘은 낙양에 나가봤자 조용하니, 심심해서 화산 단풍구경을 나섰다가 술 생각이 나서 들렀지."

진무가 웃으면서 낙양지부장이 대사님께 술대접도 않더냐고 이죽거리자 무애대사는 짐짓 눈을 부라렸다.

"말 말게. 그 좀팽이 녀석은 엄지손가락만 한 잔에다 술을 권하니 어디 내 술 배가 차겠는가. 그런데 양 시주는 무예에 능할 것 같구먼. 나와 한번 겨루어 보지 않겠나?"

양만춘이 질겁하는 시늉을 하며 두 손을 내저었다.

"대사님의 그 쇠몽둥이에 맞으면 뼈도 못 추릴 터이니 아무쪼록 용서해 주시기 바랍니다."

무애대사는 큰 눈을 껌벅거리며 웃었다.

"앗핫하하. 겸손이 지나치군. 대결하면 뼈가 부러지는 건 내가 아닐까 싶은데. 요즘 젊은 것들은 예의가 바르단 말씀이야."

그리고는 거침없이 자리를 털고 일어서더니 인사도 받는 둥 마는 둥 걸어 나갔다. 진무는 지난봄 청방이 낙양 남시(南市)를 평정하고 무뢰배를 쫓아낼 때 무애대사와 소림사 무승(武僧)에게 큰 도움을 받았기에 멀리까지 공손하게 배웅했다.

북위(北魏) 말엽 큰 난리가 나서 낙양의 많은 사찰이 불타자 소림사는 스스로 절을 지키려 승려에게 무예를 가르쳐 이제 강력한 힘을 갖고 있었다. 수문제가 민간인 무기 소지를 금지하는 칙령을 내리자 소림사 무승은 칼과 창 대신 철장으로 바꾸었고, 소마가의 후예인 무애대사가 집안 대대로 전해오던 봉술(棒術)로 철장 휘두르는 법을 가르쳤다.

"형님, 부처님 제자가 살생을 해도 되는가요?"

"산 자를 위한 부처지 죽은 자의 부처인가? 청방이 낙양을 평정하기 전 매일 싸움이 벌어져 그때마다 수십 명이 죽었네. 이제 그런 일이 없어졌으니 이 또한 부처님 자비가 아니겠는가."

진무는 주위에 아무도 없자 귓속말로 소곤거렸다.

"양제가 전국 부호들에게 전마(戰馬) 한 필씩 바치라는 명령을 내렸네. 좋은 말을 바치는 자에게 병역을 면제하는 조건으로 말이야. 청방에서도 만약을 위해 10여 필 말을 구했네."

양만춘은 전쟁의 그림자가 다가오자 마음이 무거워졌다. 곡강지에 가득 피어있는 국화를 보다가 문득 야래의 얼굴이 머리에 떠올랐다. 진무와 작별하고 춘명문으로 향했다.

낙유원 언덕에 오르니 가을이 지나가는 걸 아쉬워하며 단풍구경 나온 사람들로 넘쳐났다. 이곳은 장안성 안에서 가장 높은 곳이었다. 사방이 탁 트여 북으로 우뚝 솟은 궁궐 너머 유유히 흐르는 위수 푸른 물이 햇빛에 반짝이고, 동으로 여산의 붉은 단풍이, 서로는 멀리 관중평야의 황금벌판이 펼쳐지고, 남으로 곡강지 너머 종남산과 진령산맥의 연봉들이 구름 속에 우뚝 솟아 있었다. 시가지 넓은 터에 자리 잡은 대흥선사를 내려다보니 감회가 새로웠다.

우문화급을 혼내주고 진무와 야래를 만났던 일, 쫓기다시피 멀리 사마르칸트까지 가게 되었던 일이 주마등처럼 머릿속을 스쳐 갔다.

"실례하겠스므이다 …."

어색한 발음으로 말을 걸어오는 특이한 차림의 스님 때문에 양만춘의 회상(回想)이 끊어졌다.

"어디서 오신 분들입니까?"

"견수사(遣隋使) 오노노(小野妹子)를 따라온 유학생이므이다."

"멀리 왜에서 오신 분들이군요. 저는 양만춘이라 합니다."

"저는 다카무코노 구로마로(高向玄理)고 이분은 민(旻) 스님, 저분은 미나부치노 쇼안(南淵請安)입니다. ●

옷차림은 초라했지만 초롱초롱 빛나는 눈, 선구자의 사명감과 자부심이 가득한 모습에 대견한 마음이 들었다.

왜(倭)는 고구려와 우호관계를 맺었다. 고승 혜자를 비롯한 많은 스님이 건너가 불교를 전파하는 중이고, 법흥사에 금동장육(金銅丈六) 석가여래상을 세우자(605년) 영양태왕께서 도금(鍍金)하는 데 쓰라며 황금 3백 냥을 시주했다. 지금 왜왕 스이코가 등극하고 쇼토쿠 태자(聖德太子)가 섭정하면서 아스카(飛鳥) 시대(592~628년)를 열어 헌법 17조를 공포하고 나라 기틀을 다져갔다.

쇼토쿠 태자는 씨족(氏族)끼리 분열된 나라를 고구려처럼 국왕 중심의 나라다운 나라로 만들려고 법륭사와 사천왕사 같은 큰 절을 세우는 한편 이제까지 고구려와 백제를 통하여 수입하던 선진 문화와 문물을 직접 배우기 위해 수나라에 견수사를 파견했다.

양만춘은 2년 전 양제에게 바쳤던 왜왕의 황당한 국서가 장안의

● 이들은 훗날 귀국해 귀족연합국가였던 일본을 중앙집권적인 율령(律令) 국가체제로 바꾸는 다이카개신(大化改新, 645년)의 주역이 되었다.

화젯거리였던 게 생각나 절로 웃음이 나왔다.

"많은 사람 중에 하필이면 나에게 말을 걸었소이까?"

"길을 물으려다 왠지 당신 모습이 눈에 익었스므이다."

같은 동방 사람이라 어딘지 친밀감을 느꼈던 것일까 싶어 미소를 짓자 민 스님이 그의 옷차림을 유심히 살피다가 애교 있게 물었다.

"장안에서 가장 가보고 싶은 곳이 동시(東市)에 있다는 서점이오. 선비님께서 그곳을 알려줄 수 있겠스므이까?"

"마침 그쪽으로 가는 길이니 가장 큰 서점으로 안내하지요."

그들의 숙소라던 청룡사를 거쳐 민 스님을 데리고 서점에 들렀다.

"이 서점엔 백 명이 넘는 필경사(筆耕士)가 있소. 목록에 적혀 있는 책이면 지금 없더라도 주문해 구할 수 있소."

책을 바라보는 스님의 눈빛은 이제까지 보았던 선량한 눈이 아니라 탐욕에 가득 찬 야차(夜叉) 같았다. 가지고 싶은 책을 모두 가질 수 있다면 기꺼이 오른팔이라도 내놓았으리라.

사마르칸트의 조로아스터 사원에서 젊은 마기의 눈에 비친 자신의 모습도 그러했으리라 생각하니 마음이 뜨거워졌다.

"기분 나쁘게 여기지 마시오. 스님이 한 권의 책을 고른다면 우리가 만난 기념으로 선물하겠소."

스님은 거듭 감사하더니 신이 나서 책을 뒤지다가 뜻밖에 불경이 아니라 수문제의 율령집(開皇律令, 법령을 모은 책)을 집어 들었다. 스님이 보답하고 싶으니 연락처를 가르쳐 달라고 졸랐다. 양만춘이 여행 중이어서 주소가 없다고 사양하자 투박하게 다듬은 조그마한 향나무 불상을 품속에서 꺼내 손에 쥐어 주었다.

"내 작은 마음이니 받아주시므이다. 그대에게 항상 부처님 가호가 함께하기를 … ."

저녁이 되어 통금을 알리는 종소리가 울려 퍼지기 시작했다.

종을 3백 번 치면 시장은 닫히고 각 방(坊) 출입문도 닫히니 헤어질 시간이었다. 헤어지기 섭섭하다며 스님이 더듬거렸다.

"저녁놀이 한없이 아름다운데 안타깝게도 황혼이 다가오므이다〔夕陽無限好 可惜近黃昏〕."

"큰 성취를 이루어 왜국 개화(開花)에 주춧돌이 되길 빌겠소."

반겨주는 사람들

양만춘은 춘명문 밖 춘래(春來)라는 주루(酒樓)에 들어섰다.

"몹쓸 사람, 이제야 나타나다니."

야래는 원망스러운 듯 눈을 흘기면서도 반가움으로 입꼬리에 웃음이 걸렸다. 여인이란 2년도 채 지나지 않아 이렇게 변할 수 있는 걸까? 그녀는 예전 진향루의 수줍은 기녀가 아니라 거침없이 자기 속내를 털어놓는 여장부로 변했다. 농익은 여인 티를 물씬 풍기면서 눈짓으로 아랫사람을 부리는 주루의 여왕벌로 자리 잡았고, 못 본 사이 더 풍만하고 요염한 꽃으로 활짝 피었다.

양만춘이 얼굴을 붉히고 더듬거리며 말문을 열자 야래가 손을 들어 막았다.

"어설픈 변명일랑 말아요. 당당한 모습 보는 게 더 좋으니."

야래는 도지에게 자리를 비운다고 알리고 손을 잡아끌었다.

"무정한 사내, 어디가 그리 좋을꼬."

도지 금향은 야래에게 핀잔을 주면서도 마음씨 좋은 누이처럼 따뜻하게 반겨주었다.

야래는 품속을 파고들며 이야기보따리를 풀어놓았다.

"내가 자기를 정말 사랑했나 봐. 자기가 떠나버리자 모든 게 시들해져 버렸지. 좋아하는 사내와 하루 종일 살을 맞대도 좋더니, 마음에 들지 않는 사내와는 잠깐 마주 앉는 것도 역겨워지니 기녀 노릇인들 제대로 할 수 있어야지. 그래서 아예 술집을 차렸어. 여긴 장사꾼이나 오는 곳이니 아니꼬운 사람과 함께 앉을 일이 없어 좋아."

"야래도 이제 자리를 잡아야 할 때가 된 것 같은데. 그동안 마음에 든 사내라도 ⋯ ."

야래는 눈을 흘기며 그의 허벅지를 꼬집었다.

"자기처럼 멋있는 수컷이 있다면야 당장 시집가지. 나는 내 뜻대로 살아가는 여자야. 마음을 끌어당기는 사내라면 기꺼이 몸을 던지지만, 싫으면 어떤 유혹도 통하지 않아. 한 번 품었다고 제 것이라 여기는 멍청이는 두 번 다시 보고 싶지 않아. 자기는 정말 정 깊은 진짜 묘객이었어. 내 첫사랑이기도 하고."

거침없이 속마음을 털어놓는 야래를 바라보다가 문득 야생마 카간의 핏줄을 이은 에시의 모습이 떠올랐다.

양만춘은 우문화급에 쫓기고 있을 때 위험을 무릅쓰고 기꺼이 묘객으로 맞아주었던 걸 생각하니 감사한 마음이 가득했다. 야래는 사마르칸트에서 가져온 홍옥 귀고리와 진주목걸이를 보고 어린애같이 기뻐했으나 묵직한 황금 덩어리는 밀쳐놓았다.

"자기가 진실해서 좋아했고 멋있는 사내라 모든 걸 바쳤어. 자존심 있는 기녀는 묘객과 돈을 주고받지 않아. 우정은 눈을 멀게 하지 않고 있는 그대로 본다더군. 우리는 서로 흉허물 없는 가까운 사이, 그게 더 편해. 세월이 흘러 어떤 모습으로 변하더라도 정다운 친구로 따뜻하게 맞아 줄 거야."

카를룩은 다음해 정월 낙양에서 열리는 교역시에 싣고 갈 상품을 준비하다가 양만춘을 반갑게 맞이했다.

"어서 오게, 자스미 공주한테서 편지가 왔네."

얼마 전 야미 카간이 죽자 시빌이 카간으로 선출되었고, 그가 양만춘을 빨리 만나보고 싶어 한다는 말과 아들이 튼튼하게 잘 자란다는 소식에 덧붙여 애타는 마음을 전했다.

"돌궐에는 언제 가려나? 우리 상단은 10여 일 후 뵈클리의 담비 털가죽과 돌궐의 말을 사러 칸발리크로 떠날 예정이네만."

"소그드 상단을 따라가면 편하겠지만, 적이 많은 몸이라 상단을 난처하게 할까 두렵습니다. 차라리 순례 떠나는 무승(武僧) 차림으로 오대산과 운강석굴을 유람하다가 국경을 넘을까 합니다."

카를룩도 고개를 끄떡였다. 추억이 많은 곳을 떠나려니 아쉬움이 남았다. 평화가 오는 날 다시 찾아오리라. 장안이여, 안녕!

자스미가 춤을 추며 맨발로 달려왔다. 나비같이 황홀한 저 몸짓. 꽃이 아름답다지만 기쁨에 가득 차 춤추는 여인보다 아름다울까? 자스미가 환하게 웃었다. 여인이 꽃보다 아름다운 건 웃음이 있기 때문이 아닐까? 그녀는 품속으로 뛰어들어 다시는 놓치지 않겠다는 듯 까치발로 목을 껴안고 매달렸다. 그의 팔 안에서 가쁜 숨을 몰아쉬며 거침없이 기쁨을 폭발시키는 따뜻하고 듬직한 몸을 껴안고 있으니 가슴 깊은 곳에서 사랑의 불길이 활활 타올랐다.

꿈속에서도 그리던 여인을 다시 만나 그 목소리를 듣는 기쁨, 이보다 큰 행복이 어디 있으랴. 오랫동안 애타게 그리워하던 장미보다 짙은 향내를 마음껏 들이켰다. 여인은 내일 세상이 끝나기라도 하듯 몸부림치며 파고들었다. 그립던 이름을 부르며 얼싸안자 부름을 기다렸다는 듯 활짝 몸을 열어 맞아들였다. 사내는 비로소 자기 집에 돌아왔음을 실감했다.

자스미를 빼닮은 사내애가 시녀 예르데느의 손을 잡고 아장아장 걸어 들어왔다. 핏줄의 끄는 힘이 이렇듯 강한 것일까? 양만춘은 한눈에 알아보았다.

'아, 내 새끼구나.'

가슴이 뜨거워지며 눈물이 핑 돌았다. 아기는 양만춘을 보고 낯이 설어서인지 메추리 새끼처럼 어미 치마 뒤로 얼굴을 숨겼다. 그녀가 아기를 안아 양만춘 앞에 세우고 머리를 쓰다듬었다.

"아가야, 네 아버지란다. 인사드려야지."

아기는 도움이라도 구하듯 주위를 두리번거리다 자스미의 눈짓을 받고서야 양만춘을 바로 보고 섰다.

"아빠? 나는 아시나 메르겐이야."

아기는 또랑또랑하게 고구려말로 이름을 말했다.

핏줄을 이은 자식에게 아버지란 소리를 듣자, 형언(形言)할 수 없는 감동이 치밀어 올라 와락 아기를 껴안고 볼을 비볐다.

"그래, 내가 아빠란다. 이제야 너를 보는구나."

벅찬 감격에 이어 가슴 저미는 슬픔이 밀려왔다.

'아가야, 길이 서로 다르니 내 자식으로 키우지 못하고 끝까지 보살펴 줄 수도 없겠구나. 그래도 샛별처럼 빛나는 네 눈동자를 어이 잊으랴. 아들아, 무럭무럭 자라 훌륭한 사나이가 되거라. 네 삶이 어떠할지 알 수 없지만, 하늘이 너를 잘 보살펴줄 게다.'

벽난로에는 참나무 장작더미가 활활 타고 촛불이란 촛불은 모두 밝혔다. 자스미는 녹색의 눈에 불을 번쩍이면서 춤추는 쿠차의 무희처럼 온몸을 드러냈다.

"나의 왕자님, 자스미는 당신의 노예. 언제나 불러주기만 기다리고 있답니다."

자스미가 다가와 무릎을 꿇고 올려다보았다. 오랜 기다림에 지쳐 얼굴은 여위었지만, 어미가 되어선지 더욱 풍만한 여인이 되어 활짝 핀 장미처럼 향내를 내뿜고 무르익은 과일처럼 탐스러웠다.

"자나 깨나 당신만 생각했어요. 훌쩍 떠나버리자 다시 못 볼지 모른다는 두려움에 떨면서 당신이 내 가슴속에 얼마나 크게 자리 잡고 있었는지 깨달았어요. 고니 계약은 끝났지만 놓치지 않겠어요. 내 삶에 솟아오르는 기쁨의 샘이고, 마음을 울리는 노랫가락이니까요."

하소연을 끝내기도 전에 거칠게 품속을 파고들었다. 땅속 깊이
흐르던 물줄기가 샘으로 용솟음치듯 다시 합친 한 쌍의 고니는 그
동안 배고픔을 한꺼번에 채우려고 사랑의 소용돌이로 빠져들었
다. 색깔은 한층 빛나고 향기는 더욱 짙어졌으며 애무는 황홀했
다. 여인은 비단뱀같이 요염하게 굼틀거리며 휘감아왔다. 육체의
언어는 꿀같이 달아 그 비밀은 끝이 없었고, 서로를 송두리째 삼
켜버릴 듯한 몸짓이 거듭될수록 새로운 놀이로 바꿔가며 모든 걸
남김없이 맛보고 탐욕스럽게 빼앗았다.

양만춘이 달고 긴 잠에서 깨어나자 뜬 눈으로 밤을 새우며 지켜
보는 눈길을 느꼈다. 여인은 품속을 파고들어 어리광을 부리면서
지난 2년 동안 잠을 이루지 못해 이렇게 여위었다고 옹알거렸고,
고니 품속에서 마음껏 몸부림친 지난밤의 행복을 소곤거렸다. 자
스미는 여전히 사랑받을 뿐 아니라 아직도 사랑하는 이에게 엄청
난 기쁨을 줄 수 있어 너무나 흐뭇하다며 얼굴을 붉혔다.

자스미는 5월의 초원처럼 싱싱하게 피어났다. 그녀는 아름다웠
다. 예전보다 더 아름다워졌다. 지난날 순백(純白)의 아름다움에
빛났던 자스미는 이제 저녁놀처럼 붉은 요염함까지 더하여 마치
불꽃 속에 춤추는 카마(kama)의 여신 같았다.

카이두 총관 병문안을 가니 젊은 카이두가 걱정스러운 얼굴로
맞았다. 죽음을 눈앞에 둔 늙은 카이두는 사마르칸트와 펜지켄트
에서 있었던 일을 꼬치꼬치 캐물었다.

"오래지 않아 탱그리 부름을 받을 것 같소. 낙원으로 떠나기 전 메르겐 얼굴을 다시 보고 그리운 고향이야기를 듣는 복을 누리다니. 나는 펜지켄트에서 공주를 따라온 종복(從僕)이었지만, 공주는 나에겐 주인이라기보다 사랑스런 딸과 같았다오. 밝고 아름답던 소녀가 얼음공주로 변하면서 긴 세월 동안 내 가슴도 찢어졌지요. 그대를 만나 여주인이 행복을 찾고 요염한 여인으로 다시 태어나 싱싱한 젊음이 피어나던 순간이며, 아들을 품에 안고 자랑스러워하던 모습을 바라보는 것은 이 늙은이에게 큰 기쁨이었소. 이제 그 부모를 만나면 부탁하셨던 일을 다 이루었다고 떳떳이 머리를 들 수 있게 되었소. 그대는 나의 오래 묵은 빚을 갚아준 은인이오. 아들 카이두야, 내가 미처 갚지 못한 빚을 젊은 주인에게 대신 갚겠다고 약속해다오."

젊은 카이두가 아버지의 가슴에 손을 얹고 맹세하자 흐뭇하게 웃으며 말했다.

"내가 떠나기 전 젊은 주인에게 고백할 게 있소. 장안으로 가실 때 미유를 멀리 심부름 보낸 것은 일부러 그리한 것이오. 나이 먹으면 나쁜 짓을 꾸미는 자의 심보가 저절로 눈에 보인답니다. 그대는 한 번 인연을 맺으면 끝까지 믿는 밝은 사람이라 내가 알려주어도 부하를 믿는 마음을 바꾸지 않으리라 싶어 그리했지요. 나중에 그자가 한 행동으로 미루어 보면 썩 잘한 짓이었지만, 그대를 속였던 건 마음이 편치 않구려."

양만춘은 카이두 총관의 고백을 듣고서야 그 당시 다가왔던 큰 위험을 벗어나게 된 게 그의 지혜 덕분이었음을 깨달았다.

"감사합니다. 총관님 덕분에 재난을 피할 수 있었군요."

양만춘은 고목같이 앙상한 손을 붙잡고 진심으로 감사했다.

"젊은 주인님, 자스미를 사랑해 주시구려. 그것만이 이 늙은이의 간절한 소망이라오."

우뚝 솟은 외튀겐산

北 征

몽골고원 중앙에 우뚝 솟은 항가이-헨티산지에서 모든 강이 비롯된
다. 북쪽은 북극해에서 습기 머금은 바람이 불어와 울창한 수풀로 덮였
지만, 남쪽은 드넓고 풍요로운 몽골 중앙초원이 펼쳐진다. 오논강은 울
창한 삼림지대를 뚫고 북동으로 흘러가고, 그보다 남동에서 케룰렌강도
동으로 거친 황야를 지나 호륜패이초원을 적시다 호륜호수에 이르니, 이
두 물줄기가 모여 거대한 아무르강[黑龍江]이 된다.

항가이에서 솟아 남으로 흐르는 오르혼강은 헨티에서 비롯된 톨라강
물을 모아 초원의 젖줄이 되었다가 방향을 북으로 돌려 험준한 알타이산
기슭 물을 모은 큰 강 셀렝게를 합쳐 북해(바이칼 호수)로 흘러간다. 세 강
이 흐르는 골짜기와 구릉지 여기저기 크고 작은 호수가 있고, 산림과 초
원이 어우러진 목장지대가 몽골의 중심이다. 여기 높이 솟은 성스러운 외
튀겐산 기슭에 대대로 카간의 칸발리크가 세워졌다.

예로부터 이곳을 손아귀에 넣는 자가 초원의 지배자로 몽골고원에 군
림(君臨)하며, 남쪽 황막한 고비사막 너머 중국대륙을 호령해왔다. 시빌
카간의 꿈도 바로 거기에 있었다.

카간 시빌

카간의 호르트는 거대한 황금빛 천막이었다. 흰옷 입은 귀족 소년 12명의 오르도〔御帳親軍, 친위대〕가 긴 칼을 빼어 들고 늠름하게 늘어선 사이로 양만춘이 걸어 들어가자, 젊은 유즈바쉬(백인대장)가 문을 열었다.

호르트 안쪽 황금으로 이리의 머리를 조각한 백단나무 의자에 시빌 카간과 카툰인 의성공주가 나란히 앉았고, 화려한 융단 좌우로 돌궐 부족장들이 늘어서 있었다.

시빌은 왼손에 카간의 권력을 상징하는 늑대 머리가 새겨진 지팡이를 쥐었고, 카툰은 갖가지 보석으로 꾸민 관을 쓰고 눈부시게 흰 담비 털옷을 입었는데, 어딘지 우수를 머금은 듯 활같이 흰 눈썹 밑에 사람을 깔보듯 내려다보는 날카로운 검은 눈이 빛났다.

"카간과 카툰님께 인사 올립니다."

양만춘은 공손히 허리를 굽혀 경의를 표하고, 가져온 선물을 의성공주에게 바쳤다.

"변변치 않은 물건이오나 삼가 카툰님께 바칩니다."

의성공주는 가느다란 눈을 깜빡이지도 않고 뚫어지게 양만춘을 쳐다보았다.

"안다여, 고개를 들라. 카툰, 이 젊은이를 기억하시겠소?"

"선물 감사합니다. 카간으로부터 말씀 많이 들었어요."

의성공주는 날카로운 눈빛을 거두고 애써 미소 지으며, 마치 처음 만난 사람이라도 보듯 표정 없는 얼굴로 바뀌었지만, 양만춘은

312

활활 타오르는 그녀의 눈에 깃든 격렬한 증오를 느꼈다.

"이제야 공식 절차가 끝났군. 오래간만에 회포나 풀자고. 안다가 어느 틈에 훤칠한 청년으로 변해서 깜짝 놀랐다네."

시빌은 양만춘을 반갑게 껴안고 후원에 있는 정자로 갔다.

"축하합니다. 뜻하신 대로 카간이 되셨군요."

그는 어깨를 으쓱이며 호탕하게 웃었다.

"카간으로 추대하던 장면을 안다가 보았다면 좋았을 것을 ···.
토이(부족장 회의)가 열린 날, '투르크(돌궐)여 영원하라! 그 영광을 위해'라고 외치며 젊은 귀족들이 떼를 지어 내 주위로 몰려들었지. 회의를 진행하던 대장로(大長老)는 한참동안 입을 딱 벌리고 서 있다가, 후보자 선출절차도 생략하고 지팡이로 땅을 친 후 외쳤다네. '시빌이 카간에 오르는 걸 반대하는 자는 앞으로 나오시오.' 장로는 크게 세 번 소리쳐 의견을 묻더니 서둘러 회의를 끝내버렸지."

"그날 밤 나를 못마땅하게 여기던 부족장이 찾아와 무릎을 꿇고 엎드려 제발 아들에게 부족장 자리를 물려주는 걸 허락해 달라고 간청했고, 나의 적 수십 명이 국경을 넘어 줄행랑을 쳤지. 그런데 한 가지 놀란 건 내 편이라고 여겼던 서너 명 사내들도 같이 도망쳤다네."

"과연 투르크인은 드넓은 초원에 사는 사내답게 단순 솔직하군요. 이제 카간의 적은 이 땅에서 모조리 사라졌겠지요?"

양만춘은 접견실에서 마주친 돼지같이 살찐 치키 얼굴이 떠올라

고개를 갸웃거리며 물어보았다. 양만춘의 목소리에서 빈정거림을 느낀 탓일까. 시빌은 진지한 낯빛으로 대답했다.

"그렇지는 않네. 위험한 적은 독이빨을 뽑고, 못된 놈은 처벌해야지만, 한때 적이었더라도 쓸모 있는 자는 껴안아야지 피 흘리는 건 옳지 않아. 안다는 '물이 너무 맑으면 고기가 살지 못한다'는 속담을 들어보지 못했는가? 나라를 다스리려면 통치자는 너그러워야 하네."

"안다가 보기에 카툰의 인상은 어떻던가?"

지난 2년간 경험을 통해 양만춘도 여인을 보는 눈이 트였다. 색(色)을 경계하는 스님 중에는 여인이란 아리따운 몸으로 애욕의 늪 속에 남자를 끌어들여 천상의 쾌락을 주다가 다음 순간 무서운 나찰로 변해 번뇌의 불구덩이로 빠뜨린다고 겁을 준다. 그러나 여인이야말로 사내에게 기쁨을 주고 철없는 젊은이를 어른으로 만들어 사람 인(人)이란 글자를 완성시키는 다른 하나의 획(劃)이다.

물론 남자를 해치는 여인도 있다. 양만춘이 여태껏 만났던 여인들은 순수했으나, 의성공주는 그렇지 않았다. 투르크인의 카툰(國母)이면서도 반역자였고, 남편의 지위를 이용하여 자신의 권력을 추구하는 위험하기 짝이 없는 꽃뱀이었다.

양만춘은 처음으로 시빌이 가엽다는 생각이 들었다. 저렇게 위대한 영혼을 가진 사나이건만…. 그러나 어이하랴. 아무리 안다라 하더라도 남녀관계만은 제3자가 함부로 끼어들 수 없는 것이니.

"여전히 아름답고 매력적이더군요."

시빌은 양만춘의 표정이 여러 차례 바뀌는 것을 살피다가 한숨을 쉬며 말했다.

"입에 발린 소리는 그만하게. 한때 나보다 나이 어린 어머니였고, 지금은 나의 아내면서 수나라 첩자이기도 하지. 주위의 악당들을 쫓아내긴 했지만, 여전히 권력의 맛도 황금의 위력도 못 잊는 여인이지. 돌궐에서 자기보다 더 힘 있는 여인이 생기는 걸 그냥 보고 있지 않을 만큼 강한 성격이기도 하고. 그러나 불쌍한 여인이라네. 내가 카간이 되어 그녀를 품었을 때 놀랍게도 숫처녀였어. 그제야 그동안 이해 못 할 행동이 납득되더군."

"그렇다면 넓은 가슴으로 따뜻하게 품어 카간의 사람으로 만드시지요. 사랑은 여인을 변하게 할 수 있지 않을까요? 더구나 그녀의 첫 남자가 카간이라면 … ."

"이젠 안다가 나를 가르칠 셈인가?"

시빌 카간은 양만춘의 등을 두드리며 호탕하게 웃더니 화제(話題)를 바꾸었다.

"민족마다 신성하게 여기는 동물이 다르더군. 우리는 늑대이고 타브가치는 용이라던데 뵈클리에선 무엇인가?"

"해님 속에 사는 삼족오랍니다."

"탱그리의 심부름꾼 까마귀 말이로군. 늑대와 까마귀라 … . 이제부터 안다를 황금까마귀라 불러야겠군."

양만춘은 시빌의 얼굴에 전에 없었던 칼자국이 나 있기에 근심스런 낯으로 물어보려 하자 손을 저었다.

"염려 말게, 돌궐인은 부모가 돌아가시면 슬픔을 나타내려 칼로 얼굴에 상처를 내는 게 풍속이니까. 그보다 돌아왔다는 보고를 들은 게 언젠데 이제야 찾아오다니 너무 심하지 않는가?"

"죄송합니다, 카간. 오랜 여행으로 피로가 쌓여서 그만 … ."

양만춘이 얼굴을 붉히며 더듬거렸다.

"되었네, 됐어. 여전히 거짓말이 서툴구먼. 내 얼굴보다 공주 품속이 더 좋았던 게지. 하긴 그렇게 오랫동안 떨어져 있었으니 자스미가 쉽게 놓아주지 않은 것도 무리가 아니지. 정말 사랑이란 좋은 건가 봐. 열흘 만에 안다 얼굴을 반쪽으로 만들어 놓다니."

시빌 카간은 양만춘이 당황해 하자 계속 놀렸다.

"아 참, 쿠출로크 가문의 상속자는 어떻게 지내나?"

"튼튼히 자랍니다. 아장아장 걷고 몇 마디 말도 곧잘 합니다."

"돌이 되던 날 공주가 아기를 자랑하러 안고 왔기에 보니 눈에 불꽃이 일더군. 탐나는 녀석이야."

"감사합니다, 카간."

"조금 유감스러운 건 공주를 빼닮았더군. 공주가 자네보다 훨씬 센 모양이야. 핫하하."

시빌은 지난번 공주를 만났을 때 이제 고니의 계약도 끝났고 상속자도 생겼으니 재혼할 생각이 없는지 넌지시 물었더니 펄쩍 뛰더라면서, 우정이란 순수하나 남녀 간 사랑은 복잡한 것이니 언젠가 헤어져야 할 때 크게 홍역을 치를 것이라며 이죽거렸다.

양만춘이 서역에서 겪었던 일, 시빌은 가슴에 품은 꿈을 이야기하다 밤을 새웠다. 다음 날 두 사람은 먼동이 트는 초원을 달렸다.

"수나라는 돌궐의 적이지만 힘을 기를 때까지 그대로 둘 생각일세. 우선 막북(漠北, 고비사막 북쪽)의 오구즈 부족을 쳐서 조상의 거룩한 땅 알타이에서 항가이까지 완전히 평정하고, 성스러운 산 외튀겐 기슭에 칸발리크를 재건한 후 공동의 적 수나라를 정벌하겠네. 지금 유능하고 믿을 만한 사람이 무척 필요하구먼."

시빌 카간은 황하 너머 남쪽 땅을 한동안 바라보다가 나직한 목소리로 한 마디 한 마디를 끊으며 힘주어 말했다.

"오래지 않아 수나라는 뵈클리(고구려)를 침략할 거야. 안다에게 큰 선물을 주겠네. 지난번에 사신이 그렇게나 원했던 것을."

"그러시다면 우리나라와 동맹을…."

양만춘은 감격에 벅차 말을 잇지 못했다.

"안다여, 동맹이 아니라 중립일세. 우리는 아직 수나라와 맞서 싸울 형편이 못 된다네."

양만춘은 실망했으나 곧 마음을 돌렸다. 을지문덕이 돌궐의 중립이라도 보장받으려 얼마나 애썼는지 생각났기 때문이었다.

"감사합니다, 카간. 이 소식을 즉시 태왕폐하께 전하여도…."

양만춘은 을지 대인의 기뻐하는 얼굴이 떠올랐다.

"하하하, 왜 이리 급한가. 소그드 상인을 2년이나 따라다니고도 배운 게 없는가? 먼저 나를 도와주게. 나도 약속을 지킬 테니."

시빌은 양만춘의 손을 굳게 잡았다.

"침략할 조짐이 확실해지면 즉시 귀국하게. 나도 뵈클리가 승리하기를 간절히 바란다네. 정복당하면 다음 차례는 우리니까."

시빌이 양만춘에게 부탁했다.

"내가 카간이 되자 수많은 적들이 도망치거나 목숨을 잃었지만 뿌리까지 뽑힌 건 아니야. 안다는 수나라 첩자들이 가장 두려워하니 당분간 적을 자극하지 않는 게 좋겠네. 이름도 '바카투르'〔莫賀咄〕로 바꾸고 동부군 총사령관 아타크의 독립기병대를 맡아주게. 타르칸(사령관) 바카투르여, 봄이 오면 오구즈 원정을 시작할 테니 그동안 자스미를 듬뿍 사랑해 주게나."

승리 뒤에 찾아온 패배의 교훈

"끼륵 끼륵 끼륵."

나팔소리처럼 울려 퍼지는 기러기의 날카로운 울음소리가 북쪽 나라에도 겨울이 끝나고 봄이 왔음을 알려 주었다. 쌓인 눈이 녹고 검은 흙이 드러나면, 오래지 않아 드넓은 초원에 초록 융단이 펼쳐지고 찬란한 계절 5월이 오리라.

양만춘은 기러기 떼가 쐐기같이 대열을 지어 호수와 늪에 날아 내리자 싸움이 다가왔음을 느끼고 온몸을 부르르 떨었다.

동부군 총사령관 아타크가 양만춘을 반기며 얼싸안았다.

"자네가 왔으니 승리는 우리 것이야. 독립기병대뿐 아니라 동부군 작전을 맡는 군사(軍師)가 되어 주게."

양만춘은 그의 청을 기꺼이 받아들이고 바이르쿠〔拔野古〕 부족 겨울 주둔지를 정찰하려고 호륜패이 대초원을 가로질러 호륜호수

(胡倫湖) 로 나아갔다.

토쿠즈 오구즈〔九姓鐵勒〕 9개 부족들이 설연타(薛延陀) 와 동맹을 맺고 일으킨 반란을 평정하고 몽골고원 중심부를 완전히 지배하기 위해 시빌 카간은 5월 첫째 날 대대적인 공격을 시작했다.

시빌 카간의 본대는 오구즈 부족 본거지인 몽골 중앙초원 지대를 제압하려고 음산산맥을 넘고 고비사막을 건너 알타이산맥 남동쪽 화문산(花門山) 일대에 병력을 집결했다.

같은 날 아타크가 이끄는 동부군 별동대(別動隊) 도 보르사르 부족의 근거지를 떠나 동부 몽골의 오구즈 부족을 공격키로 했다. 동부군에 맞서는 적군은 '초원의 검은이리'라 불리는 용감무쌍한 바이르쿠 부족장이었다.

동부군이 카루카강에 도달할 때까지 적군의 저항은 없었다. 강바닥은 모래땅이었고 물은 말의 배에 닿을 정도여서 정찰대는 쉽게 강을 건넜으나, 선봉대가 강을 건너기 시작하자 버드나무숲에 숨었던 적 기병대가 화살을 퍼붓고 돌격했다.

예상치 못한 기습을 당해 정찰대와 선봉대는 큰 피해를 입고 카루카강은 피로 붉게 물들었다. 동부군 본대가 강변에 도착해 바이르쿠 기병대를 가로막아 반격하자, 비로소 적군은 퇴각했다.

이윽고 동부군 주력이 강을 건너자 물러갔던 적 기병대가 다시몰려와 격렬한 전투가 벌어졌다. 적군은 맹렬히 공격을 퍼붓다가도 동부군이 대대적으로 반격하면 뒤돌아보고 사격하면서 뿔뿔이흩어져 도망치고, 동부군이 추격을 멈추면 또다시 돌아와 화살을 퍼부었다. 바이르쿠는 '새 떼같이 몰려와 공격하다 쥐 떼처럼 흩어져 도망치는' 유목민의 전통적 기병전술을 기막히게 잘 써먹었다.

"저 파리 떼를 깡그리 작살내야겠군."

총사령관 아타크가 화가 나서 투덜거렸다.

"아타크, 저들은 단순한 파리 떼가 아니라 우리를 유인하려는 술책 같구려. 아마도 저 언덕 뒤에 적의 본대가 숨어 있을 것이오."

아타크는 놀란 얼굴로 양만춘을 쳐다보더니 고개를 끄덕였다.

"적의 작전이 그러하다면 우리는 어떻게 공격해야 좋겠소?"

"아군을 두 개 부대로 나누어 선봉대는 강을 건너 튼튼한 방어진지를 만들고, 후비대 병력은 강 남쪽 언덕에 숨기시오. 그리고 나머지 병력으로 내일 적군을 공격하는 척하다가 일부러 져서 강 너머로 후퇴하시오. 내가 이끄는 독립기병대는 오늘 밤 적 후방으로 침투해 적 뒤통수를 치고 도망칠 길을 끊어버리겠소."

양만춘과 나친이 이끄는 3천 명의 독립기병대는 밤의 어둠을 뚫고 아타크 본대에서 30리 동쪽으로 멀리 돌아 카루카강 상류를 건너고, 새벽안개를 틈타 적 배후로 숨어들어 갔다.

날이 밝자 아타크 본대 병력의 반이 선봉대로 강을 건너가 독수리 날개같이 진(陣)을 펼쳤다. 적군은 동부군이 유인작전에 말려들지 않는 데다 몇 차례 싸움에서 이겨 자신을 얻었던지, 모든 병력을 언덕 앞에 배치하고 동부군을 강에 쓸어 넣을 기세로 진격했다.

바이르쿠 부족장 '초원의 검은이리'가 검은 쇠갑옷에 투구를 쓰고 방패를 든 채 보통보다 두 배는 됨직한 긴 창을 휘두르며 커다란 검은 말을 타고 선두에 나섰다. 그 주위에 똑같은 차림새를 한 2천 명의 정예 기병대가 늘어섰다. '바이르쿠의 이리 떼'였다.

좌우에는 바이르쿠 부족과 응원 온 타 부족 기병 1만여 명이 학(鶴)의 날개처럼 넓게 펼쳐 돌격명령을 기다렸다.

아타크가 오른손을 높이 들자 뿔 나팔 소리가 울리며 동부군 선봉대가 먼저 일제 사격을 퍼부었다. 엄청난 화살 비가 적군 머리 위로 쏟아지자, 이에 질세라 바이르쿠가 퉁방울 같은 눈을 부라리며 창을 치켜 올리자 적군도 화살을 퍼붓더니 사나운 파도처럼 밀려왔다.

바이르쿠 이리 떼의 용맹은 눈부셨다. 2천 개 장창(長槍)을 일제히 뻗어 동부군 심장을 겨누면서 맹수의 발톱같이 돌격해 선봉대 중앙을 돌파하고 곧바로 아타크 본대를 위협하였다. 동부군은 맹렬한 적의 기세에 겁을 먹은 듯 교두보만 남기고 황급히 강을 건너 후퇴했다. 바이르쿠 이리 떼는 동부군을 추격해 일제히 강을 건너고 뒤따르던 부대는 교두보를 둘러싸 공격을 퍼부었다.

미리 강 언덕에 숨어 있던 동부군 후비대는 추격하는 적군이 강을 건너느라 미처 전열(戰列)을 갖추기 전에 맹렬히 반격했고, 후퇴하던 선봉대도 되돌아서서 이에 합세했다.

뜻밖에 동부군의 기습을 받아 뿔뿔이 흩어졌던 바이르쿠 군은 '검은이리'가 외치는 우렁찬 격려에 힘을 얻어 용기를 되찾았다. 마른 하늘에 천둥이 치듯 무시무시한 함성이 울려 퍼지며 양군이 맞부딪쳤다. 눈 깜짝할 사이에 수백 마리 말과 사람이 땅바닥에 나뒹굴고

서로 뒤엉키면서 백병전이 벌어졌다. 혼전(混戰) 중에도 '바이르쿠의 이리 떼'들은 똘똘 뭉쳐 눈부시게 용맹을 떨쳤다.

돌연 적군 등 뒤에서 양만춘의 독립기병대가 우렁찬 함성을 지르며 쏟아져 나왔다. 앞뒤로 포위된 적은 덫에 걸린 짐승처럼 미친 듯이 저항했지만 점점 힘을 잃어갔다.

바이르쿠 부족을 도우러 온 쿠리칸 기병대가 먼저 줄행랑을 놓자 나머지 적병도 도망치기 시작했다.

"항복하라. 무기를 버리고 말에서 내리는 자는 살려준다."

수많은 전사자를 내면서도 끈질기게 버티던 검은이리와 그의 이리 떼는 포위망에 작은 틈이 생기자 기회를 놓치지 않고 혈로(血路)를 뚫어 북쪽 계곡 골짜기로 도망치기 시작했다.

추격하는 독립기병대 함성소리가 메아리쳐 울려 퍼지면서 패잔병 가슴은 두려움으로 가득 찼다. 골짜기가 끝나는 곳에 이미 나친 군이 목책을 세우고 돌을 쌓아 도망갈 길을 막은 데다, 계곡 위쪽에 빽빽이 서서 활을 겨누었다. 뒤에는 빠른 말 에시를 타고 등 뒤까지 다가온 양만춘의 독립기병대 추격이 급했다.

몹시 지친 데다가 사방이 포위되어 탈출할 수 없음을 깨닫자 검은이리는 하늘을 우러러 탄식하더니 말에서 내려 순순히 항복했다. 용맹을 떨치던 '초원의 검은이리' 바이르쿠 부족장을 사로잡자 동부 몽골 케룰렌강 유역의 평정은 손쉽게 이루어졌다.

동부군은 별다른 저항도 받지 않고 케룰렌강을 거슬러 올라가 헨티산지에 이르렀다. 그대로 진격하면 며칠 후 몽골고원 중심지이고 토쿠즈 오구즈의 심장부인 톨라강 상류 우르가(울란바토르)에 닿을 것이고, 그 서쪽 이틀 거리에는 시빌 카간 군과 맞서 싸우는 오구즈 군의 사령부 카라코룸이 있었다.

순조롭던 진격은 헨티산지 동쪽에서 강력한 저항에 부딪쳤다. '오구즈의 늙은여우'라는 꾀가 많고 신중한 바르쿠드〔僕骨部〕 부족장과 '초원의 호랑이' 묵토르가 이끄는 2만이 넘는 오구즈 군이 길을 가로막았다. 바르쿠드 부족 여름 거주지는 뒤에 험준한 헨티산지가 팔을 펴듯 감싸 안았고 앞으로 오논강이 흘러 공격하기 어려운 지형인 데다, 마을 주위를 튼튼한 목책으로 둘러싼 강력한 방어진지였다.

첫째 날 오논강을 사이에 두고 공방전을 벌였다. 동부군 선봉대는 강을 건너 바르쿠드 여름 거주지를 둘러싼 목책으로 진격했다. 목책 뒤에 몸을 숨긴 적 기병대는 선봉대에게 비 오듯 화살을 퍼부은 다음 목책 문을 열고 쏟아져 나와 돌격했다. 양군 선발대가 서로 기세를 올리면서 부딪치고 뒤엉켜 치열한 백병전이 벌어졌다.

바로 그때 목책 옆 숲에서 묵토르의 흑기병이 쏟아져 나왔다. 검은 투구와 갑옷으로 무장한 묵토르가 흑기병의 선두에 서서 얕은 여울을 가로질러 곧장 아타크 본진으로 돌진했다. 그의 용맹은 눈부셨다. 동에 번쩍 서에 번쩍 장창을 휘두르고 말을 달리는 곳마다 동부군 병사들이 무너져 물이 갈라지듯 길이 뚫렸다.

예상 못 한 흑기병의 급습으로 빈틈이 뚫린 아타크 군 본진이 후퇴하기 시작하자 하늘을 찌를 듯 사기가 오른 오구즈 군은 맹렬한 공격을 계속 퍼부었다. 예비대로 있던 독립기병대가 급히 출동해 흑기병의 측면을 위협하고 나서야 묵토르가 추격을 멈추었다. 동부군은 많은 사상자를 내며 큰 타격을 입고 10리나 물러났다.

"묵토르의 뛰어난 무용(武勇)으로 우리 군 사기가 땅에 떨어졌소. 앞으로 어찌하면 좋겠소?"

아타크가 침통한 얼굴로 둘러보자 타르칸 카라가 말했다.

"우리 임무는 몽골 동부를 공격해 오구즈 군을 분산시키고 적의 후방을 혼란시키는 것이었소. 카루카강에서 큰 승리를 거두고 케룰렌강 유역과 동부 몽골을 평정했으니 이미 임무를 달성했소. 많지 않은 병력으로 무리하게 바르쿠드 부족의 근거지를 공격하고 오구즈 심장부로 깊숙이 들어가는 것은 너무 위험하오."

"그렇습니다. 적의 근거지는 뒤로는 험한 산, 앞에는 강이 가로막고 있어 빼앗기 쉽지 않은 곳입니다. 공격보다 수비에 힘쓰면서 화문산 본진과 연락을 취해 카간의 지시를 따르는 게 좋겠습니다."

부하장수들이 한결같이 신중론을 주장하자 아타크는 안타까운 얼굴로 양만춘을 쳐다보았다.

"타르칸 바카투르(양만춘), 당신 의견은 어떠하오?"

"싸우다 보면 이기기도 하고 지기도 하지요. 적의 근거지가 공격하기 힘든 건 사실이나, 산 뒤쪽으로 특공대를 보내어 앞뒤에서 동시에 공격하면 빼앗기가 그리 어렵지 않을 겝니다."

"헨티산지의 뒤쪽은 지형이 험하고 우리 본대와 멀리 떨어져 있어 특공대에 무슨 일이 생긴다고 해도 구원할 수 없으니 너무 위험하지 않겠소?"

아타크가 걱정스러운 얼굴로 말했다.

"그렇습니다. '오구즈의 늙은여우'는 만만찮은 사나이입니다. 적이 충분한 대비를 하고 있다면 큰 어려움을 당할 겁니다."

나친까지도 신중한 의견을 보였으나 양만춘은 고집을 부렸다.

"위험을 두려워해서야 어찌 큰 승리를 얻을 수 있겠소? 그곳을 정찰하고 나서 공격 여부를 결정합시다."

'오구즈의 늙은여우'는 돌궐 군이 포위를 풀고 초원으로 물러가 며칠 동안 움직임이 없자 작전회의를 열었다.

"묵토르 장군에게 두들겨 맞은 뒤 적군이 꼼짝도 않는구려."

묵토르가 일어나서 돌궐 군에 대한 전면적인 공격을 주장했다.

"적이 겁을 집어먹고 공격을 포기한 것일 겝니다. 이제 우리가 쳐들어가 적군을 박살내 버립시다."

"적에게 바카투르라는 꾀가 많고 간교한 타르칸이 있습니다. 사로잡은 투르크 포로를 심문했더니, 4년 전 보르사르 마을을 기습 공격해 빼앗고, 지난번 '초원의 검은이리'를 사로잡은 바로 그 뵈클리 놈이랍니다. 지금쯤 무슨 꿍꿍이를 부리려 할 겝니다."

늙은여우의 아들 옹고드가 원한을 품은 얼굴로 이를 갈았다.

"네 생각에는 그자가 어떤 작전을 펼 것 같으냐?"

늙은여우는 아들의 얼굴을 쳐다보았다.

"그놈은 뒤통수치기를 좋아하니까, 어쩌면 우리 뒤쪽 헨티산지로 공격해 오지 않을까요?"

"핫하하, 꾀가 많다는 놈이 그런 위험한 짓을 할 리가 있나?"

묵토르는 어이없는 소리란 듯 비웃었다. 눈을 감고 생각에 잠겼던 늙은여우는 신중하게 입을 열었다.

"도박이란 위험이 클수록 배당금도 많지 않던가? 뒷산을 잘 살피게. 다만 적이 나타나더라도 모른 척하다가 함정에 빠뜨려 전멸시키세."

양만춘은 헨티산지로 몇 차례 정찰병을 보냈으나 적의 그림자도 볼 수 없다고 하자, 나친의 염려를 묵살하고 출동명령을 내렸다. 선봉대장 붕바쉬(천인대장) 오치루 바투는 의기양양하게 출발했다.

동부 몽골은 드넓은 초원이지만 오논강과 헨티산지 뒤쪽은 울창한 숲으로 덮여 있었다. 특공대는 어두운 밤에 출발해 멀리 돌아 헨티산지 뒤쪽으로 다가갔다. 골짜기 중턱에 이를 때까지 한 명의 적병도 발견할 수 없었다.

산꼭대기에 닿은 정찰병이 흰 깃발을 흔들어 이상 없음을 알리자 양만춘은 기습의 성공을 믿어 의심치 않았다.

'이제 강을 건너 바르쿠드 부족의 본거지를 공격하는 아타크 군과 협공작전을 펼치면 승리는 우리 손아귀에 들어오겠지.'

특공대 선봉이 산꼭대기 아래쪽 분지에 도달하자 양만춘은 정지명령을 내렸다. 총공격을 앞두고 오치루 바투는 산을 오르느라 고생한 선봉대 부하병사에게 휴식을 취하도록 허락했다. 키가 작은 소나무가 듬성듬성 서 있는 분지 여기저기 병사들은 피곤한 몸을 누이고 땀을 식히느라 갑옷을 벗은 자도 많았다.

돌연 산꼭대기에서 우는 화살[嚆矢] 소리가 울리고 그 소리를 신호로 사방에서 화살이 빗발같이 쏟아지더니, 뒤이어 천둥 같은 함성을 지르며 숨어 있던 묵토르의 흑기병이 쏟아져 나왔다.

갑자기 홍수가 밀려오듯 달려 나오는 흑기병의 기습을 받자, 선봉 특공대는 미처 갑옷도 입지 못하고 무기도 챙길 틈 없이 이리에게 쫓기는 양떼처럼 흩어졌다. 전투가 아니라 일방적 도살(屠殺)이 벌어졌다.

갑옷을 벗지 않고 전투대열을 유지한 채 쉬고 있던 양만춘의 직속부대가 황급히 바위절벽을 등지고 적의 공격을 막으려 애썼으나 시간이 지날수록 병사의 수가 줄어들고 묵토르 흑기병의 기세는 한층 더 매서워졌다.

"저기 저놈이 바카투르다!"

흑기병 속에 있던 옹고드가 양만춘을 발견하자 한 무리 기병대를 이끌고 돌격해 왔다. 왼팔에 화살을 맞은 양만춘이 간신히 칼을 뽑아 들었으나 옹고드가 달려오며 내찌르는 장창이 눈앞으로 다가왔다. 한 사나이가 양만춘을 막아서며 옹고드의 창을 칼로 후려치고 그의 말머리를 베었다. 오치루 바투였다. 그러나 옹고드를 뒤따라오던 흑기병의 창을 미처 피하지 못하고 가슴에 찔려 쓰러졌다.

산 아래쪽에서 뒤따라오던 나친 군이 달려와 분지 안 마른 억새에 불을 놓았다. 다행히 바람이 산 아래서 위로 불었고 가뭄으로 풀이 바짝 말라 있었다. 순식간에 불이 풀밭으로 번지며 산꼭대기를 향해 검은 연기가 치솟았다. 매캐한 연기가 분지로 밀려들고 여기저기 불이 옮겨 붙자 말들이 미쳐 날뛰는 아수라장으로 변했다. 곧 돌궐 군을 전멸시킬 것으로 믿고 의기양양했던 묵토르는 골짜기와 분지가 불과 연기에 휩싸이자 더 이상 싸울 수가 없었다. 그는 입술을 깨물고 아쉬워하다가 철수명령을 내렸고, 특공대 생존자도 간신히 불길을 뚫고 빠져나올 수 있었다.

불에 그을린 분지 안 모습은 처참했다. 특공대 선봉 1천 명 중 대부분이 전사해 여기저기 쓰러져 있는 모습은 지옥같이 처참한 풍경이었다.

'항상 명랑하고 짓궂던 장난꾸러기 오치루 바투, 나를 지켜주려다 피투성이 주검이 되어 누워 있다니….'

양만춘은 외마디 비명을 지르며 칼을 뽑아 자기 목을 찔렀다. 곁에 있던 나친이 급히 칼을 빼앗고 몸부림치는 벗을 뒤에서 껴안았다.

"주인님, 참으세요. 복수를 해야지요."

사령관 아타크는 헨티산지 패전 때 버려두고 온 전사자의 시신을 수습하는 일이 급했다. 바르쿠드 부족장에게 사자를 보내어 사흘간 휴전과 시신 반환을 간곡히 요청했다.

늙은여우는 '초원의 법'에 따라 시체 한 구당 양 스무 마리의 교환조건으로 선선히 응했다. 아들 옹고드가 불평하자 늙은여우는 엄숙한 얼굴로 타일렀다.

"적이라지만 투르크는 우리와 조상이 같다. 죽은 자에 대한 자비는 탱그리께서도 기뻐하실 게다. 아들아, 운명의 바람이 변해 언제 우리가 그들에게 자비를 구해야 할 때가 올지, 높고 위대하신 탱그리(하늘) 외에 누가 알 수 있단 말이냐."

양만춘은 패전 후 사흘 동안 물 한 모금 마시지 않고 사람을 피했다. 자신의 무모함 때문에 많은 병사가 떼죽음을 당한 데 대한 죄책감으로 잠을 이루지 못했고, 다른 사람 의견을 무시하고 고집을 피웠던 게 부끄러워 상처의 아픔조차 잊어버렸다.

생각해 보니 너무 교만했다. 카간에게 인정받고 싶어 승리를 서둘러 얻으려던 성급한 마음과, 눈먼 공명심(功名心)이 참혹한 패전의 근본원인이었다. 그뿐 아니라 '한 번 재미 보았던 작전을 같은 적에게 다시 쓰지 말라(戰勝不復), 군대의 움직임은 적이 예측하지 못하게 제각기 모양을 달리해야 한다(而應形於無窮)'는 병법의 기본원칙을 어긴 어리석음을 뼈저리게 반성했다.

아타크가 찾아와서 "어떻게 싸울 때마다 이기기만 할 수 있겠느냐"며 위로했으나, 양만춘은 부하들과 함께 죽지 못한 것이 죄송하다며 패전의 책임을 물어 처벌해 달라고 간청했다.

한 주일 후 이쉬바라 타르칸이 3천 명의 증원군을 이끌고 와서 양만춘의 타르칸 임명을 취소하고 백의종군(白衣從軍)을 허락한다는 카간의 서신을 내밀었다.

"하늘은 복을 베풀 때 먼저 시련을 주어 정금(正金) 같이 단련시키고, 재앙을 내릴 땐 작은 승리를 주어 교만한 마음을 갖게 한다지. 젖먹이가 수백 번 넘어지며 걸음마를 배우듯 젊은이도 쓰라린 실패를 겪으면서 더욱 성숙한 인간으로 거듭나네. 그러니 애써 노력했음에도 뜻대로 되지 않았다고 낙심하지 말고, 쉽사리 뜻을 이루었다면 뽐내기보다 오히려 겸손하게 머리를 숙여야 하지 않을까. 그 누가 승리를 바라지 않을까마는 승리와 패배를 정하는 것은 높고 위대하신 탱그리뿐, 인간은 승리를 얻으려 온갖 노력을 기울이지만 하늘이 승리를 주실 때까지 참고 견디는 것이 전부라네. 패전의 아픔으로 몸져누웠다지?

안다여! 하늘의 왕자 검독수리도 사냥감을 노렸다가 움켜쥐기보다 놓치는 때가 더 많다는 걸 아는가? 누가 패배로부터 자유로울까. 그러나 이를 두려워해서는 아무 일도 못 하지. 진정 강한 사나이란 승리한 자가 아니라 패배를 딛고 일어나 새로 시작하는 사람이라네. 빨리 아픔을 잊고 용기를 되찾게. 안다는 탱그리께서 뛰어난 장군이 될 재능을 주시어 적은 병력을 가지고도 대담한 전술로 여러 차례 눈부신 승리를 이끌었네. 이번 패배를 통해 깨달음을 얻고 더욱 겸손해진다면 오늘의 시련은 하늘이 주시는 선물이고 값진 교훈이 되겠지. 나는 때때로 생각한다네. 패전의 아픔을 겪어 보지 않은 자가 총사령관이 되는 건 지극히 위험하다고. 그리고 뛰어난 장수란 큰 승리보다 치명적 패배를 당하지 않는 지혜로운 지도자가 아닐까 라고.

자신에 대한 믿음을 되찾기를 빌면서. 그대의 안다 시빌."

양만춘은 시빌의 격려에 힘을 얻고 자리에서 일어났다. 묘향산에서 수련할 때 스승이 양만춘을 꾸짖으며 지도자의 마음가짐에 대해 말했다.

"자신의 총명함을 너무 드러내는구나. 걸출한 천재의 빼어난 생
각보다 평범한 세 사람이 지혜를 모으는 것이 옳을 때가 많단다.
열린 마음으로 남의 말에 귀 기울여라. 특히 중요한 일을 결정할
때는 멈추어 서서 다시 한 번 주위를 둘러보아라."

그는 스승께서 입버릇같이 말씀하시던, 삼문삼사(三問三思)의
참뜻을 뼈아픈 패배를 통해 비로소 깨달았다.

초원을 평정하다

아타크는 백의종군을 위로하러 왔다가 며칠 사이 양만춘의 눈이
더욱 깊게 가라앉고, 그 태도가 한결 어른스러워진 것을 보았다.

"아타크, 이번 패배는 나의 어리석음과 오만의 결과요. 이미 사
용한 공격방법을 되풀이했기에 적은 우리 작전을 예측했소."

"바카투르 타르칸, 잇따른 승리로 나날이 적의 사기가 올라 지
금 우리는 위험한 처지요. 더구나 적에게 곧 증원군이 도착한다는
구려. 그전에 후퇴해야 할 것 같은데, 어찌하면 좋겠소?"

양만춘은 눈을 감고 오랫동안 골똘하게 생각에 잠겼다.

"정면대결해서 승리하기 힘들겠지요. 다만 지리적 이점(利點)을
가진 곳으로 물러나 적의 교만함을 잘 이용한다면 적은 군사로도
많은 적을 물리칠 수 있을게요. 그리고 아타크, 앞으로 독립기병
대의 타르칸은 나친이고 나는 백의종군하는 병사일 뿐이오."

"알겠소, 바카투르. 그런데 어디가 그런 곳이오?"

양만춘은 준비한 지도를 펼쳤다.

"여기서 북동쪽으로 이틀 거리 오논강 하류에 강 양쪽으로 숲이 우거진 산줄기가 뻗어 있었소. 독립기병대가 쿠리칸 부족을 평정하려 그곳을 지났는데 행군하기 무척 힘들었소. 적을 그곳에 유인해 함정에 빠뜨린다면 승리할 수 있을게요."

"늙은여우는 신중한 사나이인데 유인작전에 말려들겠소?"

"용사 묵토르는 성격이 불같이 급하다고 들었소. 더구나 연이은 승리로 간(肝)이 부어 있을 테니 유인하는 게 그리 어렵지 않을 것이오. 적에게 증원군이 도착하는 때가 좋은 기회요."

즉시 독립기병대는 은밀히 오논강 하류로 출발했다.

사흘 후 바르쿠드 부족군은 오구즈 후방을 지키던 예비군 1만 명을 보충받았다. 이제는 병력 수에서도 오구즈 군이 동부군을 압도하게 되었다. 늙은여우는 아직 방어에 힘써야 한다고 주장했으나 장군들은 물론 아들 옹그드까지 겁 많은 노인의 나약한 생각이라고 비웃으며 대대적인 공격을 퍼붓기로 의견을 모았다.

동부군은 오구즈 군을 포위하는 형태로 넓게 펼쳤던 공격형 진지에서 후퇴하기 쉬운 오논강 하류 쪽 언덕으로 목책을 옮기고 방어진지의 폭도 좁혔다. 초원의 호랑이 묵토르는 수비에서 공격으로 작전을 바꾸어 연이은 패전으로 사기가 땅에 떨어진 동부군을 강하게 밀어붙였다. 드디어 묵토르를 선두로 강을 건넌 오구즈 군은 동부군 진영을 향하여 일제히 함성을 지르며 돌진했다. 새로 옮긴 동부군 목책 주변에서 치열한 전투가 벌어졌다.

　아침부터 하늘에 먹구름이 모여들고 차가운 바람이 불면서 서쪽 지평선에서 구름자락이 땅으로 내려앉았다. 정오가 지나면서 싸움터에도 모래알이 섞인 강한 북서풍이 불어와 초원 전체가 어두컴컴해지더니, 번개가 치고 천둥이 울리면서 굵은 빗방울을 쏟아붓기 시작했다. 천둥소리가 점점 가까워지더니 여기저기 벼락을 내리쳐 강가 버드나무들이 부러졌다.

　공격군이나 방어군은 한결같이 말에서 내려 땅에 납작 엎드렸다. 북방 유목민족은 벼락을 하늘의 징벌로 여기기 때문에 이 채찍에 맞아 죽는 것을 가장 수치스럽게 여기고 두려워한다. 그러므로 가까이 벼락이 내려칠 때는 손에 든 쇠붙이를 멀리 던지고 움푹한 곳에 엎드려 두려움에 떨면서 탱그리를 불렀다.

　한 시간 이상 몰아치던 폭풍우가 지나자 무슨 일이 있었느냐는 듯 하늘이 맑게 개고 햇빛이 밝게 빛났다. 정신을 차린 묵토르가 오구즈 군을 모아 공격대열을 갖추고 동부군 진지로 정찰병을 보냈을 때 이미 돌궐 병사를 한 사람도 찾아볼 수 없었다.

　묵토르는 급히 후퇴하느라 난장판이 된 동부군 진지를 둘러보다가 급히 뒤쫓으라고 명령했다. 사기가 오른 오구즈 군은 기세등등하게 추격해 오후 늦게야 동부군의 꼬리를 따라잡았다.

　강 언덕에 매복했던 동부군 소부대가 여러 차례 반격했지만, 오구즈 군이 몰려들면 얼마 버티지 못하고 줄행랑을 치는 일이 반복되었다. 나중에는 오구즈 군 기세에 눌린 동부군이 겁을 집어먹고 번번이 싸울 생각도 못 하고 흩어져 오논강 골짜기를 따라 어지럽게 도망치기 바빴다. 어둠이 내리자 추격전이 끝났다.

"조금만 해가 늦게 졌더라면 투르크 놈들을 모두 박살낼 수 있었을 텐데. 내일은 새벽부터 추격해 쓸어버려야지."

"묵토르 장군님, 혹시 적의 후퇴가 우리를 함정에 빠트리려는 유인작전은 아닐까요?"

참모장 타스가 걱정스러운 얼굴로 조심스럽게 말했다.

"타스, 난장판이던 적 진지의 꼬락서니를 보지 않았나. 쥐새끼처럼 목책 뒤에 숨어 싸우다가 싸움에 패하고 천둥 번개에 혼이 빠져 달아난 놈들이 어느 겨를에 함정을 판단 말인가?"

오논강 계곡은 강을 따라 산줄기가 길게 뻗었고, 산에는 낙엽송과 소나무가 빽빽하게 우거져 도망치는 돌궐 군이나 추격하는 오구즈 군 모두 좁은 골짜기를 따라 움직였다. 강을 따라 내려갈수록 숲은 울창해지고 이따금 늪지대가 여기저기 널려 있었다. 오구즈 군은 계곡이 꾸불꾸불 좁고 길이 험해 10여 리나 뻗은 긴 대열을 지어 나아갔다.

저녁 무렵 가파르게 솟은 산 아래 계곡을 가로지른 견고한 목책이 나타났다. 도망치던 동부군 기병대는 목책 뒤로 사라져 버렸고, 완전 무장한 독립기병대가 목책을 등지고 전투대열로 서 있었다. 그 순간 묵토르는 무엇인가 잘못되었음을 느끼고 주위를 살펴보니 강변 산들은 급한 경사를 이루어 말을 타고 넘기 어려운 지형이었다.

'함정에 빠졌구나.'

그는 가슴이 덜컥 내려앉았다. 오구즈 군 선두가 멈추자 뒤따르던 말과 사람이 좁은 골짜기에 뒤엉켜 대열이 어지러워졌다.

목책 위에 올라선 양만춘이 하늘을 향해 불화살을 쏘자 계곡 양쪽 산봉우리마다 봉홧불이 타올랐다. 우렁찬 북소리가 파도처럼 빠르게 울려 퍼지면서 뱀처럼 길게 뻗은 오구즈 군 대열 옆구리를 향해 동부군 기습부대가 산사태가 쏟아지듯 공격을 퍼부었다.

오구즈 중군(中軍)과 후군(後軍)은 깜짝 놀라 허둥대다가 제대로 반격도 못 한 채 하나둘 쓰러지고, 여기저기 무기를 버리고 무릎을 꿇는 자가 줄을 이었다. 부케 바투는 오구즈 중군에서 '흩어지지 말고 전투대열을 지키라!'고 부하에게 호통치는 옹고드를 보았다. 그는 긴 창을 치켜들더니 말을 채찍질해 달려가 동생 오치루 바투의 원수를 갚았다.

묵토르는 최후가 다가왔음을 깨닫고 입술을 깨물었다. 그는 초원의 호랑이답게 장렬하게 싸우다 죽기를 바랐다. 우왕좌왕하는 부하들을 칼로 내리치며 호령해 흑기병은 공격대열을 갖추었다.

"탱그리께서는 죽기를 두려워하지 않는 자에게만 살 길을 열어주신다. 용사들이여, 나를 따라 목책을 돌파하자!"

묵토르가 선두에 서서 목책으로 돌진했다. 용장 밑에 약졸은 없었다. 흑기병은 우렁찬 함성을 지르며 그 뒤를 따라 돌격했다.

양만춘의 첫 번째 화살이 묵토르의 애마 '붉은 불꽃' 이마를 꿰뚫자 구슬픈 울음을 토하며 하늘로 껑충 뛰었다가 쓰러졌다. 재빨리 말에서 뛰어내린 묵토르는 벗겨진 투구를 바로잡을 틈도 없이 이마로 날아오는 화살을 칼로 쳐 떨어뜨렸으나 세 번째 화살이 왼쪽 눈에 박혔다. 뒤따라오던 타스가 쓰러진 묵토르를 들쳐 업더니 혼란에 빠진 병사들을 뚫고 가까스로 숲속으로 도망쳤다. 흑기병도 황급히 말을 버리고 타스를 뒤따라 달려갔다.

"공격하라, 나의 용사들이여. 용감히 싸우다 사나이답게 죽자!"

중상을 입고 타스에게 업혀가면서 울부짖는 묵토르의 외침도 점점 멀어져 갔다. 양만춘은 뒤쫓으려는 부하를 막고, 산산조각난 오구즈 군 뒤처리를 아타크에게 맡긴 채, 진 빚을 갚으려 독립기병대를 이끌고 바르쿠드 근거지로 말을 달렸다.

다음 날 밤, 바르쿠드 여름 거주지 공격을 앞두고 강가에서 휴식을 취하던 독립기병대 진지로 얼굴을 가린 사자(使者)가 찾아왔다. 오구즈의 늙은여우와 며느리 롱얀이었다. 늙은여우는 슬픈 얼굴로 멍하니 하늘만 쳐다보았고, 롱얀이 달려와 양만춘의 발밑에 꿇어 앉아 하염없이 눈물만 흘렸다. 늙은여우가 무겁게 입을 열었다.

"젊은 타르칸. 탱그리 이름으로 자비를 구하오니 부디 항복을 받아주시오. 이 늙은이의 마지막 소원은 우리 부족이 살아남는 것뿐이오. 아무쪼록 너그러운 마음으로 가엾게 여겨 주기를 빌겠소."

"나는 이미 피의 복수를 맹세했고, 내 부하들도 당신 부족에게 핏값 받기를 바라고 있소."

롱얀이 그의 발을 껴안고 목이 메어 흐느꼈다.

"당신을 만나 품속의 아기를 자랑하고 베풀어준 은혜를 감사할 날이 오기를 기다려 왔건만 은혜를 원수로 갚는 꼴이 되었고, 또다시 부끄러움을 무릅쓰고 자비를 구할 수밖에 없는 신세로군요. 젊은이들은 전쟁터에서 죽거나 포로가 되었고 이제 마을에는 아이와 노인, 여자밖에 남아있지 않습니다. 이 땅에서 사라지게 된 우리 부족을 불쌍히 여겨주십시오.”

롱얀의 애처로운 호소에 양만춘의 마음이 흔들렸으나, 다음 순간 죽은 부하들 장례식 날 맹세와 헨티산 기슭 지옥같이 처참했던 풍경이 떠올랐다. 격렬한 고통에 몸을 떨며 딱딱하게 굳어진 그의 얼굴을 쳐다보고, 늙은여우는 고개를 떨군 채 한숨만 쉬었다.

늙은여우의 작아진 모습을 내려다보던 양만춘의 머릿속에 문득 쿠차 현자의 불꽃같은 눈이 떠올랐다.

‘증오로 가득 차 있을 때 네 속에 웅크리고 있던 야차가 머리를 치켜든다. 그놈에게 마음을 빼앗기지 말라. 자비란 남을 위한 게 아니라 너 자신을 위한 것일지니 … .’

헨티산 전투에서 죽은 오치루 바투의 형 부케 바투를 불렀다.

“그대도 알다시피 나는 오치루 바투와 죽은 부하의 원수를 갚기 위해 바르쿠드 부족을 깡그리 말살하겠다고 하늘에 맹세했소. 이제 늙은여우와 롱얀이 찾아와 항복을 받아달라고 호소하는구려. 부케 바투, 어찌했으면 좋을지 의견을 듣고 싶소.”

“투르크 무사는 마음을 준 주인에게 목숨을 바치는 것을 영광으로 여기오. 동생은 그렇게 좋아하던 바카투르와 어깨를 나란히 하고 싸우다 주인을 위해 죽었으니 행복한 죽음이오. 더구나 옹고드란 놈을 죽여 원수를 갚았으니 무슨 원한이 남아 있겠소? 모든 것을 바카투르 타르칸 뜻대로 처리하시오. ”

“감사하오. 바르쿠드 부족은 ‘초원의 법’에 따라 처리하겠소. ”

“잘 결정하셨소. 옹고드는 속이 좁고 은혜를 모르는 자였지만, 늙은여우는 탱그리를 두려워하고 롱얀도 생각이 깊은 여걸이라 들었소. 이제 롱얀의 갓난애가 자라 부족장이 될 때까지 그녀가 부족을 이끌 테니 다시는 반란이 없을 것이오. ”

천막 문을 나가려던 부케 바투가 되돌아보았다.

“타르칸 바카투르. 언젠가 만인의 운명을 책임지는 큰 인물이 될 것이라 생각하니 한 마디 충고를 하지 않을 수 없구려. 헨티산 패전 때 아수라장이던 전쟁터에서 적의 화살에 맞아 부상을 당하고도 위험을 무릅쓰고 오치루의 주검을 짊어지고 나온 당신의 따뜻한 마음에 형으로서 진심으로 감사드리오. 그런 점 때문에 부하가 목숨을 바쳐 충성하겠지요. 그러나 그런 일은 유즈바쉬(백인대장)라면 칭찬받아 마땅하지만, 타르칸(사령관)으로는 지나치게 정(情)에 치우친 행동이라 생각되는구려. ”

동부군은 사람이 살지 않는 헨티산지 수풀 우거진 땅을 지나 서쪽으로 진격했다. 고갯마루에 올라서자 눈을 머리에 이고 높이 솟은 우람한 산이 눈에 들어왔다. 성스러운 산 외뒤겐(부르칸산)이었다. 모든 돌궐인이 환성을 지르며 말에 뛰어내려 경건하게 엎드려 절했다.

외뒤겐산 기슭 타르쿠시강 골짜기로부터 돌궐 동부군이 쏟아져 나오자 오구즈 부족들에게 대공황(大恐慌)이 일어났다. 며칠 전 오구즈 군이 돌궐 동부군을 박살내고 묵토르가 그들을 전멸시키려고 추격중이란 승리의 소식을 들었는데, 하늘에서 내려온 것일까 땅에서 솟아난 것인가? 도대체 이 많은 돌궐 군이 어디서 왔단 말인가!

수백만 마리 말과 소와 양들을 방목하던 오구즈 심장부, 몽골 중앙고원의 기름진 초원은 무방비 상태로 습격당하고 약탈되었으며, 수많은 유르트가 불타고 반항하던 주민은 사로잡히거나 죽었다. 우르가(울란바토르) 초원과 툴라강 유역을 휩쓴 동부군은 들불이 번지듯 오르혼강 일대까지 휘몰아쳤지만 모든 예비군을 묵토르 군에 투입했던 오구즈로서는 이들을 막을 군대가 없었다.

카라코룸 전면에서 힘겹게 시빌 카간 군을 막고 있던 오구즈 본진에 고향이 불타고 약탈당한다는 소식이 전해지자 나날이 늘어가는 탈주병을 막을 수 없었다. 며칠 후 오구즈 사령관이 보낸 항복 사자가 카간의 본진에 나타났다. 알타이산맥 험한 산속으로 황급히 철수하는 설연타 부족을 따라 사령관의 큰아들이 도망쳤지만, 나머지 오구즈인들은 시빌의 자비를 빌면서 무기를 버렸다.

시빌 카간이 황금으로 이리 머리를 조각한 의자에서 벌떡 일어나 두 팔을 활짝 벌려 양만춘을 맞이했다.

"이제 선조의 거룩한 땅 외튀겐산을 되찾아 그 땅에 칸발리크를 다시 세울 수 있게 되었네. 안다의 도움 진심으로 감사하네."

시빌은 술잔을 권하더니 한참 동안 머뭇거렸다.

"용맹한 자, 지혜로운 자를 구하는 건 그리 어렵지 않으나 참된 사나이를 만나는 것은 탱그리가 주시는 가장 큰 축복이지."

시빌은 양만춘의 손을 꽉 잡고 흔들었다.

"사나이에게 조국이란 태어난 땅이 아니라 자기 뜻을 펼칠 수 있는 곳이 아니겠는가. 여기 남아서 내 오른팔이 되지 않겠나?"

"카간, 평화로운 때라면 기꺼이 그 뜻에 따르겠습니다만⋯."

"이미 짐작하고 있었지만 그래도 아쉽구먼. 그런데 큰 일이 생겼네. 어제 수나라 사신이 와서 양제가 몸소 백만 대군을 이끌고 뵈클리를 정벌하려 하니 올해 가을까지 우리 기병대를 보내 달라더군."

"뭐라고요? 백만 대군이라니⋯. 그리고 이제까지 한 번도 황제가 직접 친정(親征)한 적은 없다던데요."

"그자가 미친놈인 건 안다도 잘 알지 않나."

"카간께서는 돌궐 군을 파견하실 겁니까?"

"우리 사정을 잘 알고 있지 않은가? 무작정 양제의 비위를 상하게 해 노여움을 살 수는 없겠지."

양만춘은 벼락이라도 맞은 듯 멍하니 시빌을 쳐다보았다.

"어떤 병력을 얼마나 보낼 건지 왜 묻지 않는가?"

시빌은 심술궂은 얼굴로 양만춘을 내려다보았다.

"카간, 제가 어찌 감히⋯."

"나는 안다의 그런 점이 좋다네."

시빌은 즐거운 듯 너털웃음을 터뜨렸다.

"염려 말게. 뵈클리는 혹시 투르크 군악대 소리를 들을지 모르겠지만 기병대가 지르는 돌격의 함성은 듣지 못할 거고, 전쟁을 구경하는 귀족은 몰라도 병사를 꾸짖는 장군의 모습을 보지 않을 것일세."

"감사합니다, 카간."

너무 기뻐도 눈물이 솟구치는가? 양만춘은 한쪽 무릎을 꿇고 정중하게 고구려식 인사(軍禮)를 했다.

"일어나게. 그러면 쑥스럽지 않은가. 이제 안다는 어찌할 텐가?"

"전쟁이 다가왔으니 하루라도 빨리 귀국해 수나라와 싸워야지요."

"돌아가면 태왕께 내 말을 전하게. 뵈클리가 수나라와 싸우기 위해 킨칸산맥(대흥안령산맥) 동쪽 키다이(거란)와 타타비(해) 땅에서 어떤 군사행동을 하더라도 우리는 모르는 척 눈감아 주겠다고."

양만춘은 고구려를 대표하여 진심으로 감사했다.

"이 칼은 카간 취임을 축하해 투르크 최고 대장장이가 1천 번을 두들겨 만든 다섯 자루 단검 중 하나일세. 그대의 안다 시빌이 주는 마음의 선물이니 때때로 꺼내어 보고 나를 잊지 말아주게."

한 자도 안 되는 단검의 한쪽엔 아시나 가문의 문장(紋章)이, 다른 쪽엔 시빌 카간이란 돌궐 문자 옆에 황소가 새겨져 있었는데 칼날은 세우지 않았고 크기에 비해 묵직했다.

"해 아래 사나이와 사나이의 만남을 기록하면 역사(歷史)가 되고, 달빛 아래 멋진 사내와 아리따운 여인의 사랑은 신화(神話)가 된다네. 안다는 우리 역사와 신화의 한 부분일세."

그리고는 양만춘을 껴안았다.

"전쟁이 끝나거든 돌아와 주게. 기다리겠네."

어찌 웃으며 헤어질 수 있으리

누가 사랑을 꿀 송이보다 달콤하다 했던가. 소태같이 쓰디쓰고 칼에 찔리는 것보다 아픈 것을. 밤이 와도 잠을 이룰 수 없었다. 위험에 빠진 조국은 어서 돌아오라고 손짓하지만, 끈질긴 사랑의 매듭은 물귀신처럼 그의 발을 붙잡고 놓아주지 않았다. 사랑하는 여인을 잃는 두려움은 불 속을 뚫고 나아가기보다 고통스럽고 죽음처럼 괴로웠다.

처음 자스미를 '고니'로 만났으나, 이제 두 사람은 뿌리는 달라도 줄기와 가지는 서로 얽혀 한 그루 나무가 된 연리지(連理枝)처럼 몸과 마음이 하나로 묶여졌다. 자스미는 정말 사랑스러웠다. 마음의 상처를 지녔던 외로운 소년은 그녀의 뜨거운 사랑을 받으면서 행복이 무엇인지 알게 되었고, 사랑을 나누는 게 얼마나 소중한지 배웠으며 성숙한 어른이 되었다. 이제 떠나야 한다는 생각이 떠오를 때마다 시뻘건 인두로 가슴을 지지는 듯했다.

'자스미가 한갓 평범한 여인이었다면 얼마나 좋으랴.'

그러나 아시나 왕족 쿠줄로크가(家)의 상속자를 키워야 하는 어머니이고, 소그드 상단을 이끄는 주인에다 돌궐에 거주하는 소그드인에게 희망의 횃불이었다. 아침이 되면 귀국해야 한다는 말을 꺼내리라 결심했다가도, 그의 가슴에 기댄 채 흐뭇하게 눈을 감고 있는 그녀의 평화를 차마 깨뜨릴 수 없어 입을 뗄 수 없었다.

"여자란 좋아하는 사내를 만나면 어린애처럼 귀여워 씻어주고 닦아주며 기쁨을 느끼고, 그 품에 안겨 옹알거리면서 행복을 누린답니다. 사랑하는 님을 위해서라면 못 할 짓이 어디 있겠어요. 그런 사내가 무엇인가 숨기고 흔들리면 여자는 두려워지지요."

자스미는 근심스러운 눈빛으로 양만춘의 눈을 들여다보았다.

"무엇이 마음을 흔들고 있나요. 제가 화나게 했나요. 아니면 싫어진 것인가요?"

"자스미 그대 때문이 아니오. 내 사랑은 변함없다오. 그러나 이곳을 떠나지 않을 수 없게 되었소."

"나를 사랑하면서도 떠난다고요? 혼자서 보냈던 밤이 얼마나 길었는지 아시나요. 사랑의 기쁨을 알고 난 다음 독수공방의 괴로움이 그렇게나 크리라곤 상상도 못 했지요. 내일도 해는 다시 떠오르겠지만 버림받은 내 심장은 터져버리고, 어둠 속에서 외로움에 몸부림칠 자스미만 홀로 남으라고요? 당신은 나의 사랑 내 생명이에요. 나에겐 당신밖에 없어요. 제발 버리지 마세요!"

여인은 그의 발을 부둥켜안고 얼굴을 무릎에 파묻으며 서럽게 목 놓아 울더니 지난날의 기쁨과 행복을 일깨우면서 애원했다.

"당신 한 사람 때문에 넘어질 나라가 서고, 바로 설 나라가 넘어질까요. 여기 머물면서 뵈클리를 도울 길은 없을까요? 고니를 위해서라면 백 명의 무사, 천 마리 말도 기꺼이 내놓겠어요."

그녀 울음소리가 전갈의 독침처럼 양만춘을 찔렀다.

"싸울아비에겐 죽음보다 더 무거운 짊어져야 할 짐이 있다오. 거센 폭풍이 닥쳐오는데 혼자 살겠다고 배를 버리는 선장이 어디 있겠소. 싸울아비 언약(言約)을 깨뜨리고, 그렇게 살아본들 한평생 무거운 마음의 짐을 지고 어찌 행복할 수 있겠소."

여인은 그의 말을 듣지 않으려 양손으로 귀를 틀어막고 머리를 흔들다가 갑자기 덤벼들어 입을 막았다.

"보아요, 죽음보다 더 뜨거운 내 사랑을."

불꽃 속에서 춤추는 분노의 여신같이 여인은 사내를 넘어뜨리고 머리에서 발끝까지 격렬한 애무를 퍼부었다.

"내 몸엔 영원히 꺼지지 않을 사랑의 불꽃이 타올라요. 당신에게 모든 것을 불사를 거예요."

여인은 깊은 수렁에 빠져 허우적거리는 야생마처럼 울부짖으며 죽음보다 짙은 절망과 고통에 몸부림치면서 격렬하게 사내를 삼켰다. 화산 같은 폭발이 지나자 걷잡을 수 없는 슬픔이 밀려들어 그의 가슴에 얼굴을 묻더니 온몸을 뒤틀며 슬프게 울었다.

"사랑의 끈으로 당신을 묶을 수 없을까요. 애끊는 하소연으로도 마음을 돌이킬 수 없겠지요?"

여인은 북받쳐 오르는 눈물을 삼키며 고개를 돌렸다.

사흘 사이에 몰라보게 여윈 자스미가 이별의 술상을 차렸다.

"사랑을 받을 줄밖에 모르던 여인이 고니를 만나고서야 사랑을 바치는 즐거움도 알게 되었지요. 당신을 기다리면서 님을 그리워하며 몸부림치는 아낙네의 슬픔도, 몸서리치게 속속들이 정복당하면서 길들여지는 여인의 기쁨도 뼈저리게 맛보았답니다. 노을이 지고 별들이 불을 밝힐 즈음이면 님의 넓은 가슴에 안겨 익숙한 몸 내음을 맡으며 밤이 다가오는 소리를 듣고 함께 사랑의 노래를 부르는 행복을 밤마다 꿈꾸었지요.

다시 만나면 온몸을 던져서라도 님을 내 품속에 묶어 오직 나만의 왕자로 모시리라 맹세했어요. 가슴속에 사랑을 품은 여인이라면 누구라도 꿈꿀 이런 작은 소망이 신들조차 시기하는 분에 넘치는 헛된 꿈이었나요. 아니면 너무나 빼어난 사내를 만난 운명 탓일까요?"

사흘 밤을 잠들지 못했음에도 그녀의 눈은 별같이 초롱초롱 빛났고 여전히 아름다웠다. 자스미의 푸념을 듣자 측은한 마음이 들어 힘껏 껴안으며 평화가 오면 다시 돌아오겠다고 굳게 맹세했다.

"여자에게는 직감이 있어요. 이제 떠나면 내 품에 다시 돌아오지 않아요. 지난날 당신을 기다리던 때는 아무리 오래더라도 다시 만나리란 믿음이 있어 견딜 수 있었건만 ⋯ ."

여인은 그의 품에 안겨 흐느껴 울며 목이 메었다.

"고니는 자스미에게 사랑의 기쁨을 안겨주고 행복한 여인으로 거듭 태어나게 만들어 준 멋진 아슈바였지만, 이제는 밤마다 외로움에 몸부림쳐야 하는 슬픈 여자를 남기고 떠나는군요. 나쁜 사람, 그러나 내가 당신을 정녕 미워할 수 있을까요?"

여인은 어린애처럼 엉엉 울면서 그의 품속을 파고들었다.

자스미는 다음 날 아침 떠났다.

"다시는 나를 찾지 마세요. 행복한 자스미는 죽었으니까. 우리 사랑은 끝났어요. 추억만 남긴 채."

힘없이 돌아서는 여인의 뒷모습은 바람 부는 벌판에 선 한 그루 나목(裸木) 같이 쓸쓸함이 묻어났다. 자스미의 어깨가 저렇게 가냘 프고 좁았던가? 곧 허물어질 듯 위태롭게 보였으나 머리를 꼿꼿이 쳐들고 걸어가는 그녀에게 눈을 뗄 수 없었다. 헤어질 때면 언제나 몇 번이고 뒤돌아보고 웃으며 손을 흔들었건만, 찬바람을 일으키며 매정하게 돌아서서 고개 한 번 돌리지 않고 멀어져 갔다.

"젊은 주인께서 먼 길을 떠나게 되셨다기에 소그드 사람을 대표 해 왔습니다."

젊은 카이두가 여러 마리 말에 음식을 가득 싣고 찾아왔다.

"자스미에게 못할 짓을 하고 떠나는 것 같아 마음이 무겁소. 내 어찌 그녀의 뜨거운 사랑을 잊을 수 있겠소? 그러나 따뜻한 위로 의 말조차 제대로 전하지 못했구려."

"무슨 말씀, 얼음공주라 불리던 여주인에게 봄을 가져다 주셨 고, 우리에겐 든든한 후계자를 남겨 주셨습니다. 누구나 영원히 봄이 계속될 수 없지 않겠습니까? 아버지는 공주님께 행복을 가져 다 준 젊은 주인께 항상 감사드려야 한다고 말씀하셨지요. 돌아가 시던 날도 한마디 남겼어요. 언젠가 공주님과 헤어지는 날이 오면 따뜻하게 위로하라고요. 마음이 여린 분이라면서."

양만춘은 어두운 얼굴로 하늘에 뜬 구름을 쳐다보았다.

346

"외롭게 돌아서던 모습이 자꾸만 눈에 밟혀서 …."

"공주님은 강해요. 오래지 않아 힘을 되찾을 겁니다. 우리는 몇 달 후 갖게 될 둘째 아기는 젊은 주인을 많이 닮았으면 한답니다."

가을이 오면 몽골고원은 누렇게 익어가는 목초가 아름답다. 양만춘은 황금물결에 뒤덮인 초원을 미친 듯 달려갔다. 작별이 아쉬워 다시 껴안는 나친과 아타크에게 훗날 만남을 다짐하며, 자스미에 대한 그리움을 애써 잊으려 에시를 닦달해 동으로 동으로 말을 몰았다.

'수나라 원정군이 백만이라니 …. 일찍이 듣도 보도 못한 엄청난 대군이 아닌가. 끔찍한 재앙이 다가오고 있다. 이 무시무시한 사실을 하루라도 빨리 알려야 한다.'

대흥안령 고갯마루에 서니 멀리 시라무렌 물줄기가 눈에 들어왔다. 4년 전 이른 봄 처음 넘었던 길. 철부지 소년에서 이제는 스스로 운명을 개척해 나가야 할 사나이가 되어 돌아간다.

사막과 초원의 나라를 지나 드디어 숲의 나라로 들어섰다. 시라무렌 골짜기 여기저기 무리를 지어 피어난 들국화가 희고 노란 꽃을 활짝 피우고, 언덕 위 숲은 황금빛과 붉은 단풍으로 물들었다. 겨울을 이겨낸 꽃 피는 봄, 짙은 초록의 여름도 아름답지만, 높고 푸른 가을 하늘에 펼쳐지는 황홀한 빛의 잔치에 어찌 비할까.

푸른 소나무와 잣나무 사이로 불타는 듯한 진홍(眞紅)의 단풍나무, 밝은 분홍의 복자기나무, 황금색으로 반짝이는 은행나무, 자기도 잊지 말아달라는 듯 제각기 엷고 짙은 화장을 한 잡목들까지 양만춘의 귀국을 반기듯 색(色)의 향연을 펼쳤다.

이제 고국은 멀지 않았다. 그리운 얼굴이 주마등처럼 떠올랐다. 에시의 발걸음보다 마음이 먼저 고향으로 달렸다.

2권으로 계속

연표 年表

시기	주요 사건	비고
589.	수나라 문제가 진나라를 멸망시키고 중원을 통일.	
590.	고구려 영양태왕 즉위.	영양태왕 원년
	한강 유역을 되찾으려던 온달장군 아차산성에서 전사.	
592.	왜 쇼토쿠(聖德) 태자 개혁(아스카 시대 시작).	
	속말말갈 돌지계가 수나라 영주(營州)로 투항.	
598.	말갈기병 영주 습격.	
598. 6.	수문제 고구려 침략과 무참한 패배.	영양태왕 9년
604.	수양제 즉위.	영양태왕 15년
607.	고구려 사절단 수나라 견제 위해 돌궐에 파견.	대업 3년
607. 7.	왜. 수나라에 견수사 파견(600년부터 14년간 5차례)	왜왕 스이코 15년
607. 가을	수양제 돌궐 방문. 고구려 사절단과 마주침.	영양태왕 18년
609.	친수파 야미 카간 죽고 자주파 시빌 카간 등극.	
609. 7.	수양제 서역 평정, 실크로드 개통 자축(감주, 장액).	대업 5년
610.	수나라 대운하 완성.	
611. 6.	수양제 고구려 원정 선포.	대업 7년
612. 1.	고구려 원정군 출발 (탁군에서).	영양태왕 23년

《황금삼족오》깊이 읽기

안시성 성주의 이름: 양만춘 (16쪽)

안시성의 승리는 많은 역사책에 빠짐없이 기록되었지만, 이 싸움을 승리로 이끈 영웅의 이름은 어느 책에서도 찾아볼 수 없다.

당태종이 온 나라 국력을 기울여 고구려를 침략하니 요동성과 백암성이 삽시간에 둘러 뽑히고, 연개소문이 보낸 구원군조차 안시성 동쪽 벌판에서 포위 섬멸 당해 나라 운명이 바람 앞 촛불처럼 위태로웠다. 이런 상황에서 우리 영웅은 고립무원(孤立無援)의 작은 성, 얼마 되지 않는 군사로 압도적인 적군을 막아 나라를 구했다.

중국의 역사 편찬자들은 그네들이 가장 존경하는 황제 당태종에게 뼈아픈 패배를 안겨준 얄미운 적장이니 그 이름조차 기억하기 싫었을 것은 쉽게 짐작할 수 있다. 그러나 우리 역사책《삼국사기》가 이 위대한 분의 이름조차 밝히지 못한 데는 안타까움을 넘어 분노까지 갖게 된다.

천 년 동안 잊혔던 안시성 성주의 이름이 처음으로 우리에게 알려지게 된 계기는 윤근수(1537~1616년)의《월정만필》(月汀漫筆, 1597년경 발간)이다. 그는 임진왜란 당시 예조판서로 네 차례나 명(明)나라에 사신으로 드나들었는데, 중국인 구정도가 말하기를《(당)태종동정기》(太宗東征記)에서 안시성 성주 이름은 '양만춘'이라고 소개했으며 후에 이시발이라는 자에게《당서연의》에서 안시성 성주는 양만춘이라고 했음을 전해 들었다고 했다(여기서《당서연의》와《동정기》는 같은 것으로 16세기 명나라에서 활동한 웅대목(熊大木)이 쓴《당서지전통속연의》(唐書志傳通俗演義)를 말한다).

이후 효종의 북벌(北伐) 계획으로 요동에 대한 관심이 높아졌을 무렵, 안시성 성주의 이름을 묻는 현종에게 송준길이《월정만필》을 인용하여

'양만춘'이라고 대답한 사실이 그가 지은 《동춘당(同春堂) 문집》(1680년 발간) 별집에 나타나고, 뒤이어 조선후기 실학자 이익(1681~1763년) 의 《성호사설》과 박지원(1737~1805년) 의 《열하일기》(熱河日記) 에 언급되면서 세상에 알려지기 시작했다.

일반적으로 안시성 성주의 이름이 '양만춘'이라고 한 가장 오래된 문헌은 《당서지전통속연의》(唐書志傳通俗演義) 로 알려져 있다. 하지만 저자는 새로운 견해를 제시하고자 한다. 양만춘이 안시성 성주란 사실을 최초로 기록한 사람은 아마도 나관중(羅貫中, 1330~1400년) 이 아닐까. 그가 당태종을 주인공으로 삼아 쓴 것으로 알려진 《소진왕사화》(小秦王詞話) 나 《당대연의》(唐代演義) 에서 안시성 성주가 양만춘이라고 밝힌 듯하나 지금은 전해오지 않고, 현재 남아있는 가장 오래된 문헌은 명나라 중엽의 문인 임한이 나관중이 지은 소설을 바탕으로 이를 고증하고 12권 122회로 집대성하여 1619년 출간한 《수당양조지전》(隋唐兩朝志傳) 이다. 이 책 9 권 91회 '당 군의 안시성 퇴각'에는 위대한 적장 '안시성 성주 양만춘'의 모습이 여러 차례 등장한다.

그런데 윤근수가 마지막으로 명나라에 간 것은 선조 27년(1594년) 이고 《월정만필》 역시 이 책보다 먼저 발간된 것으로 미루어 안시성 성주 이름이 양만춘이란 사실은 명나라 때 이미 여러 책을 통해 널리 알려졌음을 짐작할 수 있다. 다만 이 모든 자료들은 역사서가 아니라 소설이다. 과연 소설에 기록된 것을 얼마나 역사적 사실로 받아들일 수 있을까?

송(宋) 과 원(元) 시대 무역과 상업이 발달함에 따라 중국 각지에는 도시가 번창했고, 이 상인들과 도시민을 상대로 시정(市井) 에서는 구어체 소설인 '강담(講談) 이야기'가 유행했다. 강담의 소재 중 가장 인기 있는 것은 예로부터 전해오는 민간설화를 바탕으로 하는 영웅담(英雄譚) 이었다. 원말명초 시내암(1296~1371년) 과 그의 제자 나관중 같은 걸출한 작가가 등장하면서 이 강담을 바탕으로 《수호지》와 《삼국지연의》 같은 걸작 소설이 탄생했다.

　이러한 영웅담은 독자의 흥미를 끌기 위해 허황된 장면을 삽입하기도 하나, 그 뿌리는 픽션이 아니라 전설이나 민간설화를 바탕으로 삼은 구비문학(口碑文學)이고 잊혀진 역사를 되살리는 야사(野史)라 할 수 있다.

　역사는 정사(正史)와 야사로 나뉜다. 일반적으로 정사는 국가기관이 편찬의 주체가 되어 전대(前代)의 공인된 역사적 사실을 수집해 편찬한 기록이거나, 이런 기록을 근거로 쓴 역사서, 혹은 관찬과 사찬의 구분 없이 기전체와 같은 정통 역사체계를 갖추어 서술된 역사기록을 의미한다. 그러기에 그 내용을 신뢰할 만하지만, 편찬자의 정치적 입장에 따라 유리한 기록만 취사선택하여 기록하므로 역사적 사실이 파묻히거나 왜곡되기도 한다.

　이와 달리 야사란 자유로운 입장의 문인이 민간설화나 개인 기록을 바탕으로 삼기에 객관적 근거가 다소 약하고 편집자의 개성과 능력에 따라 신뢰성이 좌우되는 흠이 있다. 그러나 정사에서 누락되거나 애써 감추었던 사실을 드러내 정사의 부족한 점을 보완하기도 한다. 그렇다면 안시성 성주가 양만춘이란 근거를 제시한 나관중에 대해 살펴보려 한다.

　나관중의 《삼국지연의》를 살펴보면, 독자의 흥미를 끌기 위해 제갈량이 남동풍(南東風)을 빌려 왔다거나 전쟁의 신처럼 관우를 신격화(神格化)하는 등 허황된 이야기가 없지 않으나, 전체적인 줄거리나 등장인물은 정사인 진수의 《삼국지》를 바탕으로 삼았다.

　나관중은 역사가 못지않게 실사구시(實事求是)의 정신을 가진 문인으로서, 위(魏)나라 조조 중심으로 쓰인 정사와 달리 《삼국지연의》는 촉한의 유비를 정통으로 삼은 훌륭한 역사기록이고, 야사로서 조금도 손색이 없다. 따라서 당태종을 주인공으로 쓴 《소진왕사화》나 《당대연의》 그리고 이들 자료를 집대성한 《수당양조지전》역시 역사적 사실을 바탕 삼고, 전해지는 여러 전승을 충실히 담은 믿을 만한 야사로 보아도 지나침이 없을 듯하다. 《수당양조지전》을 엮어 펴낸 임한 역시 병부상서와 이부상서 및 경영강관(經筵講官)에다 동수국사(同修國史)의 벼슬을 거친 역사의식이 투철한 당대의 석학(碩學)이었다.

"나는 이 책을 무척 사랑한다. 나관중의 원저작에서 미비한 부분을 보충하기로 결심하고 수당(隋唐)에 관한 자료를 수집하고 많은 서적에서 필요한 것을 보완해서 전해오는 내용이 와전(訛傳)되지 않고 수당 시대 역사를 제대로 알게 하려 한다. 따라서 종이에 쓴 헛소리로 생각지 말기를 간곡히 바라노라"라는 임한의 서문으로 미루어 볼 때 《수당양조지전》은 나관중뿐 아니라 그가 찾을 수 있었던 모든 서적과 민간설화를 다시 한 번 검증하고 고증해 자신 있게 펴낸 역사 이야기로 볼 수 있다.

당태종은 중국인에게 가장 사랑 받는 황제이고 그의 생애에서 클라이맥스는 고구려 원정이다. 안시성 싸움에는 수십만 중국인이 직접 참전한 데다 고구려 멸망으로 수많은 고구려 지식인이 당나라에 끌려갔으니 이들이 남긴 기록이나 전쟁설화는 수없이 전해 내려왔을 터이다.

더구나 《삼국지연의》에서 전신(戰神) 관우처럼, '당태종을 주인공으로 쓴 나관중의 소설'에서 유난히 두드러진 영웅으로 떠받든 인물은 산서성 용문 출신의 농민 '설인귀'인데, 나관중 역시 산서성 태원(太原, 타이위안) 출신이라 하니 고향 땅에서 전해오는 전쟁영웅의 설화는 귀에 익었을 것이다.

설인귀가 한갓 병졸로서 처음 두각(頭角)을 드러낸 곳은 안시성 동쪽 벌판에서 벌어진 주필산 전투였고, 뒤이은 안시성 공방전에서 3개월에 걸친 격전 끝에 퇴각했으니, 이들에게 뼈아픈 패배를 안겨준 적장인 안시성 성주가 누군지는 독자들이 무척 궁금했을 텐데 영웅담과 민간설화를 다루는 데 투철한 역사의식을 가진 소설가 나관중이 그 이름을 허투루 쓸 수 있었겠는가. 그러니 '한갓 소설에 등장하는 이름'이라고 고개를 갸우뚱할 게 아니라 '믿을 만한 야사에 기록된 잊혀졌던 이름 양만춘'으로 인정함이 옳겠다.

돌궐에 대한 고찰 (17쪽)

돌궐(투르크)은 후기(後期) 고구려시대 우리나라와 깊은 관계를 맺었던 북방 유목민족 국가였다. 고구려와 돌궐은 언어(言語)상 문법체계가 동일했을 뿐 아니라 인류학자들은 투르크인의 조상을 우리와 같은 몽골리언으로 보는 견해가 유력하다.

고대 투르크 부족의 주류는 몽골리언인 듯하다. 하지만 투르크('힘센, 용감한'이란 뜻) 민족의 형성을 역사적으로 살펴보면, 이들은 하나의 민족으로 구성된 혈연공동체(血緣共同體)라기보단 초원지대에서 뛰어난 지도자가 투르크 깃발을 휘두르면 구름같이 모였던 같은 언어를 사용하고 문화적 동질성(同質性)을 가진 지연공동체(地緣共同體)로 봄이 타당하리라.

최초의 돌궐제국을 건설했던 아시나('늑대'란 의미) 부족은 6세기 초 알타이산맥(서부 몽골) 기슭에 살던 야금(冶金)에 뛰어난 족속이었다. 처음에는 유연(柔然, Avar)의 지배를 받으며 철(鐵)을 공급하다 유연으로부터 독립하였고(533년 무렵), 542년 중국인이 거주하던 오르도스(황하 중류 내몽골 지역)를 침공하면서 비로소 중국 역사 기록에 등장하였다.

552년 아시나 부족장 부민[土門]이 초원의 지배자 유연을 정복하여 몽골고원을 평정하고 나라를 세워 일릭 카간[伊利可汗]이라 칭하니 이것이 돌궐제국의 건국이고, 투르크를 조상으로 삼는 현대 터키의 건국 원년(元年)이 된다.

부민의 아들 무칸 카간[木杆可汗]은 동으로 대흥안령산맥에서 서쪽으로는 카스피해(海)에 이르는 강력한 유목제국을 건설하여 그 당시 분열되어 서로 다투고 있던 북주(北周)와 북제(北齊) 쌍방으로부터 조공을 받으며 중국 대륙을 호령하였다. 그러나 수(隋)가 건국하여 중국 대륙을 통일하고(589년) 장손성(長孫晟)의 책략에 의해 돌궐이 동서로 분열되면서부터(583년) 국력이 쇠약해졌다.

고구려와 수나라의 전쟁이 시작될 무렵, 친수정책(親隋政策)을 폈던 야미 카간[啓民可汗, 재위 600~609년]이 죽자, 그 뒤를 이은 시빌 카간[始畢可汗, 재위 609~619년]은 수양제의 고구려 원정(612~614년) 때 중립(中立)을 지켰다.

시빌 카간은 수양제의 고구려 원정을 틈타 힘을 기르다가 여러 차례 원정 실패로 비틀거리던 수나라를 공격하여(615년) 안문(雁門, 산서성 대현)에서 양제를 포위함으로써 수나라 멸망을 재촉하였다.

당나라는 건국 초기부터 돌궐에 시달림을 받았다. 당태종은 실리 카간[頡利可汗, 재위 620~630년]에게 굴욕적인 화의(和議)를 강요당하기도 하였으나, 돌궐은 몽골고원의 대기근(飢饉, 629년)과 내부 분열(分裂)로 당태종에게 정복당하니(630년) 이것이 돌궐 제1제국의 멸망이다.

돌궐 제1제국시대에는 고구려와 돌궐은 우호적인 관계로 활발한 교류가 이루어졌다. 무칸 카간 장례식 때(572년, 평원왕 14년) '동쪽 해가 뜨는 나라' 뵈클리(고구려) 조문사절(弔問使節)이 참석한 것이 빌게 카간의 오르혼 비문(碑文)에 나타나 있고, 이 돌궐 비문에 보이는 고대 투르크 어순(語順)은 우리말과 동일하다고 한다.

당나라에 정복당한 돌궐인(651년 서돌궐도 정복당하였음)은 당나라의 기미주(羈縻州)에 편입되어 당의 대외침략전쟁(對外侵略戰爭)의 앞잡이로 이용당했던바, 특히 고구려 원정군의 선봉군(先鋒軍)으로 동원되어 많은 희생을 치렀다.

강요당한 고구려 원정에서 입은 피해와 불만으로 돌궐인은 여러 차례 반란을 일으키다가, 고구려 멸망(668년) 후 682년 쿠틀룩[骨咄祿, 재위

682~691년)이 북방초원을 평정하고 돌궐제국을 부흥시키니 이것이 돌궐
제 2제국(682~745년) 시대이다. 돌궐 제 2제국 건국에는 초원지대로 흘
러들어간 고구려 유민(流民)의 도움이 컸다고 한다.

돌궐 제 2제국이 위구르에 의해 멸망당하자 투르크족의 주류(主流)는
서쪽으로 옮겨 중앙아시아에 자리 잡았다가, 1037년 사마르칸트에서 셀
주크가 투르크 제국을 다시 세웠다.

이슬람교로 개종(改宗)한 셀주크투르크가 서남아시아와 이집트까지
정복하고 동로마제국을 침입하자 동로마제국은 로마 교황에게 구원을 요
청하였고, 이로서 200년간 계속된 십자군(十字軍) 전쟁(1096~1270년)이
시작되었다. 그러나 셀주크투르크가 무너진 것은 십자군 전쟁이 아니라
칭기즈칸의 몽골군 침략 때문이었다.

그 무렵 아나톨리아고원(현재 터키)에 거주하던 또 다른 돌궐 부족이 일
어나 오스만투르크를 세웠고(1299년), 마호메트 2세 때는 콘스탄티노플
을 점령하고 동로마제국을 멸망시켰다(1453년). 오스만투르크의 전성기
에는 북으로 발칸반도 전부와 러시아의 크림반도 일대를, 서쪽으로는 알
제리와 튀니지까지, 동으로 코카시아와 이라크를, 남으로는 이집트와 시
리아 팔레스타인을 포함하여 사우디아라비아 일부까지를 영토로 삼아 세
대륙에 걸친 대제국을 건설하였다. 그러나 18세기부터 국력이 쇠약해졌
다가, 제 1차 세계대전 때 독일 측에 가담하여 패전함에 따라 오스만투르
크는 해체(解體)되었다.

패전의 어려움 속에서 청년장교 무스타파 케말이 일어나 그리스 군과
싸워 이를 물리치고 현재 터키공화국을 세웠다(1923년 10월).

터키 사람들은 한국인을 형제라고 부르며 극히 우호적이라고 한다. 그
러한 감정 밑바탕에는 최근 한국전쟁에 참전하여 같이 싸웠다는 전우애
(戰友愛) 뿐 아니라 그들의 최초 건국(最初建國)이었던 돌궐제국(552~630

년)과 고구려 사이의 역사적 유대(紐帶)까지 거슬러 올라가는 뿌리 깊은 친밀감(親密感)에 바탕을 두고 있으리라.

신비한 민족 소그드인 (52쪽)

'서쪽 하늘에서 더 서쪽 태양이 가라앉는 곳.
강로 호추(康老 胡雛, 소그드인)는 달이 사는 곳에서 태어났다.
그 모습은 깎아지른 듯하고 얼굴은 윤곽이 뚜렷하다.
눈동자는 반짝반짝 벽옥 같고 빨간 구레나룻 금빛으로 곱슬거린다.
튀어나온 눈썹 눈을 내리 덮고 우뚝한 코 입술 위에 당당하다.
이 기괴한 얼굴 보지 않고서 어찌 조화의 묘를 안다고 하랴.'
(이백의 시, NHK〈실크로드〉에서 인용)

소그드인(Sogd)은 6~8세기 비단길(Silk Road)의 통상(通商)을 주름잡던 민족으로 혜성(彗星) 같이 나타났다 사라진 신비한 존재이다. 소그드인이 역사에 처음 등장한 것은 기원전 3세기 무렵 서양사(西洋史)의 알렉산더 대왕 페르시아 원정 기록에서이다. 그 당시 소그드인은 페르시아제국 북동부 변경(邊境) 지역에 소그디아왕국(현재 사마르칸트 일대)을 세웠었고, 알렉산더 대왕은 이 왕국을 정복하여 왕녀(王女) 록사네와 결혼함에 따라 소그디아는 동서문화의 융합인 헬레니즘 문화가 꽃피는 동쪽 끝에 자리 잡게 되었다.

소그드인이 역사기록에 다시 등장하는 것은 동양사(東洋史)에서이다. 특히 6~8세기 수당(隋唐) 시대 동서문명(東西文明)의 교역로(交易路)였던 실크로드의 주역(主役)으로 비단무역을 지배하며, 중국인의 문화와 상류층의 풍속과 생활에도 큰 영향을 끼쳤다.

소그드인이 거주하였던 중앙아시아 사마르칸트 일대는 유목민족들이 이동하는 십자로(十字路)에 위치하고 있었다. 알렉산더 대왕에 정복당한 후 정치적 독립을 상실하였던 소그드인은 비옥한 강가와 오아시스에 흩어져 수십 개의 도시국가(都市國家)를 건설하고 살면서 이 지역을 지배하였던 강력한 유목제국(遊牧帝國)들과 공생(共生) 관계를 택하였던 것 같다. 전형적인 경우가 돌궐제국과 소그드 도시국가의 관계로, 유목민족 정복자가 정치와 군사를 지배한 반면 소그드인은 이들 정복자의 두뇌(頭腦) 역할을 맡아 재정(財政)과 무역을 틀어쥐고 유목제국 정복자의 통치를 뒷받침하였다.

소그드인은 고유의 언어(言語)와 문자(文字)는 물론 독특한 문화를 갖고 있었고, 그 당시 소그드 언어는 실크로드 무역로(貿易路)의 상인들이 사용하는 국제 공용어(共用語)였다.

소그드인은 백인종(白人種)이었다. 당삼채(唐三彩) 도자기에서 보이는 낙타를 탄 호인(胡人, 소그드인)의 모습이나 천재 시인 이백(李太白)의 시(詩)에서 묘사한 소그드인의 얼굴은 전형적인 백인종의 모습이다.

중국인 눈에 비친 소그드인의 모습은 서양사에서 보이는 유태인과 매우 흡사한 전형적인 상인민족(商人民族)이었다. 실크로드의 경유지(經由地) 곳곳마다 그들은 식민거점(植民據點)으로 마을을 세워 서로 정보(情報)를 나누고 협력하면서 독점적인 상권(商權)을 유지하였고, 푼리(分利)를 다투며 악착같이 영리(營利)를 추구하는 근성(根性)과 상거래는 물론, 심지어 혼인(婚姻)을 하는 경우조차 세밀하게 계약서로 문서화(文書化)하는 관행(慣行), 철저한 자녀교육 등이 그러하다.

이 매력적인 상인민족은 8~9세기에 들어와 이슬람 세력이 이들의 근거지인 소그디아 지역을 정복한 데다, 나침반이 발명되고 선박과 항해술이 발전하여 동서교역의 중심축이 사막의 낙타에서 해상교역(海上交易)으로 바뀌게 됨에 따라 10세기경에는 역사의 뒤안길로 사라져 버렸다.

영양태왕 즉위 당시 한반도 정세 (65쪽)

우리나라 고대(古代) 삼국시대는 고구려와 신라, 백제 세 나라로 나뉘어져 서로 패권을 다투었는바, 고구려의 입장에서 이를 간단히 정리코자 한다.

고구려는 건국 때부터 한(漢) 나라 및 그의 지배를 받는 한사군(漢四郡) 세력과 끊임없는 투쟁 속에서 성장하여 왔으므로 초기(初期) 고구려 시대에는 신라, 백제와는 별다른 접촉이 없었다.

고구려 중기 미천왕(美川王) 14년(313년) 고구려가 한사군의 마지막 보루였던 낙랑(樂浪, 현재 평양 일대)을 축출하면서부터 백제와 국경을 접하게 되었고, 이때부터 대방(帶方, 현재 황해도 지역)의 옛 땅을 두고 서로 다투게 되었다. 당시 백제는 근초고왕(近肖古王, 재위 346~375년) 시대로 남쪽으로는 마한(馬韓)을 평정하고 북으로 평양을 공격하여 고구려 고국원왕을 패사(敗死)시켜(371년), 양국 간에 씻을 수 없는 숙원(宿怨)을 맺게 되었다.

광개토태왕(재위 391~413년)이 즉위하자 고구려는 동북아 맹주(盟主)로 요동 지역을 평정하고 거란을 정복해 대제국을 건설하면서, 남으로 백제를 정벌하고 신라에 침입했던 백제와 가야 왜(倭)의 연합군을 크게 깨뜨렸다. 당시 한반도 세력구도는 고구려와 신라를 한 축으로 하고 백제와 가야 왜가 다른 축을 이루어 서로 대립했다.

뒤를 이은 장수태왕(재위 413~491년)은 중국 대륙의 북위(北魏)와 화친을 맺고 남진북수책(南進北守策)을 채택하였다. 왕 15년 현재 평양 동북 대성산성 아래로 도읍을 옮긴 후 왕 63년 가을 백제를 쳐서 왕도(王都) 한성(현재 서울 풍납동)을 함락시키고 개로왕을 죽여 고국원왕의 원수를 갚았다. 한강 유역을 고구려에 빼앗긴 백제는 웅진(熊津, 현재 공주)에 도읍을 옮겼다. 고구려의 강력한 세력에 위험을 느낀 백제와 신라는 공수동맹(攻守同盟)을 맺어 고구려에 대항하게 되었다. 이로서 한반도는 고구려에 대하여 신라, 백제의 연합전선이 형성되었다.

양원태왕 원년(545년) 세군 추군의 내란(內亂)으로 고구려가 흔들리자 신라와 백제는 힘을 합쳐 백제는 한강 하류의 옛 땅을 되찾고, 신라도 죽령 이북 10군(郡)을 차지하였다(551년, 진흥왕 12년, 성왕 29년). 그러나 2년도 지나지 않아 신라 진흥왕은 백제가 되찾은 한강 하류 지역을 빼앗아 버렸다(553년). 신라의 배신행위를 징벌하기 위해 백제 성왕은 다음 해 신라의 관산성(管山城, 현재 충북 옥천)을 치다가 크게 패하고 전사하였다(554년).

이로써 신라는 고구려와 백제의 공동의 적이 되었으므로 한반도의 형세는 고구려와 백제, 왜가 한편이 되어 신라를 압박하는 형세가 되었고, 이 구도는 신라가 삼국을 통일할 때까지 계속되었다.

영양태왕(嬰陽太王, 재위 590~618년)의 즉위 초 고구려는 장군 온달(溫達)이 잃어버린 한강 유역을 되찾기 위해 신라를 쳤으나 신라인의 끈질긴 저항으로 실패했을 뿐 아니라, 수나라가 건국하여(581년) 진(陳) 나라를 정복하고 중원(中原)을 통일함으로(589년) 중국 대륙의 풍운(風雲)이 급하여져 실지회복(失地回復)을 계속할 수 없는 형세가 되어버렸다. 수나라와 국경을 마주하고 있었던 고구려는 갈수록 노골적으로 나타나는 수나라의 팽창주의에 국가존망의 위협을 느끼게 되었다.

건국 후 최대의 위기를 맞이한 영양태왕은 동북아의 맹주답게 군사적인 대비책(對備策)과 함께 화려한 다면외교(多面外交)를 펼쳤다.

서쪽으로 돌궐과 긴밀한 외교관계를 맺어 수(隋)를 견제하고(607년), 동으로 왜(倭)와의 우호관계를 돈독히 하는 한편 적(敵)의 적은 친구이므로 백제와도 협력하여 신라를 압박하였다. 역사기록의 망실(亡失)로 영양태왕의 돌궐 및 백제와 외교관계는 단편적인 기록밖에 남아있지 않음이 유감이나, 기록이 제대로 남아 있는 왜와의 관계를 살펴보면 눈부시다고 평할 만하다.

왕 6년(595년) 고승 혜자(惠慈)가 왜로 건너가 20년 동안 머물면서, 스이코(推古) 천왕의 섭정(攝政)으로서 실질적으로 왜를 통치하던 쇼토쿠(聖德) 태자의 스승이 됨으로 일본의 개혁과 대외정책을 주도하였다.

혜자 스님이 왜에 거주하던 동안(595~615년) 고구려와 수나라 간 4회에 걸친 전쟁이 있었고(598~614년), 왜가 수나라에 6회의 견수사(遣隋使)를 보낸 시기(600~614년)와 일치하는 것으로 미루어 영양태왕의 외교적 목표 달성에 혜자 스님이 깊이 관련되어 있었으리라 쉽게 추측할 수 있다. '해 뜨는 곳의 천자(日出處天子)가 해 지는 곳의 천자(日沒處天子)에게 글을 보냅니다'란 왜가 수나라에 보냈던 국서(國書)의 글귀도 혜자 스님의 작품이란 견해가 있다.

담징을 비롯한 여러 스님을 왜에 파견하고, 법흥사에 금동 장육(金銅丈六) 석가여래상을 건립하였을 때 도금용(鍍金用)으로 황금 300냥을 시주한 것도 영양태왕 때의 일이다〔《고대 환동해 교류사》(동북아역사재단 편) 참조〕.

국가 외교정책의 기본적인 방향은 한 번 정해지면 주변 국제정세가 변하지 않는 한 그 구도가 계속됨이 원칙이다. 따라서 영양태왕 때 그려진 고구려-백제-왜의 연대관계는 그 후에도 계속되었던 것으로 보인다. 연개소문의 정변에 대한 《일본서기》의 기록(記錄)으로 미루어 보아도 양국 간 교류가 계속 긴밀하였음이 추측된다.

다만 영양태왕 때처럼 고구려의 주도적인 외교활동은 보이지 않는다. 이는 영류태왕 때에 와서 고구려는 당나라와 화친정책이 외교정책의 큰 흐름으로 바뀌었기 때문이었고, 연개소문의 쿠데타 이후에도 고구려는 백제, 왜와 느슨한 연대(連帶) 관계를 맺음에 불과했던 것으로 보인다.

이는 한반도 세력균형의 한 축(軸)이었다고 할 백제가 멸망하였을 때나 부흥 운동 때 왜는 적극적으로 참전[白江水戰]하였으나, 고구려는 소극적으로 대응한 군사적, 외교적 실패가 이를 방증한다.

조공의 진정한 의미 (116쪽)

동북아시아의 역사를 살펴보면 이상한 현상을 발견할 수 있다. 중국 황제에게 주변 여러 나라가 소위 조공(朝貢)을 바치고 책봉(冊封)을 받는 외교상의 관행(慣行)이다. 나라와 시대에 따라 농담(濃淡)은 있으나 한자문화권(漢字文化圈)에 속한 여러 나라들이 오랫동안 이를 계속하였다.

재미있는 점은 조공받는 중국보다 조공하는 자의 경제적 이익이 오히려 더 크다든지, 지리적으로 보아 중국의 침공을 겁낼 이유가 없었거나 심지어 요나라처럼 조공하는 자의 무력이 중국보다 훨씬 강했던 경우에도 조공이 이루어졌다. 이 점으로 미루어 보아, 조공이란 일부 역사학자의 주장과 달리 정치적 종속관계를 나타내는 것이 아니라 문화의 전수(傳受)나 공무역(公貿易)의 혜택을 얻기 위한 방편의 하나였던 것 같다. 때로는 주변국 지배자가 권위나 정통성을 나타내기 위한 수단으로 활용되었다.

비슷한 사례로는 중세 서양사의 로마 교황(教皇)이 기독교 여러 나라의 국왕에게 가졌던 권위와 닮은 모습을 보이고 있으나, 교황의 권위가 종교에 바탕을 둔 것이라면 중국황제는 문화(漢字)와 경제력의 우월성에서 비롯되었다.

그러나 수양제가 고구려에 강요한 국왕의 입조(入朝) 요구는 이러한 형식적 조공과는 달리 정치적인 종속과 속국(屬國) 되기를 강요하는 짓이었으니 동북아의 맹주였던 고구려가 받아들일 수 없었고 양국 간에 전쟁을 피할 수 없게 되었다.

후기 고구려 나라이름과 동북공정 (160쪽)

역사적으로 우리나라를 부르는 대표적 명칭은 조선(朝鮮)과 고려(高

麗)이다. 그중에도 고구려(高句麗)에 이어 고려, Korea라 불리는 국명 (國名)은 오랜 옛날부터 지금까지 이어져 내려온 전 세계가 공인(公認)하는 우리나라의 이름이다.

《수서》, 《구당서》, 《신당서》 등 역사서에서는 한결같이 '고구려' 나라 이름을 '고려'로 표기하고 있다. 뿐만 아니라 8세기 전반에 편찬된 일본 《고사기》(古事記)나 《일본서기》(日本書記)에도 고려로 표기하고 있으며 후기 고구려 시대에 제작되어 출토(出土)된 불상(佛像)의 명문(銘文)에도 '고려'로 새겨져 있다. 후기 고구려 시대에는 나라 이름이 고려라고 바뀐 것 같다〔《한국고대사 그 의문과 진실》(이도학 저) 참조〕. 따라서 수당 시대에 기록된 원전(原典)을 따른다면 중국인 간의 대화에는 '고려'라 부름이 옳겠으나, 왕건이 세운 중세 고려와 혼동할 우려가 있고 이 책은 전문 역사서가 아니라 소설이기에 일반적 상식에 따라 '고구려'라고 적었다.

그런데 후기 고구려 시대에 우리나라(고구려)를 기술하였던 자기네(中國) 정사(正史)에서 엄연히 동방의 강력한 독립국가 '고려'로 기록(記錄)하고 있으면서, 어찌 감히 고구려 역사를 자기네 지방사(地方史)로 편입하겠다는 것일까?

지금 우리 고대사의 일부를 도적질하려고 동북공정을 추진하고 있는 중국 일부 정치색(政治色) 짙은 학자들도 그네 나름대로 그러한 주장을 내세울 만한 논리(論理)야 마련하고 있을 터이다. 아무리 엉터리 같은 짓도 그럴듯한 논리야 세울 수 있는 법이니까.

그러나 그들 중 진실한 역사학자가 있다면, 아마도 마음속으로는 학자의 양심(良心)으로 그러한 짓에 가담하는 것을 부끄러워하리라 짐작된다. 그러기에 우리나라 사학자 중에는 이런 미친 바람〔狂風〕이 곧 그칠 터이니 무대응(無對應)이 상책(上策)이라 생각하는 분이 있을지도 모르겠다.

그러나 주위를 한번 살펴보라. 악인(惡人)이 유능한(?) 변호사를 법정 (法廷)에 내세워 벙어리 같은 선인(善人)을 울리는 판결(判決)을 얻어내는 일이 현실 세계에서는 그리 드문 일도 아니지 않은가.

고구려 옛 땅 요동 지역은 우리 땅이니 이를 되찾아야 한다고 생각하는 얼빠진 몽상가(夢想家)나 시오니스트가 아니라 땅을 딛고 사는 현실주의자이지만 엄연히 우리 역사인 고구려사(高句麗史)를 훔쳐가려는 도적질만은 결코 용납할 수 없다.

역사란 전해 내려오는 옛이야기나 흘러간 노래가 아니다. 우리 역사는 겨레의 꿈이 영글고 민족의 영혼(靈魂)을 담은 그릇이고 먼 옛날부터 지금까지 우리민족을 형성(形成)시켜온 피와 살[正體性]이요, DNA이기도 하다.

따라서 하나의 섬에 대한 영유권(領有權)을 다투는 독도(獨島) 문제보다 더 심각한 문제라고 생각한다. 우리 사학계는 한마음으로 굳게 뭉쳐 중국인의 역사왜곡을 막아야 할 것이다.

동북공정을 추진하고 있는 일부 중국학자들을 한무제병(漢武帝病)에 걸린 정치학자(政治學者)이지 진정한 의미의 역사학자가 아니다. 그리고 이웃나라 사이의 선린관계(善隣關係)를 해치는 그런 옳지 않은 시도는 빨리 그만두기를 희망한다. 아울러 우리나라 고대사(古代史) 연구가 보다 활발하게 이루어져 진실(眞實)과 거리가 먼 이단사설(異端邪說)이 발붙이지 못하게 되기를 간절히 바란다.

고려방에 대한 소고(小考) (164쪽)

한국인의 해외 집단거주지(集團居住地, 코리아타운)에 대한 최초 역사기록은 장보고(張保皐, ? ~846년)의 해상(海上) 활동과 관련하여 나타나는 신라방(新羅坊)이다.

신라방이란 9세기 무렵 산동반도〔登州, 文登縣 赤山村 法華院〕등 서해 중국 해안 지역에 신라인이 집단으로 거주하던 자치구역(自治區域)으로서, 우두머리로 총관(摠管)을 두고 신라 출신 거주민의 일상생활에서 종교, 상업, 사법(司法) 등의 업무를 처리하는 자치적 행정기관인 구당신라소(勾當新羅所)가 있어 이곳에 머무는 신라인들을 관할하였다. 신라방에 거주하던 신라인들은 주로 상업과 무역업, 운송업과 조선업(造船業) 같은 상공업에 종사하였다. 신라방은 뱃사람이나 기술자는 물론 본국에서 오는 승려나 유학생 등 많은 사람들이 거쳐 가는 중요 거점이었다.

역사책이란 많은 경우 편찬자의 뜻과 목적에 따라 관심을 가진 사실만 취사선택(取捨選擇)하여 기록된다.

중국인이 쓴 《신당서》(新唐書) 같은 역사서는 물론 《삼국사기》, 《삼국유사》에조차 장보고[궁복(弓福) 또는 궁파(弓巴)]의 정치와 군사 관계 기사(記事)는 기록했으나, 그의 해상무역 활동이나 신라방에 대한 기록은 거의 없다. 다행스럽게 일본 승(僧) 엔닌(圓仁)이 《입당구법순례행기》(入唐求法巡禮行記)에서 산동반도 등주 법화원에 머물며 장보고와 신라방에 대한 자세한 기록을 남겼고, 또한 《일본후기》(日本後記)와 《속 일본후기》에 장보고 선단(船團) 활동을 뒷받침하는 기록이 남아 있다. 그렇지 않았더라면 아마도 해상왕(海上王) 장보고 이야기나 신라방은 어둠 속에 묻혀 버렸으리라[《장보고 대사의 활동과 그 시대에 대한 문화사적 연구》(아세아해양사학회 편) 참조].

불행히도 고려방에 대한 역사기록은 찾아볼 수 없다. 그러나 나는 8~9세기보다 훨씬 앞선 5세기 무렵 이미 중국 땅에 고구려인 집단거주지가 형성되었다고 본다.

첫째, 장수왕(長壽王, 재위 413~491년)이 남진북수정책(南進北守政策)을 채택한 이래 수나라가 중국을 통일할 때(589년)까지 150년 이상 고구려와 중국은 우호적(友好的) 관계가 계속되었다. 장수왕 때 북위(北魏)에 사신을 보낸 것이 무려 43회, 그다음 문자왕(재위 491~519년) 때 29회에 달할 정도로 통일신라가 당나라와 밀월관계(密月關係)였던 어느 때보다 더욱 긴밀한 관계였다.

둘째, 선비족(鮮卑, 타브가치) 계통의 통치자가 다스리던 북위와 수당 (隋唐) 시절은 매우 개방(開放)되고 국제화된 시대였다. 역사 기록에 의하면 북위의 서울 낙양(洛陽)과 수당의 서울 장안(長安)에는 수만 명의 외국인이 머물고 있었다고 한다. 학자들은 이 외국인을 서역인(소그드인)으로 초점을 맞추고 있지만, 이들보다 더 가까이 육로(陸路)로 연결되어 있었던 고구려인 역시 장안과 낙양에 적지 않게 거주했으리라.

셋째 고구려는 중국인들에게 신라보다도 훨씬 더 매력적인 수출품을 갖고 있었다. 특히 담비털가죽이나 산삼(山蔘) 같은 물품은 주로 만주나 개마고원에서 생산되는 물품이다. 더구나 9세기 당시 항해술(航海術)로 서해(西海)를 건너는 것은 매우 위험이 컸다. 엔닌(圓仁)의 일기에도 난파(難破)와 어려움을 당한 일들이 많이 기록되고 있다. 그에 비하면 육로를 통한 상품 이동은 훨씬 용이하였을 것이고, 고구려와 중국을 잇는 연안항로(沿岸航路)는 서해를 횡단하는 위험과는 비교할 수 없이 안전했다.

따라서 장안과 낙양에는 고구려인들이 집단으로 거주하던 고려방이 있었고, 그 규모는 9세기 신라방의 규모(연구자들은 약 1천 명 정도로 추측하는 것 같음)보다 훨씬 더 크지 않았을까?

고려방 행정조직도 장안 서시(西市)의 소그드 자치구역이나 신라방과 비슷한 형태의 자치구역으로 운영되었을 것이다. 그러나 아쉽게도 신라방에 대해 기록한 엔닌의 《입당구법순례행기》처럼 고려방에 대해 기록한 사료(史料)가 발견되지 않는 한 사학계(史學界)에서 이를 논증(論證)할 수는 없을 것이기에, 소설(小說)로밖에 다룰 수 없음이다.

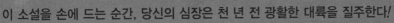